ホンこわ！
47都道府県
あなたの県の怖い話
作　並木伸一郎
きさらぎ
あなたの 住む 土地の
ゾッと する 怖い話……
理論社

日本縦断《にほんじゅうだん》！

あなたの県《けん》の怖《こわ》い話《はなし》……

ダイジェスト

北海道《ほっかいどう》・東北地方《とうほくちほう》

（北海道某所《ほっかいどうぼうしょ》）14ページ

踏切事故《ふみきりじこ》とテケテケ

上半身《じょうはんしん》だけで無《な》くなった下半身《かはんしん》を探《さが》し続《つづ》ける女性《じょせい》の霊《れい》！

（北海道岩見沢市《ほっかいどういわみざわし》）17ページ

1 髪《かみ》がのびる人形《にんぎょう》

（青森県《あおもりけん》むつ市《し》）22ページ

2 恐山《おそれざん》とイタコ

亡《な》くなった人《ひと》とコンタクトを取《と》る霊媒師《れいばいし》、イタコ。霊《れい》が集《あつ》まる恐山《おそれざん》……。

（青森県某所《あおもりけんぼうしょ》）20ページ

地図《ちず》から消《け》された謎《なぞ》の村《むら》

（宮城県松島《みやぎけんまつしま》）41ページ
6 乙女《おとめ》の祈《いの》り
解読《かいどく》すると死《し》んでしまう遺書《いしょ》とは……？

（岩手県岩泉町《いわてけんいわいずみちょう》）34ページ
3 雄鹿戸《おしかど》トンネル
女《おんな》の人《ひと》の霊《れい》が降《ふ》ってくるトンネル！ まだ何《なに》かが埋《う》まっているという……。

（宮城県仙台市《みやぎけんせんだいし》）38ページ
7 関山《せきやま》トンネルの女幽霊《おんなゆうれい》

（岩手県八幡平市《いわてけんはちまんたいし》）36ページ
4 松尾鉱山《まつおこうざん》

（秋田県某所《あきたけんぼうしょ》）43ページ
くねくね
見《み》ると発狂《はっきょう》する、くねくね動《うご》く不気味《ぶきみ》なもの⁉

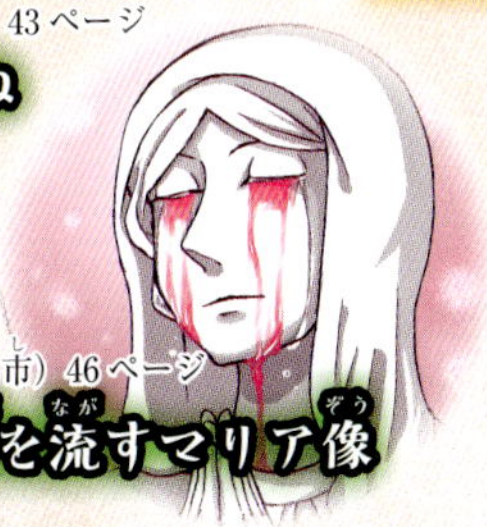

（岩手県二戸市《いわてけんにのへし》）24ページ
5 座敷《ざしき》わらしの出《で》る宿《やど》
いたずらな子《こ》どもの妖怪《ようかい》が現《あらわ》れる宿《やど》！

（秋田県秋田市《あきたけんあきたし》）46ページ
8 血《ち》と涙《なみだ》を流《なが》すマリア像《ぞう》

（山形県北村山郡《やまがたけんきたむらやまぐん》）50ページ
9 ケサランパサラン
幸運《こううん》を呼《よ》ぶ、謎《なぞ》のフワフワした白《しろ》い物体《ぶったい》！

（山形県上山市《やまがたけんかみのやまし》）48ページ
10 滝不動《たきふどう》
滝《たき》に行《い》く途中《とちゅう》に現《あらわ》れる老婆《ろうば》とは……。

（福島県福島市《ふくしまけんふくしまし》）56ページ
11 アクロバティックサラサラ
出会《であ》ったら呪《のろ》われる、恐怖《きょうふ》の女性《じょせい》！

（福島県二本松市《ふくしまけんにほんまつし》）53ページ
12 安達ケ原《あだちがはら》の鬼婆《おにばば》
旅人《たびびと》を煮《に》て食《く》った鬼婆《おにばば》の悲《かな》しい過去《かこ》……。

関東地方《かんとうちほう》

13 （茨城県《いばらきけん》つくば市《し》）60ページ
星《ほし》を見《み》る少女《しょうじょ》
毎晩《まいばん》、窓辺《まどべ》から星《ほし》を見《み》る少女《しょうじょ》の衝撃《しょうげき》の事実《じじつ》！

（茨城県某所《いばらきけんぼうしょ》）62ページ
森《もり》を徘徊《はいかい》する「溶解人間《ようかいにんげん》」

（群馬県某所《ぐんまけんぼうしょ》）70ページ
白《しろ》いソアラ

14 （栃木県日光市《とちぎけんにっこうし》）65ページ
華厳《けごん》の滝《たき》と中禅寺湖《ちゅうぜんじこ》の底《そこ》
観光名所《かんこうめいしょ》は自殺《じさつ》の名所《めいしょ》でもあった……！その理由《りゆう》とは⁉

15 （栃木県大平町《とちぎけんおおひらまち》）67ページ
大中寺《だいちゅうじ》の七不思議《ふしぎ》

16 （群馬県《ぐんまけん》みなかみ町《まち》）73ページ
山《やま》の神《かみ》の足音《あしおと》
魔《ま》の山《やま》、谷川連峰《たにがわれんぽう》の山小屋《やまごや》で起《お》きた怪異《かいい》！

17 （埼玉県秩父市《さいたまけんちちぶし》）76ページ
貯水槽《ちょすいそう》の女性《じょせい》
タクシーの運転手《うんてんしゅ》が出《で》会《あ》った恐怖《きょうふ》！うずくまる女性《じょせい》が振《ふ》り向《む》くと……？

（埼玉県某所《さいたまけんぼうしょ》）78ページ
人面犬《じんめんけん》に話《はな》しかけた少女《しょうじょ》
頭《あたま》は人間《にんげん》、体《からだ》は犬《いぬ》……。不気味《ぶきみ》な生物《せいぶつ》に出会《であ》った少女《しょうじょ》がいた！

18 （千葉県東金市《ちばけんとうがねし》）81ページ
雄蛇ヶ池《おじゃがいけ》

19 （千葉県佐倉市《ちばけんさくらし》）84ページ
生《い》きたまま焼《や》かれた幽霊《ゆうれい》

20 （東京都千代田区《とうきょうとちよだく》）86ページ
将門《まさかど》の首塚《くびづか》
平安時代《へいあんじだい》から続《つづ》く強力《きょうりょく》な怨念《おんねん》！

21 （東京都杉並区《とうきょうとすぎなみく》）88ページ
八幡宮《はちまんぐう》の小《ちい》さいおじさん

22 （神奈川県鎌倉市《かながわけんかまくらし》）91ページ
アーモンド・アイズ
頭《あたま》がとがり、瞳《ひとみ》のない子《こ》ども達《たち》……。

23 （神奈川県逗子市《かながわけんずしし》）92ページ
小坪《こつぼ》トンネル

23 （神奈川県逗子市《かながわけんずしし》）94ページ
奇妙《きみょう》な事故《じこ》が起《お》こる踏切《ふみきり》

（石川県津幡町《いしかわけんつばたまち》）112ページ
28 牛首《うしくび》トンネルの怪異《かいい》

（石川県金沢市《いしかわけんかなざわし》）→110ページ
29 卯辰山《うたつやま》の解剖塚《かいぼうづか》

（福井県越前市《ふくいけんえちぜんし》）118ページ
30 ビデオに残《のこ》る幽霊屋敷《ゆうれいやしき》の声《こえ》

（福井県坂井市《ふくいけんさかいし》）115ページ
31 飛《と》び降《お》り死体《したい》の流《なが》れつく島《しま》

（長野県御代田町《ながのけんみよたまち》）125ページ
32 軽井沢大橋《かるいざわおおはし》

（長野県長野市《ながのけんながのし》）128ページ
33 七曲《ななまが》りの一本松《いっぽんまつ》

（新潟県湯沢町《にいがたけんゆざわまち》）100ページ
24 今《いま》も幽霊《ゆうれい》が登《のぼ》る山《やま》

（新潟県新潟市《にいがたけんにいがたし》・弥彦村《やひこむら》）102ページ
25 ホワイト&ブラックハウス
少女《しょうじょ》の幽霊《ゆうれい》が出《で》る屋敷《やしき》の衝撃《しょうげき》の秘密《ひみつ》とは……!?

（富山県立山町《とやまけんたてやままち》）105ページ
26 白比丘尼《しろびくに》のご神木《しんぼく》

（富山県魚津市《とやまけんうおづし》）108ページ
27 神隠《かみかく》しホテル―坪野鉱泉《つぼのこうせん》

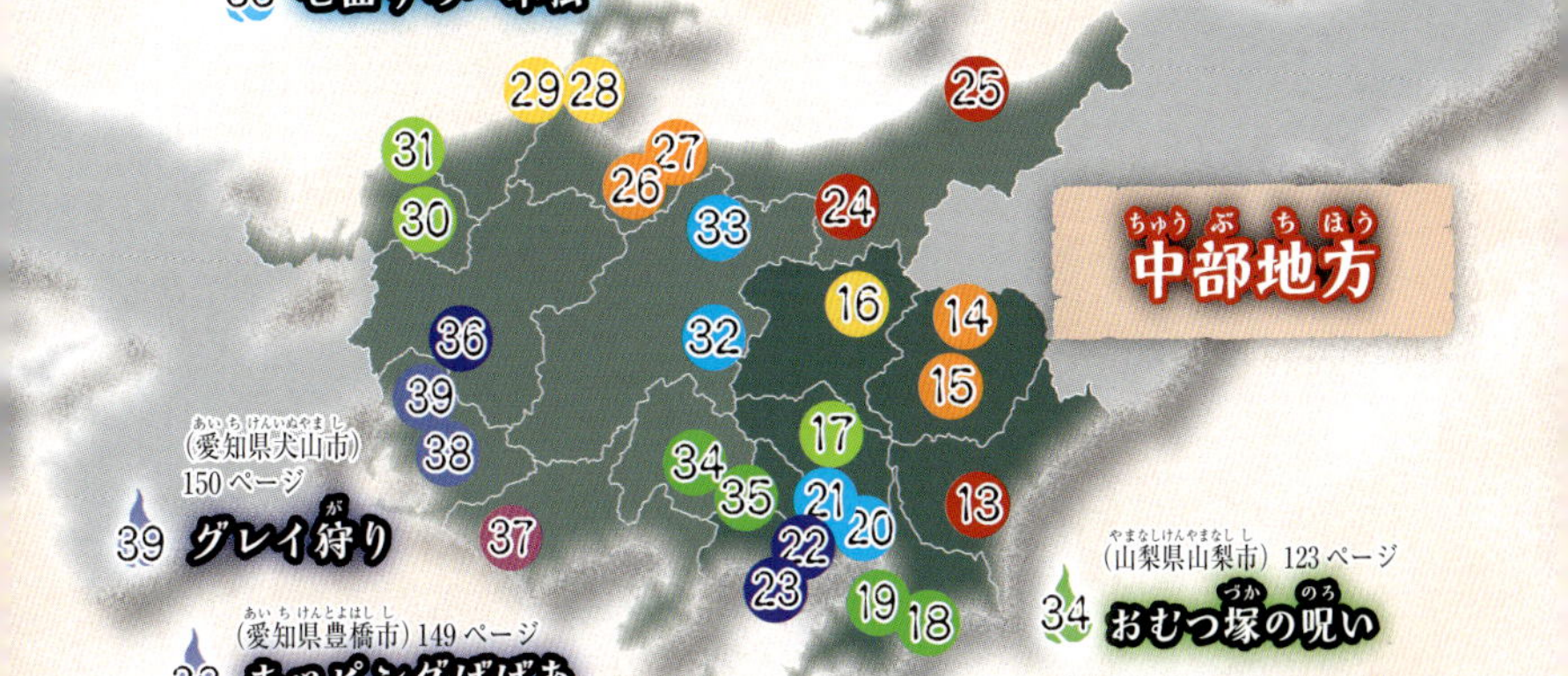

（愛知県犬山市《あいちけんいぬやまし》）150ページ
39 グレイ狩《が》り

（愛知県豊橋市《あいちけんとよはしし》）149ページ
38 ホッピングばばあ

（静岡県浜松市《しずおかけんはままつし》）135ページ
37 浜名湖《はまなこ》の少女霊《しょうじょれい》・鵺伝説《ぬえてんせつ》

（静岡県浜松市付近《しずおかけんはままつしふきん》）139ページ
37 きさらぎ駅伝説《えきでんせつ》

（岐阜県多治見市《ぎふけんたじみし》）133ページ
36 古虎渓《ここけい》ハウス

（岐阜県某所《ぎふけんぼうしょ》）130ページ
子《こ》どもをおそう口裂《くちさ》け女《おんな》

（山梨県山梨市《やまなしけんやまなしし》）123ページ
34 おむつ塚《づか》の呪《のろ》い

（山梨県富士河口湖町《やまなしけんふじかわぐちこまち》）120ページ
35 青木ヶ原樹海《あおきがはらじゅかい》に潜《ひそ》む罠《わな》

(大阪府堺市《おおさかふさかいし》) 170ページ
45 信長《のぶなが》が恐《おそ》れたソテツ

(大阪府大阪市《おおさかふおおさかし》) 173ページ
46 千日《せんにち》デパート火災事件《かさいじけん》

(京都府京都市《きょうとふきょうとし》) 168ページ
44 生首《なまくび》がさらされた河原《かわら》

(兵庫県姫路市《ひょうごけんひめじし》) 176ページ
47 「お菊井戸《きくいど》」の悲痛《ひつう》な声《こえ》

(京都府京都市《きょうとふきょうとし》) 165ページ
44 貴船神社《きふねじんじゃ》の丑《うし》の刻《こく》まいり

(兵庫県神戸市《ひょうごけんこうべし》) 178ページ
48 メリーさんの館《やかた》

(滋賀県長浜市《しがけんながはまし》) 161ページ
42 琵琶湖《びわこ》の底《そこ》の落武者《おちむしゃ》

(滋賀県大津市《しがけんおおつし》) 163ページ
43 妖怪《ようかい》・常元虫《じょうげんむし》

近畿地方《きんきちほう》

(三重県津市《みえけんつし》) 158ページ
41 36人女子生徒水難事故《にんじょしせいとすいなんじこ》
36人《にん》が死亡《しぼう》した海《うみ》の底《そこ》からのびていた手《て》の正体《しょうたい》は……！

(三重県松阪市《みえけんまつさかし》) 156ページ
40 触《ふ》れると祟《たた》る呪《のろ》いの灯《とう》ろう

(奈良県香芝市《ならけんかしばし》) 181ページ
49 霊魂《れいこん》が舞《ま》う、どんづるぼう

(奈良県明日香村《ならけんあすかむら》) 183ページ
50 関係者《かんけいしゃ》が死《し》ぬ古墳《こふん》の呪《のろ》い

(和歌山県和歌山市《わかやまけんわかやまし》) 187ページ
51 夜《よる》、動《うご》く人形《にんぎょう》がいる神社《じんじゃ》

(和歌山県田辺市《わかやまけんたなべし》) 189ページ
52 黄泉《よみ》の入《い》り口《ぐち》、熊野古道《くまのこどう》

(島根県某所《しまねけんぼうしょ》) 199 ページ
呪《のろ》いの「コトリバコ」

(鳥取県鳥取市《とっとりけんとっとりし》) 194 ページ
53 鳥取砂丘《とっとりさきゅう》の下《した》には……

(鳥取県三朝町《とっとりけんみささちょう》) 196 ページ
54 魔法《まほう》でできたようなお堂《どう》

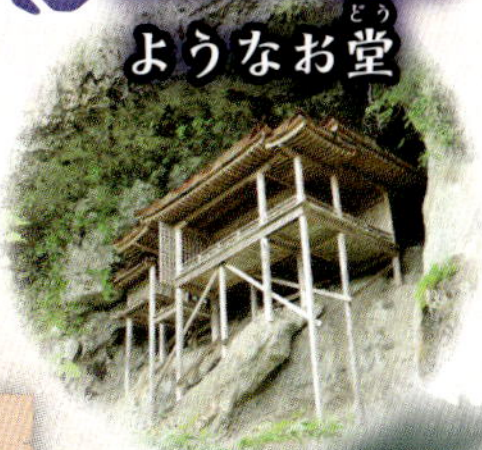

(岡山県倉敷市《おかやまけんくらしきし》) 204 ページ
55 がい骨《こつ》のいる料金所《りょうきんじょ》

(島根県某所《しまねけんぼうしょ》) 202 ページ
怒《おこ》らせてはいけない狐持《きつねも》ち

中国地方《ちゅうごくちほう》

(岡山県津山市《おかやまけんつやまし》) 206 ページ
56 昭和史《しょうわし》に残《のこ》る惨殺事件《ざんさつじけん》

(広島県竹原市《ひろしまけんたけはらし》) 212 ページ
59 化学兵器《かがくへいき》でおかされた島《しま》

58 己斐峠《こいとうげ》に出《で》る幽霊《ゆうれい》

(広島県広島市《ひろしまけんひろしまし》) 209 ページ

(岡山県真庭市《おかやまけんまにわし》) 208 ページ
57 首《くび》なし赤《あか》ちゃんの霊《れい》が出《で》る峠《とうげ》

(山口県下関市《やまぐちけんしものせきし》) 214 ページ
60 海《うみ》に沈《しず》んだ平家《へいけ》の怨念《おんねん》

(山口県下関市《やまぐちけんしものせきし》) 218 ページ
60 関門《かんもん》トンネルの赤《あか》ん坊《ぼう》の霊《れい》

(香川県坂出市《かがわけんさかいでし》) 224 ページ
62 海《うみ》に引《ひ》きずりこまれる港《みなと》

四国地方《しこくちほう》

(香川県三豊市《かがわけんみとよし》) 222 ページ
61 死者《ししゃ》が集《つど》う山《やま》、弥谷山《いやだにやま》

(愛媛県今治市《えひめけんいまばりし》) 227 ページ
64 カルテを探《さが》す病院《びょういん》

(高知県高知市《こうちけんこうちし》) 239 ページ
67 小型《こがた》UFO生《い》け捕《ど》り事件《じけん》

(徳島県三好市《とくしまけんみよしし》) 236 ページ
66 剣山《つるぎさん》のソロモン王《おう》の秘宝《ひほう》

(愛媛県砥部町《えひめけんとべちょう》) 230 ページ
64 何人《なんにん》もの命《いのち》をのみこんだ原池《はらいけ》

(四国全土《しこくぜんど》) 234 ページ
八十八カ所参《しょまい》りの逆打《さかう》ち

(高知県南国市《こうちけんなんこくし》) 244 ページ
68 首《くび》が吹《ふ》き飛《と》ぶ少女《しょうじょ》の霊《れい》

(愛媛県瀬戸内海沿岸《えひめけんせとないかいえんがん》) 232 ページ
65 フジツボの怪《かい》

九州地方《きゅうしゅうちほう》

68 幽霊《ゆうれい》にとりつかれる十三佛《ぶつ》（福岡県広川町《ふくおかけんひろかわまち》）250ページ

69 九州最恐《きゅうしゅうさいきょう》の村《むら》、犬鳴村伝説《いぬなきむらでんせつ》（福岡県宮若市《ふくおかけんみやわかし》）254ページ

70 平安時代《へいあんじだい》の牛鬼《うしおに》のミイラ（福岡県久留米市《ふくおかけんくるめし》）252ページ

71 人《ひと》を吸《す》い込《こ》む海面《かいめん》（佐賀県唐津市《さがけんからつし》）257ページ

72 佐賀藩《さがはん》化け猫騒動《ねこそうどう》（佐賀県佐賀市《さがけんさがし》）260ページ

73 グラバー邸《てい》とフリーメイソン（長崎県長崎市《ながさきけんながさきし》）264ページ

74 死体《したい》が出《で》ない自殺《じさつ》の名所《めいしょ》（長崎県佐世保市《ながさきけんさせぼし》・西海市《さいかいし》）266ページ

75 謎《なぞ》の古代遺跡《こだいいせき》トンカラリン（熊本県和水町《くまもとけんなごみまち》）268ページ

76 熊本最恐《くまもとさいきょう》の、赤橋《あかはし》（熊本県南阿蘇村《くまもとけんみなみあそむら》）270ページ

77 「鬼《おに》のミイラ」の祟《たた》り（大分県宇佐市《おおいたけんうさし》）273ページ

78 別大国道《べつだいこくどう》の手招《てまね》き地蔵《じぞう》（大分県大分市《おおいたけんおおいたし》）276ページ

79 振《ふ》り向《む》かずの坂《さか》（宮崎県都城市《みやざきけんみやこのじょうし》）278ページ

80 ホテル・アイランド（宮崎県宮崎市《みやざきけんみやざきし》）280ページ

81 霧島《きりしま》の七不思議《ふしぎ》（鹿児島県霧島市《かごしまけんきりしまし》）282ページ

82 トンネルに血《ち》だらけの兵士《へいし》が（鹿児島県指宿市《かごしまけんいぶすきし》）284ページ

83 キャプテン・キッドの宝《たから》（鹿児島県《かごしまけん》トカラ列島《れっとう》）286ページ

84 霊気《れいき》に満《み》ちたユタの修行場《しゅぎょうば》（沖縄県宜野湾市《おきなわけんぎのわんし》・恩納村《おんなそん》）290ページ

85 沖縄《おきなわ》の人魚《にんぎょ》（沖縄県新城島《おきなわけんあらぐすくじま》）292ページ

怪奇生物《かいきせいぶつ》キジムナー（沖縄全土《おきなわぜんど》）288ページ

ホンこわ!

47都道府県 あなたの県の怖い話

もくじ

★日本縦断《にほんじゅうだん》! あなたの県《けん》の怖《こわ》い話《はなし》……ダイジェスト —— 2

北海道《ほっかいどう》・東北地方《とうほくちほう》

北海道《ほっかいどう》
◆踏切事故《ふみきりじこ》とテケテケ（某所《ぼうしょ》）—— 14

青森県《あおもりけん》
◆髪《かみ》がのびる人形《にんぎょう》（岩見沢市《いわみざわし》）—— 17
◆地図《ちず》から消《け》された謎《なぞ》の村《むら》（某所《ぼうしょ》）—— 20
◆恐山《おそれざん》とイタコ（むつ市《し》）—— 22

岩手県《いわてけん》
◆マンガ 座敷《ざしき》わらしの出《で》る宿《やど》（二戸市《にのへし》）—— 24
◆雄鹿戸《おしかど》トンネル（岩泉町《いわいずみちょう》）—— 34
◆松尾鉱山《まつおこうざん》（八幡平市《はちまんたいし》）—— 36

宮城県《みやぎけん》
◆関山《せきやま》トンネルの女幽霊《おんなゆうれい》（仙台市《せんだいし》）—— 38
◆乙女《おとめ》の祈《いの》り（松島《まつしま》）—— 41

秋田県《あきたけん》
◆くねくね（某所《ぼうしょ》）—— 43
◆血《ち》と涙《なみだ》を流《なが》すマリア像《ぞう》（秋田市《あきたし》）—— 46

山形県《やまがたけん》
◆滝不動《たきふどう》（上山市《かみのやまし》）—— 48
◆ケサランパサラン（北村山郡《きたむらやまぐん》）—— 50

福島県《ふくしまけん》
◆安達ケ原《あだちがはら》の鬼婆《おにばば》（二本松市《にほんまつし》）—— 53
◆アクロバティックサラサラ（福島市《ふくしまし》）—— 56

カラー占《うらな》いでわかる! あなたにピッタリのパワーアップアイテム —— 58

関東地方《かんとうちほう》

茨城県《いばらきけん》
◆星《ほし》を見《み》る少女《しょうじょ》（つくば市《し》）—— 60
◆森《もり》を徘徊《はいかい》する「溶解人間《ようかいにんげん》」（某所《ぼうしょ》）—— 62

栃木県《とちぎけん》
◆華厳《けごん》の滝《たき》と中禅寺湖《ちゅうぜんじこ》の底《そこ》（日光市《にっこうし》）―65
◆大中寺《だいちゅうじ》の七不思議《ふしぎ》（大平町《おおひらまち》）―67
群馬県《ぐんまけん》
◆白《しろ》いソアラ（某所《ぼうしょ》）―70
◆山《やま》の神《かみ》の足音《あしおと》（みなかみ町《まち》）―73
埼玉県《さいたまけん》
◆貯水槽《ちょすいそう》の女性《じょせい》（秩父市《ちちぶし》）―76
◆人面犬《じんめんけん》に話《はな》しかけた少女《しょうじょ》（某所《ぼうしょ》）―78
千葉県《ちばけん》
◆雄蛇ヶ池《おじゃがいけ》（東金市《とうがねし》）―81
◆生《い》きたまま焼《や》かれた幽霊《ゆうれい》（佐倉市《さくらし》）―84
東京都《とうきょうと》
◆将門《まさかど》の首塚《くびづか》（千代田区《ちよだく》）―86
◆八幡宮《はちまんぐう》の小《ちい》さいおじさん（杉並区《すぎなみく》）―88
神奈川県《かながわけん》
◆アーモンド・アイズ（鎌倉市《かまくらし》）―91
◆小坪《こつぼ》トンネル（逗子市《ずしし》）―92
◆奇妙《きみょう》な事故《じこ》が起《お》こる踏切《ふみきり》（逗子市《ずしし》）―94

やってみる……？ 恐怖《きょうふ》の心霊《しんれい》ゲーム―96

中部地方《ちゅうぶちほう》

新潟県《にいがたけん》
◆今《いま》も幽霊《ゆうれい》が登《のぼ》る山《やま》（湯沢町《ゆざわまち》）―100
◆ホワイト&ブラックハウス（新潟市《にいがたし》・弥彦村《やひこむら》）―102
富山県《とやまけん》
◆白比丘尼《しろびくに》のご神木《しんぼく》（立山町《たてやままち》）―105
◆神隠《かみかく》しホテル―坪野鉱泉《つぼのこうせん》（魚津市《うおづし》）―108
石川県《いしかわけん》
◆卯辰山《うたつやま》の解剖塚《かいぼうづか》（金沢市《かなざわし》）―110
◆牛首《うしくび》トンネルの怪異《かいい》（津幡町《つばたまち》）―112
福井県《ふくいけん》
◆飛《と》び降《お》り死体《したい》の流《なが》れつく島《しま》（坂井市《さかいし》）―115
◆ビデオに残《のこ》る幽霊屋敷《ゆうれいやしき》の声《こえ》（越前市《えちぜんし》）―118
山梨県《やまなしけん》
◆青木ヶ原樹海《あおきがはらじゅかい》に潜《ひそ》む罠《わな》（富士河口湖町《ふじかわぐちこまち》）―120
◆おむつ塚《づか》の呪《のろ》い（山梨市《やまなしし》）―123

長野県《ながのけん》
◆軽井沢大橋《かるいざわおおはし》（御代田町《みよたまち》）――125
◆七曲《ななまが》りの一本松《いっぽんまつ》（長野市《ながのし》）――128
岐阜県《ぎふけん》
◆子《こ》どもをおそう口裂《くちさ》け女《おんな》（某所《ぼうしょ》）――130
◆古虎渓《ここけい》ハウス（多治見市《たじみし》）――133
静岡県《しずおかけん》
◆浜名湖《はまなこ》の少女霊《しょうじょれい》・鵺伝説《ぬえでんせつ》（浜松市《はままつし》）――135
◆マンガ きさらぎ駅伝説《えきでんせつ》（浜松市付近《はままつしふきん》）――139
愛知県《あいちけん》
◆ホッピングばばあ（豊橋市《とよはしし》）――149
◆グレイ狩《が》り（犬山市《いぬやまし》）――150
チャートでわかる！ あなたの霊感度《れいかんど》――154

近畿地方《きんきちほう》

三重県《みえけん》
◆触《ふ》れると祟《たた》る呪《のろ》いの灯《とう》ろう（松阪市《まつさかし》）――156
滋賀県《しがけん》
◆三六人女子生徒水難事故《にんじょしせいとすいなんじこ》（津市《つし》）――158
◆琵琶湖《びわこ》の底《そこ》の落武者《おちむしゃ》（長浜市《ながはまし》）――161
◆妖怪《ようかい》・常元虫《じょうげんむし》（大津市《おおつし》）――163
京都府《きょうとふ》
◆貴船神社《きふねじんじゃ》の丑《うし》の刻《こく》まいり（京都市《きょうとし》）――165
◆生首《なまくび》がさらされた河原《かわら》（京都市《きょうとし》）――168
大阪府《おおさかふ》
◆信長《のぶなが》が恐《おそ》れたソテツ（堺市《さかいし》）――170
◆千日《せんにち》デパート火災事件《かさいじけん》（大阪市《おおさかし》）――173
兵庫県《ひょうごけん》
◆「お菊井戸《きくいど》」の悲痛《ひつう》な声《こえ》（姫路市《ひめじし》）――176
◆メリーさんの館《やかた》（神戸市《こうべし》）――178
奈良県《ならけん》
◆霊魂《れいこん》が舞《ま》う、どんづるぼう（香芝市《かしばし》）――181
◆関係者《かんけいしゃ》が死《し》ぬ古墳《こふん》の呪《のろ》い（明日香村《あすかむら》）――183
和歌山県《わかやまけん》
◆夜《よる》、動《うご》く人形《にんぎょう》がいる神社《じんじゃ》（和歌山市《わかやまし》）――187
◆黄泉《よみ》の入《い》り口《ぐち》、熊野古道《くまのこどう》（田辺市《たなべし》）――189

悪《わる》い気《き》をはらう！　自分《じぶん》でできるおはらい方法《ほうほう》――192

中国地方《ちゅうごくちほう》

鳥取県《とっとりけん》
◆鳥取砂丘《とっとりさきゅう》の下《した》には……（鳥取市《とっとりし》）――194
◆魔法《まほう》でできたようなお堂《どう》（三朝町《みささちょう》）――196

島根県《しまねけん》
◆呪《のろ》いの「コトリバコ」（某所《ぼうしょ》）――199
◆怒《おこ》らせてはいけない狐持《きつねも》ち（某所《ぼうしょ》）――202

岡山県《おかやまけん》
◆がい骨《こつ》のいる料金所《りょうきんじょ》（倉敷市《くらしきし》）――204
◆昭和史《しょうわし》に残《のこ》る惨殺事件《ざんさつじけん》（津山市《つやまし》）――206
◆首《くび》なし赤《あか》ちゃんの霊《れい》が出《で》る峠《とうげ》（真庭市《まにわし》）――208

広島県《ひろしまけん》
◆己斐峠《こいとうげ》に出《で》る幽霊《ゆうれい》（広島市《ひろしまし》）――209
◆化学兵器《かがくへいき》でおかされた島《しま》（竹原市《たけはらし》）――212

山口県《やまぐちけん》
◆海《うみ》に沈《しず》んだ平家《へいけ》の怨念《おんねん》（下関市《しものせきし》）――214
関門《かんもん》トンネルの赤《あか》ん坊《ぼう》の霊《れい》（下関市《しものせきし》）――218

まだまだある……いわくつきスポットマップ――220

四国地方《しこくちほう》

香川県《かがわけん》
◆死者《ししゃ》が集《つど》う山《やま》、弥谷山《いやだにやま》（三豊市《みとよし》）――222
◆海《うみ》に引《ひ》きずりこまれる港《みなと》（坂出市《さかいでし》）――224

愛媛県《えひめけん》
◆カルテを探《さが》す病院《びょういん》（今治市《いまばりし》）――227
◆何人《なんにん》もの命《いのち》をのみこんだ原池《はらいけ》（砥部町《とべちょう》）――230
◆フジツボの怪《かい》（瀬戸内海沿岸《せとないかいえんがん》）――232

徳島県《とくしまけん》
◆八十八カ所参《しょまい》りの逆打《さかう》ち（四国全土《しこくぜんど》）――234
◆剣山《つるぎさん》のソロモン王《おう》の秘宝《ひほう》（三好市《みよしし》）――236

高知県《こうちけん》
◆小型《こがた》ＵＦＯ生《い》け捕《ど》り事件《じけん》（高知市《こうちし》）――239
◆首《くび》が吹《ふ》き飛《と》ぶ少女《しょうじょ》の霊《れい》（南国市《なんこくし》）――244

あなたの学校《がっこう》にもかならずある……学校《がっこう》の怪談《かいだん》・七不思議《ふしぎ》 ―― 246

九州地方《きゅうしゅうちほう》

福岡県《ふくおかけん》
◆幽霊《ゆうれい》にとりつかれる十三佛《ぶつ》（広川町《ひろかわまち》） ―― 250
◆平安時代《へいあんじだい》の牛鬼《うしおに》のミイラ（久留米市《くるめし》） ―― 252
◆九州最恐《きゅうしゅうさいきょう》の村《むら》、犬鳴村伝説《いぬなきむらでんせつ》（宮若市《みやわかし》） ―― 254

佐賀県《さがけん》
◆人《ひと》を吸《す》い込《こ》む海面《かいめん》（唐津市《からつし》） ―― 257
◆佐賀藩《さがはん》化《ば》け猫騒動《ねこそうどう》（佐賀市《さがし》） ―― 260

長崎県《ながさきけん》
◆グラバー邸《てい》とフリーメイソン（長崎市《ながさきし》） ―― 264
◆死体《したい》が出《で》ない自殺《じさつ》の名所《めいしょ》（佐世保市《させぼし》・西海市《さいかいし》） ―― 266

熊本県《くまもとけん》
◆謎《なぞ》の古代遺跡《こだいいせき》トンカラリン（和水町《なごみまち》） ―― 268
◆熊本最恐《くまもとさいきょう》の、赤橋《あかはし》（南阿蘇村《みなみあそむら》） ―― 270

大分県《おおいたけん》
◆「鬼《おに》のミイラ」の祟《たた》り（宇佐市《うさし》） ―― 273
◆別大国道《べつだいこくどう》の手招《てまね》き地蔵《じぞう》（大分市《おおいたし》） ―― 276

宮崎県《みやざきけん》
◆振《ふ》り向《む》かずの坂《さか》（都城市《みやこのじょうし》） ―― 278
◆ホテル・アイランド（宮崎市《みやざきし》） ―― 280

鹿児島県《かごしまけん》
◆霧島《きりしま》の七不思議《ふしぎ》（霧島市《きりしまし》） ―― 282
◆トンネルに血《ち》だらけの兵士《へいし》が（指宿市《いぶすきし》） ―― 284
◆キャプテン・キッドの宝《たから》（トカラ列島《れっとう》） ―― 286

沖縄県《おきなわけん》
◆怪奇生物《かいきせいぶつ》キジムナー（沖縄全土《おきなわぜんど》） ―― 288
◆霊気《れいき》に満《み》ちたユタの修行場《しゅぎょうば》（宜野湾市《ぎのわんし》・恩納村《おんなそん》） ―― 290
◆沖縄《おきなわ》の人魚《にんぎょ》（新城島《あらぐすくじま》） ―― 292

運《うん》がよくなる！　あなたを守《まも》るおまじない ―― 294

北海道・東北地方
北海道

某所《ぼうしょ》

踏切事故《ふみきりじこ》とテケテケ

夕暮《ゆうぐ》れ時《どき》、ひと気《け》のない道《みち》を歩《ある》いていると、後《うし》ろから「テケテケ」と、何《なに》かがかけ寄《よ》ってくる音《おと》がする。振《ふ》り向《む》くとなんと、上半身《じょうはんしん》だけで腰《こし》から下《した》がない女性《じょせい》が、両手《りょうて》を使《つか》って、

「私《わたし》の足《あし》はどこ……」

と、猛《もう》スピードで走《はし》ってきた――。

映画化《えいがか》もされた、「テケテケ」という名《な》の都市伝説《としでんせつ》なのだが、この話《はなし》は北海道《ほっかいどう》のある列車事故《れっしゃじこ》が原因《げんいん》で生《う》まれたのだという。

昔《むかし》、真冬《まふゆ》の北海道《ほっかいどう》のとある踏切《ふみきり》で、女性《じょせい》が列車《れっしゃ》にはねられるという事故《じこ》が起《お》こった。

その日《ひ》は猛吹雪《もうふぶき》で特《とく》に視界《しかい》が悪《わる》く、運転手《うんてんしゅ》は線路内《せんろない》に人《ひと》がいることに気《き》づかず、通常《つうじょう》のスピードで突《つ》っ込《こ》んでしまった。その

ショックで、女性《じょせい》の体《からだ》はなんと上半身《じょうはんしん》と下《か》半身《はんしん》の真《ま》っ二つになってしまったのだ。

女性《じょせい》の体《からだ》が二つに引《ひ》き裂《さ》かれるのを目撃《もくげき》してしまった運転手《うんてんしゅ》は、急《きゅう》ブレーキをかけ、あわてて吹雪《ふぶき》の中《なか》へ飛《と》び出《だ》し、死体《したい》を探《さが》した。

「あの様子《ようす》じゃ、もうだめだろう」

しかし、女性《じょせい》の遺体《いたい》はどこにも見当《みあ》たらない。血《ち》の跡《あと》もない。

「気《き》のせいだったのか？」

運転手《うんてんしゅ》が再《ふたた》び列車《れっしゃ》に乗《の》り込《こ》もうとしたその時《とき》、上半身《じょうはんしん》だけになった女性《じょせい》が両手《りょうて》を動《うご》かし、運転手《うんてんしゅ》の元《もと》に猛《もう》スピードでかけ寄《よ》って叫《さけ》んだ。

「私《わたし》の足《あし》はどこ？　私《わたし》の足《あし》はどこに行《い》ってしまったの？」

あまりにも恐《おそ》ろしい女性《じょせい》の姿《すがた》を見《み》て、運《うん》転手《てんしゅ》はその場《ば》で、気絶《きぜつ》してしまった。

本来《ほんらい》なら即死《そくし》の事故《じこ》だ。しかしあまりの寒《さむ》さで傷口《きずぐち》の血管《けっかん》が縮《ちぢ》んで、凍《こお》ってしまったため、女性《じょせい》の体《からだ》はほとんど出血《しゅっけつ》をしなかった。そのため長時間《ちょうじかん》、上半身《じょうはんしん》だけで這《は》い回《まわ》り、

「私《わたし》の足《あし》はどこ……」

と、無《な》くなった下半身《かはんしん》をさがし続《つづ》けることになったのだという。

女性《じょせい》の上半身《じょうはんしん》は、回収《かいしゅう》され、手厚《てあつ》く葬《ほうむ》られたが、下半身《かはんしん》は、まだ見《み》つかっていない。そして、亡《な》くなった今《いま》でも霊体《れいたい》となって下《か》半身《はんしん》をさがし求《もと》め、全国《ぜんこく》をかけ回《まわ》っているという。

髪《かみ》がのびる人形《にんぎょう》

岩見沢市《いわみざわし》

▶萬念寺《まんねんじ》にあずけられている「お菊人形《きくにんぎょう》」。もともとの髪《かみ》の長《なが》さは、肩《かた》より上《うえ》のおかっぱ程度《ていど》だったというが、今《いま》では、腰《こし》のあたりまでのびている。

北海道岩見沢市《ほっかいどういわみざわし》の「萬念寺《まんねんじ》」に髪《かみ》の毛《け》がのびる人形《にんぎょう》として有名《ゆうめい》な、お菊人形《きくにんぎょう》が安置《あんち》されている。古《ふる》ぼけた着物《きもの》を着《き》た身長《しんちょう》四〇センチの市松人形《いちまつにんぎょう》なのだが、異様《いよう》な風貌《ふうぼう》にまず、驚《おどろ》かされる。

それもそのはず、目《め》は黒目《くろめ》で瞳《ひとみ》がない。少《すこ》し開《ひら》かれた口元《くちもと》は笑《え》みを浮《う》かべているが、表情《ひょうじょう》はこわばっているようにも見《み》える。

そして、問題《もんだい》の髪《かみ》の毛《け》は長《なが》くのびて腰《こし》のあたりにまで達《たっ》している。

人形《にんぎょう》の由来《ゆらい》はこうだ。

時《とき》は大正《たいしょう》七年《ねん》八月《がつ》一五日《にち》。札幌《さっぽろ》で開《ひら》かれた大正博覧会《たいしょうはくらんかい》を見物《けんぶつ》に来《き》ていた鈴木永吉《すずきえいきち》さん（当時一七歳）が、妹の菊子ちゃん（当《とう》時《じ》二歳《さい》）のみやげにと市内《しない》の商店街《しょうてんがい》でおかっぱ頭《あたま》の日本人形《にほんにんぎょう》を買《か》い求《もと》めた。兄《あに》からもらった人形《にんぎょう》を菊子《きくこ》ちゃんはとても大切《たいせつ》にしていたが、大正《たいしょう》八年《ねん》一月《がつ》二四日、風邪《かぜ》をこじらせてしまい、三歳《さい》で亡《な》くなってしまった。

おそう式《しき》の際《さい》、永吉《えいきち》さんは人形《にんぎょう》を棺《ひつぎ》に入《い》れようとしたが、どこにも見当《みあ》たらない。しかし出棺後《しゅっかんご》、不思議《ふしぎ》なことに人形《にんぎょう》は、あれほどさがした菊子《きくこ》ちゃんの部屋《へや》で発見《はっけん》された。永吉《えいきち》さんは人形《にんぎょう》を菊子《きくこ》ちゃんのお骨《こつ》と一緒《いっしょ》に仏壇《ぶつだん》にまつり、毎日手《まいにちて》を合《あ》わせた。

するとなんと、**人形《にんぎょう》の髪《かみ》の毛《け》がのび始《はじ》めたのだ。**

その後《ご》、戦争《せんそう》で樺太《からふと》に出兵《しゅっぺい》することになった永吉《えいきち》さんは、昭和《しょうわ》一三年《ねん》八月《がつ》一六日《にち》、菊子《きくこ》ちゃんのお骨《こつ》とともに、箱《はこ》に入《い》れた人形《にんぎょう》を萬念寺《まんねんじ》にあずけて、出発《しゅっぱつ》した。

戦争《せんそう》が終《お》わり、再《ふたた》び供養《くよう》のために萬念寺《まんねんじ》

を訪《おとず》れた永吉《えいきち》さんは驚《おどろ》いた。人形《にんぎょう》の髪《かみ》がさらにのびていたのだ。

そこで永吉《えいきち》さんは改《あらた》めて人形《にんぎょう》を寺《てら》におさめ、供養《くよう》をお願《ねが》いした。

この菊子《きくこ》ちゃんの人形《にんぎょう》の髪《かみ》の毛《け》だが、よくのびたのは先代《せんだい》の住職《じゅうしょく》のときで、以降《いこう》はほとんどのびていないのだという。その代《か》わり、昭和《しょうわ》五七年《ねん》ごろから、

人形《にんぎょう》の口《くち》が開《ひら》きはじめ、
顔《かお》つきが少《すこ》しずつ大人《おとな》びてきて
いるそうだ。

北海道・東北地方
青森県

某所《ぼうしょ》
地《ち》図《ず》から消《け》された謎《なぞ》の村《むら》

青森《あおもり》の都市伝説《としでんせつ》といえば、まずあげられるのは、「杉沢村伝説《すぎさわむらでんせつ》」だろう。

杉沢村《すぎさわむら》とは、地図《ちず》から消《き》えた村《むら》で、わかっていることは、

「五〇年《ねん》ほど前《まえ》、心《こころ》に異常《いじょう》をきたした一人《ひとり》の青年《せいねん》が村人全員《むらびとぜんいん》を惨殺《ざんさつ》。その結果《けっか》、村《むら》に住《す》む人間《にんげん》がいなくなってしまった。今《いま》ではその村《むら》の場所《ばしょ》はわからなくなってしまったが、たまに、迷《まよ》い込《こ》んでしまう人《ひと》がいる。村《むら》の家《いえ》の壁《かべ》には血《ち》の跡《あと》があり、凶器《きょうき》に使《つか》われたオノも当時《とうじ》のままに残《のこ》っている。だが、村《むら》に入《はい》って生《い》きて帰《かえ》った者《もの》はいない」

と、おどろおどろしい。さらにうわさでは、杉沢村《すぎさわむら》は、

●村《むら》の入《い》り口《ぐち》にボロボロの鳥居《とりい》がある。
●鳥居《とりい》の下《した》にドクロの形《かたち》の岩《いわ》がある。
●鳥居《とりい》の近《ちか》くに「ここから先《さき》へ入《はい》るもの、命《いのち》の保障《ほしょう》はない」と書《か》かれた看板《かんばん》がある。
●入《い》り口《ぐち》から奥《おく》へ進《すす》むと廃墟《はいきょ》があり、惨劇《さんげき》の跡《あと》がそのまま残《のこ》っている。

という。

この都市伝説《としでんせつ》は、青森県《あおもりけん》の一部《いちぶ》で知《し》られていたが、インターネット上《じょう》で広《ひろ》まり、二〇〇〇年《ねん》八月《がつ》二四日《か》放送《ほうそう》のフジテレビ『奇跡体験《きせきたいけん》！アンビリバボー』の特別番組《とくべつばんぐみ》で取《と》り上《あ》げられると、全国的《ぜんこくてき》に有名《ゆうめい》になった。

その後《ご》、地元《じもと》や近県《きんけん》の住民《じゅうみん》だけでなく、マスコミも〝呪《のろ》われた廃村《はいそん》〟を見《み》つけ出《だ》そうと、何度《なんど》も取材《しゅざい》を重《かさ》ねた。しかし、発見《はっけん》することはできなかった。

なお、青森県内《あおもりけんない》には、青森市内《あおもりしない》（旧浪岡《きゅうなみおか》町《まち》）や南部町《なんぶちょう》（旧福地村《きゅうふくちむら》）、三戸町《さんのへまち》などに「杉沢《すぎさわ》」という集落《しゅうらく》・地名《ちめい》があるが、「杉沢《すぎさわ》村《むら》」とは無関係《むかんけい》である。

呪《のろ》われたうわさの杉沢村《すぎさわむら》とは

〝人々《ひとびと》の心《こころ》の闇《やみ》に存在《そんざい》する村《むら》〟

といえるのかもしれない。

むつ市《し》
恐山《おそれざん》とイタコ

日本三大霊場《にほんさんだいれいじょう》、また三大霊山《さんだいれいざん》、三大霊地《さんだいれいち》として有名《ゆうめい》な恐山《おそれざん》。全国的《ぜんこくてき》に〝霊《れい》が集《あつ》まる〟として有名《ゆうめい》だが、はるか昔《むかし》から下北一円《しもきたいちえん》では「人《ひと》が死《し》ねば、お山《やま》（恐山《おそれざん》）さ行《い》ぐ」と信《しん》じられていた。〝死者《ししゃ》のたましいは山《やま》にかえる〟という言《い》い伝《つた》えは日本各地《にほんかくち》にあるが、この地《ち》は少《すこ》し変《か》わっている。その中《なか》で特《とく》に有名《ゆうめい》なものが「イタコ」の存在《そんざい》だろう。全国各地《ぜんこくかくち》から多《おお》くの人々《ひとびと》がこの地《ち》を訪《おとず》れるが、その目的《もくてき》はイタコに会《あ》うためだといってもいい。

イタコとは「霊媒《れいばい》」を職業《しょくぎょう》にする女性《じょせい》だ。彼女《かのじょ》たちは亡《な》くなった人間《にんげん》のたましいとコンタクトを取《と》り、自分《じぶん》の体《からだ》にその霊体《れいたい》を降《お》ろすことができる霊能力《れいのうりょく》を持《も》つ。そして死《し》んだ人《ひと》の声《こえ》を、その人《ひと》になりかわって、依頼《いらい》した人《ひと》に聞《き》かせる。これを「口寄《くちよ》せ」という。

ふつうは自宅《じたく》で「口寄《くちよ》せ」をおこなうが、観光客《かんこうきゃく》の多《おお》いシーズンには、恐山《おそれざん》の境内《けいだい》に

まで出張《しゅっちょう》してきてくれ、三〇〇〇〇円程度《えんていど》で「口寄《くちよ》せ」をしてくれる。
高齢《こうれい》のイタコになると津軽弁《つがるべん》がきついため、「口寄《くちよ》せ」をテープに録音《ろくおん》させてもらうこともできるというが、このテープに“**奇妙《きみょう》な声《こえ》**”が入《はい》るという怪奇現象《かいきげんしょう》もしばしば起《お》こるという。イタコにまつわる不思《ふし》議《ぎ》な話《はなし》は多《おお》い。

もちろん、恐山《おそれざん》の中《なか》でも奇妙《きみょう》な現象《げんしょう》は起《お》こるという。一番注意《いちばんちゅうい》が必要《ひつよう》な場所《ばしょ》は「賽《さい》の河原《かわら》」だ。賽《さい》の河原《かわら》は、参詣者《さんけいしゃ》によって積《つ》み上《あ》げられた石《いし》や、亡《な》くなった人《ひと》の名前《なまえ》が書《か》かれたネームプレート、子《こ》ども向《む》けのおもちゃや地蔵像《じぞうぞう》などがある、哀《かな》しい雰囲《ふんい》気《き》がただようスポットだ。そのため、「観《かん》光気分《こうきぶん》で行《い》くと祟《たた》られる」とも、まことしやかに語《かた》られている。
実際《じっさい》、この場所《ばしょ》で拾《ひろ》った石《いし》を記念《きねん》に持《も》ち帰《かえ》ったために

「事故《じこ》にあった」「発狂《はっきょう》した」

といった怪談《かいだん》も少《すく》なくない。

岩手県《いわてけん》二戸市《にのへし》　マンガ／六波《むつなみ》あさげ

座敷《ざしき》わらしの出《で》る宿《やど》

ふぃ～疲《つか》れた！
じいじの旅館《りょかん》遠《とお》くない？
こら！おじいちゃんの前《まえ》で……！
ハハハハ 真結《まゆ》は素直《すなお》だなあ
ハハハッ
いやいや よくきたな
さっそく温泉《おんせん》にいってきてもいいですか？
お父《とう》さんの趣味《しゅみ》じじくさいよね
なんだとぉ！温泉《おんせん》は崇高《すうこう》な趣味《しゅみ》なの！
はは
お世話《せわ》になります……
何《なに》してるの？
友達《ともだち》に連絡《れんらく》
ここの温泉《おんせん》はなちょっとした伝説《でんせつ》と関係《かんけい》してるんだよ
伝説《でんせつ》？都市伝説《としでんせつ》みたいなやつ？
座敷《ざしき》わらしって知《し》ってるかい？

座敷《ざしき》わらしというのは子《こ》どもの姿《すがた》をした妖怪《ようかい》だ
ポーン
ポーン
妖怪《ようかい》といっても家《いえ》を守《まも》ってくれるんだ
なにそれ！勝手《かって》に住《す》みつくんでしょ
気持《きも》ち悪《わる》くない？
そんなこと言《い》うもんじゃない
ポーン
座敷《ざしき》わらしを家《いえ》から追《お》い出《だ》したりすると―
ポーン
ポーン
家《いえ》に不幸《ふこう》が訪《おとず》れると言《い》われているんだよ
座敷《ざしき》わらしが現《あらわ》れるという場所《ばしょ》がこの近《ちか》くにあってな
緑風荘
「緑風荘《りょくふうそう》」という旅館《りょかん》なんだが……
その旅館《りょかん》の一番奥《いちばんおく》の部屋《へや》に座敷《ざしき》わらしがよく出《で》たそうだ

その旅館《りょかん》に現《あらわ》れる座敷《ざしき》わらしはな―
見《み》た人《ひと》は運《うん》がよくなるといわれて
そこには訪《おとず》れた人《ひと》たちが残《のこ》していったお供《そな》え物《もの》がたくさんあったそうだ
おかっぱで白《しろ》い着物《きもの》を着《き》た
小《ちい》さな男《おとこ》の子《こ》の姿《すがた》だったらしい
え……
……
ふすまから突然《とつぜん》姿《すがた》を現《あらわ》したり
急《きゅう》にトントンと物音《ものおと》がしたと思《おも》えば金縛《かなしば》りにあって
部屋《へや》で遊《あそ》んでいる男《おとこ》の子《こ》を見《み》たとか

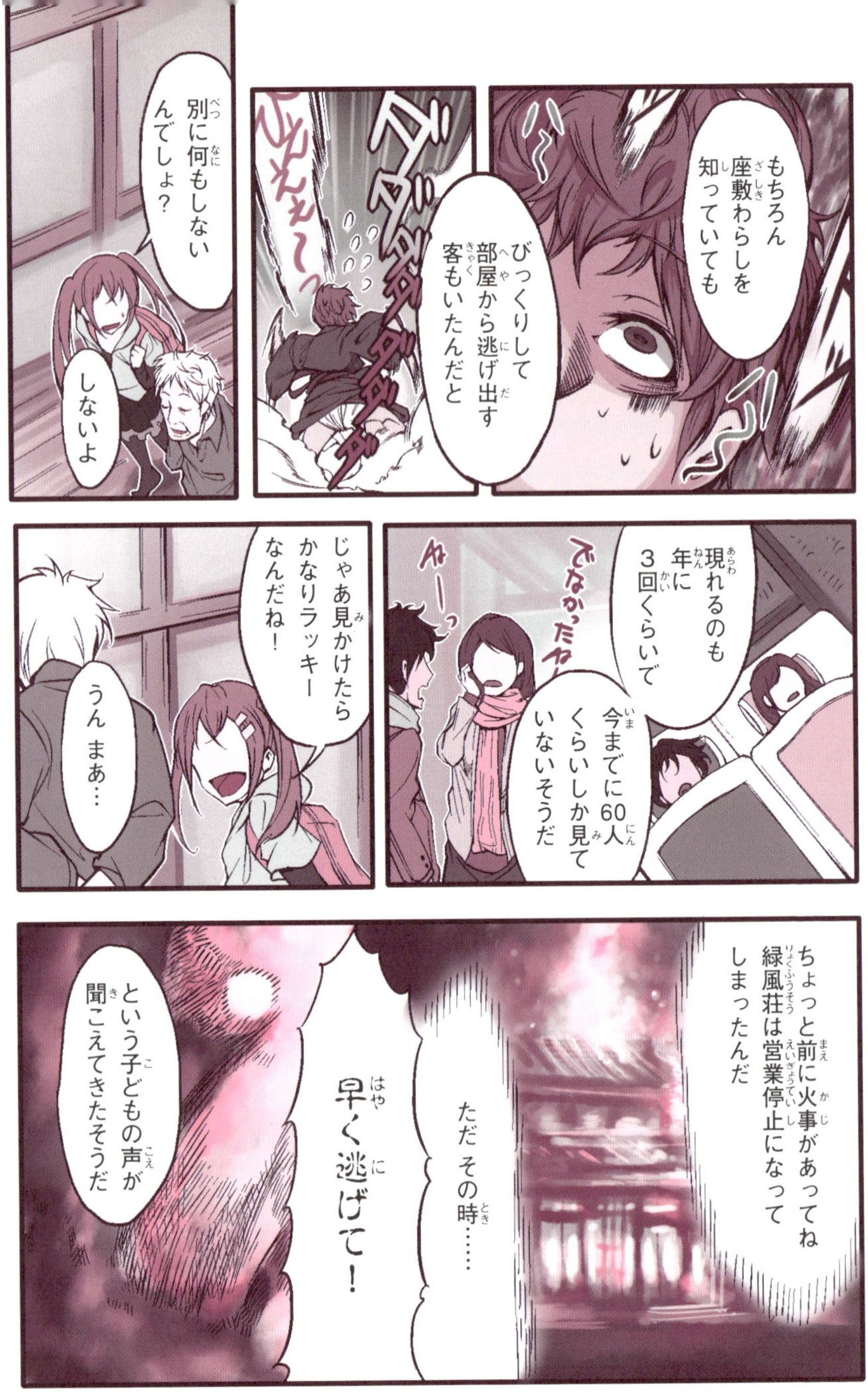
もちろん 座敷《ざしき》わらしを 知《し》っていても
びっくりして 部屋《へや》から逃《に》げ出《だ》す 客《きゃく》もいたんだと
別《べつ》に何《なに》もしないんでしょ？
しないよ
現《あらわ》れるのも 年《ねん》に 3回《かい》くらいで
今《いま》までに 60人《にん》くらいしか見《み》て いないそうだ
じゃあ見《み》かけたら かなりラッキー なんだね！
うん まあ…
ちょっと前《まえ》に火事《かじ》があってね 緑風荘《りょくふうそう》は営業停止《えいぎょうていし》になって しまったんだ
ただ その時《とき》……
早《はや》く逃《に》げて！
という子《こ》どもの声《こえ》が 聞《き》こえてきたそうだ

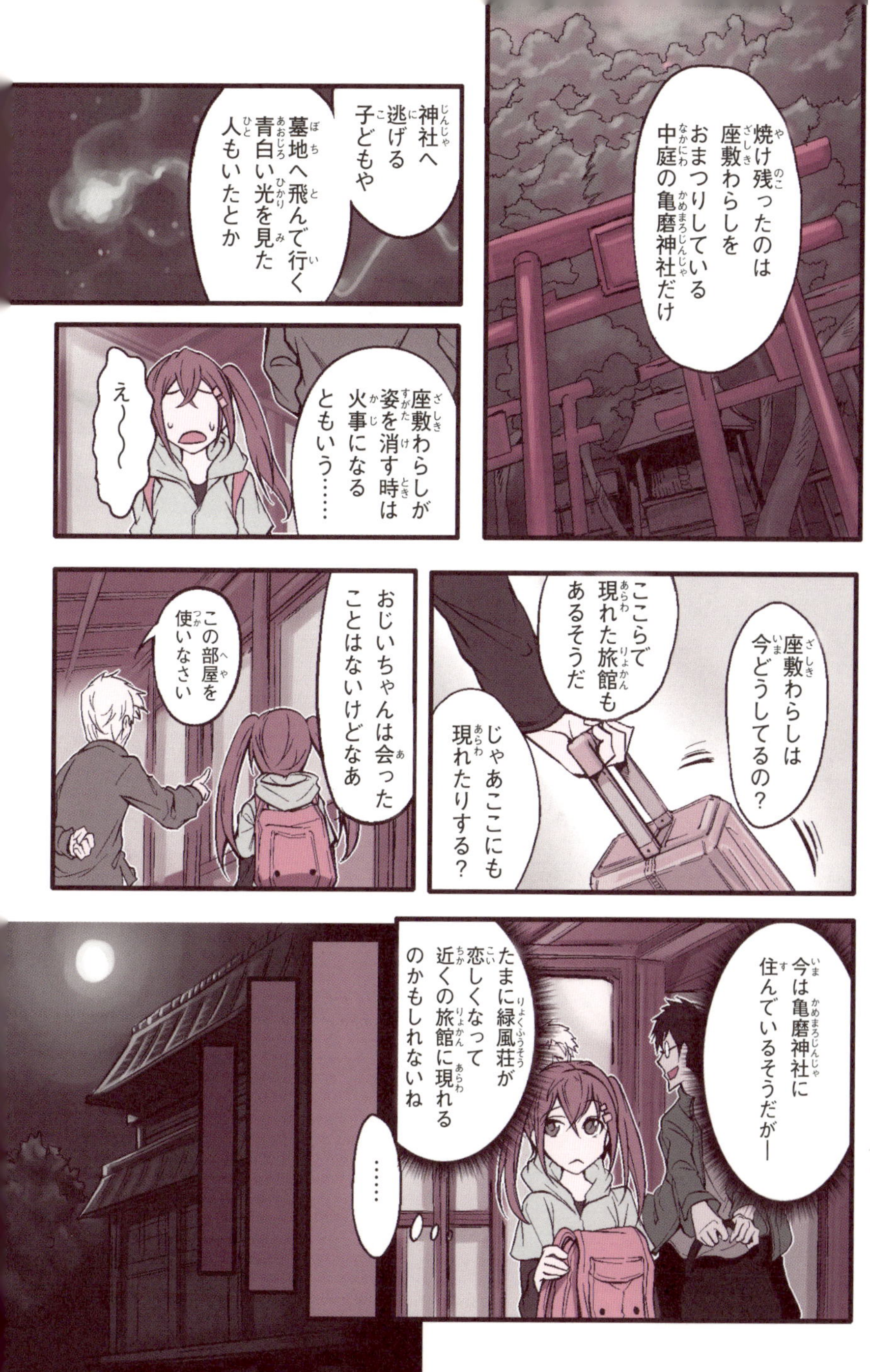
焼《や》け残《のこ》ったのは座敷《ざしき》わらしをおまつりしている中庭《なかにわ》の亀磨神社《かめまろじんじゃ》だけ
神社《じんじゃ》へ逃《に》げる子《こ》どもや
墓地《ぼち》へ飛《と》んで行《い》く青白《あおじろ》い光《ひかり》を見《み》た人《ひと》もいたとか
座敷《ざしき》わらしが姿《すがた》を消《け》す時《とき》は火事《かじ》になるともいう……
え〜〜〜
座敷《ざしき》わらしは今《いま》どうしてるの?
ここらで現《あらわ》れた旅館《りょかん》もあるそうだ
じゃあここにも現《あらわ》れたりする?
おじいちゃんは会《あ》ったことはないけどなあ
この部屋《へや》を使《つか》いなさい
今《いま》は亀磨神社《かめまろじんじゃ》に住《す》んでいるそうだが―
たまに緑風荘《りょくふうそう》が恋《こい》しくなって近《ちか》くの旅館《りょかん》に現《あらわ》れるのかもしれないね
……

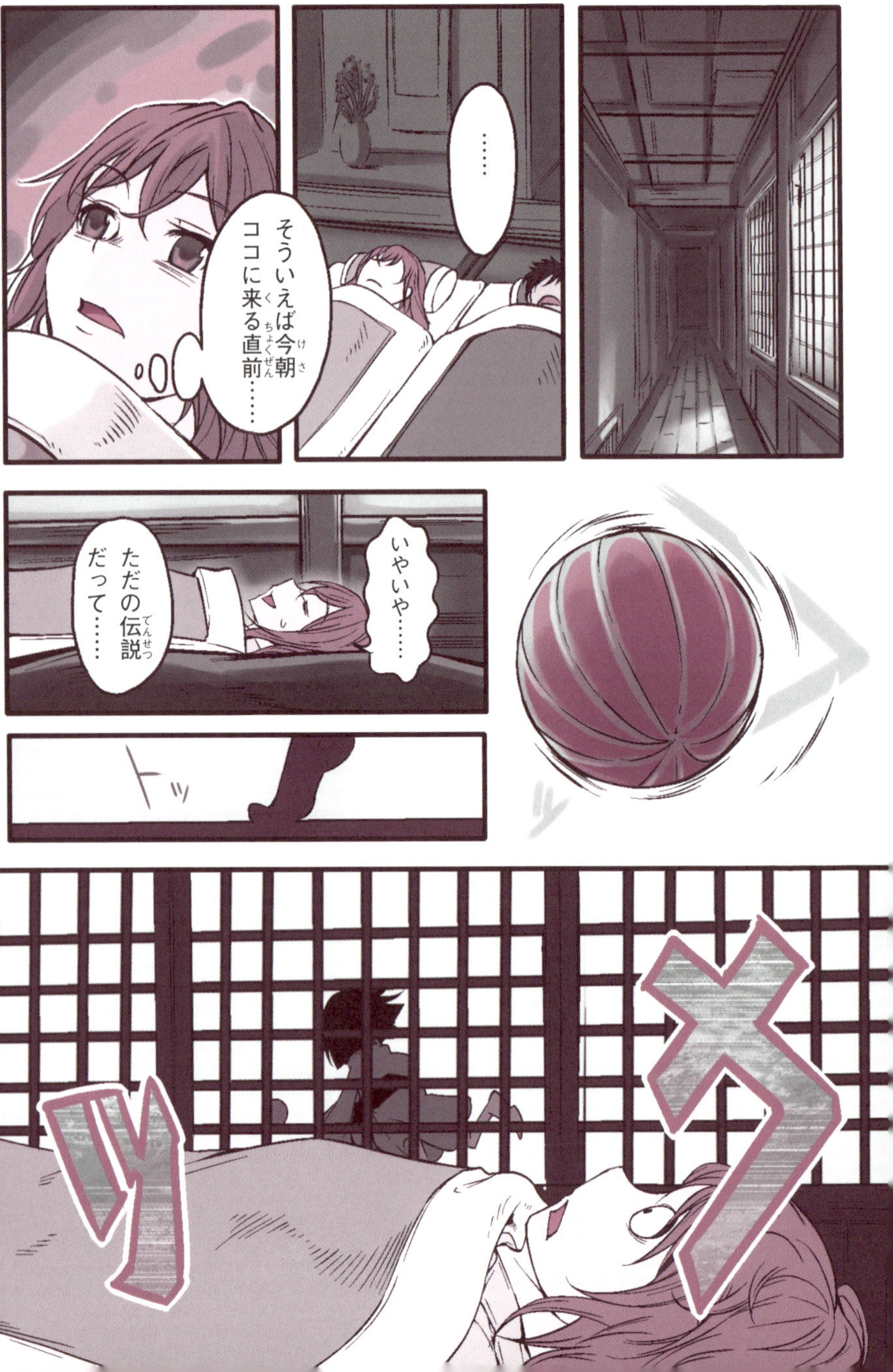
……
そういえば今朝《けさ》ココに来《く》る直前《ちょくぜん》……
いやいや……
ただの伝説《でんせつ》だって……
トッ

ドキ
ドキ
……
……なに今《いま》の
子《こ》どもの
影《かげ》だったよね
他《ほか》に宿泊《しゅくはく》してた？
あれ？
でもココ……
角部屋《かどべや》で外《そと》で遊《あそ》べる
場所《ばしょ》なんてなかった―
!?
体《からだ》が……
動《うご》かない……？
な、
なんで!?
ギギッ
物音《ものおと》がしたと
思《おも》えば
金縛《かなしば》りにあって―
いや落《お》ち着《つ》け
グググッ
ギギ
金縛《かなしば》りって
脳《のう》は起《お》きてて
体《からだ》は眠《ねむ》ってる
状態《じょうたい》だから
動《うご》けないだけで
別《べつ》に……
とにかく深呼吸《しんこきゅう》を―

……
ズズズ…
しゅっ
じいじ〜〜〜〜!

—ははは！ まさかここにも来《き》て くれてるとはなあ
年《とし》の近《ちか》い子《こ》がいて うれしかったんだな
冗談《じょうだん》じゃないよ！ 超怖《ちょうこわ》かったんだから
悪《わる》いものじゃない 見《み》た人《ひと》は幸《しあわ》せに なるというんだ
じゃあモンバドの 10連《れん》ガチャで超絶《ちょうぜつ》レア 出《て》ちゃうかな!?
え… じいちゃんには わからんなあ…
……
その座敷《ざしき》わらしは今《いま》 亀磨神社《かめまろじんじゃ》に住《す》んでいて 緑風荘《りょくふうそう》の再建《さいけん》を心待《こころま》ちに しているといいます
もしもみなさんが 二戸市《にのへし》に来《く》ることがあれば どこかで出会《であ》うかも しれません——

北海道・東北地方
岩手県

雄鹿戸《おしかど》トンネル

岩泉町《いわいずみちょう》

宮古市《みやこし》と岩泉町《いわいずみちょう》の境《さかい》に位置《いち》する押角峠《おしかどとうげ》に岩手県《いわてけん》屈指《くっし》の心霊《しんれい》スポット、雄鹿《おしか》戸《ど》トンネルがある。このトンネルにはさまざまな血塗《ちぬ》られた伝説《でんせつ》がある。有《ゆう》名《めい》なのは、

「工事《こうじ》のときに出《で》た、おおぜいの犠牲者《ぎせいしゃ》の死体《したい》をかくすために、そのままトンネルの壁《かべ》に塗《ぬ》りこんだ」

というものだろう。

「トンネルの拡張工事《かくちょうこうじ》のときに、その壁《かべ》をはがしたら、人《ひと》の骨《ほね》がたくさん出《で》てきた」

という話《はなし》もあり、きちんと埋葬《まいそう》されず、恨《うら》みを抱《いだ》いて死《し》んでいった人《ひと》たちの祟《たた》りがあると言《い》われてきた。

たとえば今《いま》でも、

「トンネル内《ない》で車《くるま》をとめ、クラクションを鳴《な》らすと、天井《てんじょう》から女《おんな》の人《ひと》の霊《れい》が降《ふ》ってくる」

という。そんな霊《れい》をなぐさめるために、以前《いぜん》はトンネルの入《い》り口《ぐち》だった場所《ばしょ》に、慰霊碑《いれいひ》が建《た》てられている。しかし、霊感《れいかん》の強《つよ》い人《ひと》は、

「まだ何《なに》かが埋《う》まっている」

と感《かん》じるらしい。今《いま》も危険《きけん》なスポットである。

八幡平市《はちまんたいし》
松尾鉱山《まつおこうざん》

松尾鉱山《まつおこうざん》は、**日本三大廃墟《にほんさんだいはいきょ》**のひとつとして有名《ゆうめい》だ。今《いま》は住《す》む人《ひと》もなく、話《はな》し声《ごえ》ひとつ聞《き》こえないが、採掘当時《さいくつとうじ》は東洋一《とうよういち》の硫黄《いおう》の鉱山《こうざん》として栄《さか》えていたそうだ。

鉱山《こうざん》で働《はたら》く人々《ひとびと》のために巨大《きょだい》なアパートも建《た》てられ、その中《なか》で一万数《すう》千人《にん》もの家《か》族《ぞく》たちが暮《く》らしていた。そのため文化《ぶんか》やファッションも最先端《さいせんたん》のものだったという。

ところが時代《じだい》の流《なが》れとともに、硫黄《いおう》が必《ひっ》要《よう》とされなくなってしまい、一九七二年《ねん》(昭和《しょうわ》四七年《ねん》)に会社《かいしゃ》が倒産《とうさん》。町《まち》の人《ひと》はいっせいに他《ほか》の場所《ばしょ》に引《ひ》っ越《こ》してしまい、今《いま》は、ボロボロになったアパート群《ぐん》が残《のこ》るばかりだ。

▲廃墟《はいきょ》となったアパート群《ぐん》。

そんなどさくさにまぎれてか、この場所《ばしょ》には「神《かみ》かくし」と呼《よ》ばれる「行方不明事件《ゆくえふめいじけん》」がたくさんあったとうわさされている。何本《なんぼん》にも分《わ》かれた道路《どうろ》の先《さき》に、巨大《きょだい》で深《ふか》い穴《あな》があり、そこに処理《しょり》できない死体《したい》が放置《ほうち》されているというのだ。

また、

「学校跡《がっこうあと》に子《こ》どもの霊《れい》が出《で》る」

「親子《おやこ》の幽霊《ゆうれい》を見《み》た」

という話《はなし》もあるし、

「上空《じょうくう》にUFOの大群《たいぐん》を見《み》た」

という目撃談《もくげきだん》も報告《ほうこく》されているそうだ。

ともあれ、不思議《ふしぎ》なエリアだといってまちがいはなさそうだ。

北海道・東北地方
宮城県
仙台市《せんだいし》

関山《せきやま》トンネルの女幽霊《おんなゆうれい》

一九六〇年《ねん》ごろから「関山《せきやま》の女幽霊《おんなゆうれい》」で有名《ゆうめい》になった「関山《せきやま》トンネル」は、山形県《やまがたけん》東根市《ひがしねし》と宮城県仙台市《みやぎけんせんだいし》を結《むす》ぶ関山峠《せきやまとうげ》にある。

目撃者《もくげきしゃ》は主《おも》に、タクシーの運転手《うんてんしゅ》だ。もっとも多《おお》いケースを紹介《しょうかい》しよう。

お客《きゃく》さんを降《お》ろして、ひとり仙台《せんだい》に向《む》かってタクシーを運転《うんてん》していたドライバーが関山《せきやま》トンネルの手前《てまえ》まで来《き》た時《とき》、女性《じょせい》が手《て》をあげているのを見《み》つけた。あたりは真《ま》っ暗《くら》だ。

「どうしてこんなところで……」

と、思《おも》いながらも運転手《うんてんしゅ》は車《くるま》をとめ、女性《じょせい》を後部座席《こうぶざせき》に乗《の》せた。

「どちらまで行《い》かれますか？」

「作並温泉《さくなみおんせん》の××病院《びょういん》まで」

タクシー運転手《うんてんしゅ》は関山《せきやま》トンネルを抜《ぬ》けて、作並温泉《さくなみおんせん》を目指《めざ》した。

ところが、作並温泉《さくなみおんせん》の街《まち》に入《はい》ったとき、

ガードレールにあやうく激突《げきとつ》しそうになった。なぜならルームミラー越《ご》しに見《み》えていた女性《じょせい》の姿《すがた》が、**後部座席《こうぶざせき》からこつぜんと消《き》えていたからだ。**

あわてて車《くるま》をとめて、後《うし》ろの座席《ざせき》を調《しら》べてみると、なぜか**ぐっしょり**とぬれていた。

他《ほか》にも、女性《じょせい》が小《ちい》さな女《おんな》の子《こ》を連《つ》れていたり、背中《せなか》に赤《あか》ん坊《ぼう》をおぶっていたりと、少々違《しょうしょうちが》った部分《ぶぶん》はあるが、**フッと消《き》えてしまう**ところは共通《きょうつう》している。

そして、この女幽霊《おんなゆうれい》について運転手仲間《うんてんしゅなかま》で密《ひそ》かに語《かた》られている話《はなし》がある。

一九五八年《ねん》ごろ、関山峠《せきやまとうげ》で病院《びょういん》に向《む》かう途中《とちゅう》の母娘《ははこ》が交通事故《こうつうじこ》で死亡《しぼう》した。女《おんな》の幽霊《ゆうれい》が出《で》るようになったのは、それからだという。

またこのトンネルでは、数年前《すうねんまえ》から別《べつ》の幽霊《ゆうれい》も目撃《もくげき》されている。バイクでトンネル

内《ない》を走《はし》っていると、誰《だれ》も乗《の》っていないはずの後部座席《こうぶざせき》から青白《あおじろ》い両手《りょうて》だけが伸《の》びてきて、ライダーの腰《こし》にしがみつくというのだ。

さらに、ツーリング中《ちゅう》のライダーが、前《まえ》を走《はし》る仲間《なかま》の背中《せなか》を見《み》ていると、

「いつの間《ま》にか、頭《あたま》から血《ち》を流《なが》している女《じょ》性《せい》がピッタリくっつくようにして座《すわ》っていた」

だとか、

「知《し》らない間《あいだ》に、友《とも》だちの後部座席《こうぶざせき》に見知《みし》らぬ男《おとこ》がまたがっていて、振《ふ》り向《む》いてニヤリと笑《わら》った」

という話《はなし》もある。いずれも、幽霊《ゆうれい》の姿《すがた》はトンネルを抜《ぬ》けた瞬間《しゅんかん》にパッと消《き》えてしまうのだそうだ。

どれも、関山《せきやま》トンネル付近《ふきん》で交通事故死《こうつうじこし》した人《ひと》たちの、さまよえる霊《れい》のなせることなのだろうか。

松島《まつしま》
乙女《おとめ》の祈《いの》り

日本三景《にほんさんけい》として名高《なだか》い「松島《まつしま》」に、奇妙《きみょう》な心霊《しんれい》スポットがあるのをご存《ぞん》じだろうか。

その場所《ばしょ》は、「乙女《おとめ》の祈《いの》り」という、なんとも美《うつく》しい名前《なまえ》で呼《よ》ばれているのだが、とても恐《おそ》ろしい言《い》い伝《つた》えが残《のこ》されている。

男女関係《だんじょかんけい》のもつれからこの場所《ばしょ》で自殺《じさつ》した少女《しょうじょ》が、この地《ち》にある、松《まつ》の切《き》り株《かぶ》に遺《い》書《しょ》を彫《ほ》った。この遺書《いしょ》の文章《ぶんしょう》を解読《かいどく》してしまうと、解読《かいどく》した人《ひと》が死《し》んでしまうというのだ。

その文章《ぶんしょう》とは、左《ひだり》の通《とお》りだ。

コノ時《とき》ヲモッテ己《おのれ》ノ限界《げんかい》ヲ知《し》ッタ
大自然《だいしぜん》ニ生《い》キルイギヲ失《うしな》ウ
己《おのれ》ハ死《し》ヲモッテ
コレヲ征服《せいふく》セネバナラナイ
昭和《しょうわ》四六　二　一男

ちなみに、ここで自殺《じさつ》した少女《しょうじょ》だが、近《ちか》くの岸壁《がんぺき》から海《うみ》に飛《と》び降《お》りたとも、周囲《しゅうい》の松《まつ》で首《くび》をつったとも言《い》われている。また、もともと、自殺自体《じさつじたい》がなかったという話《はなし》もある。

しかし……遺書《いしょ》が彫《ほ》られた松《まつ》の切《き》り株《かぶ》の周囲《しゅうい》を見渡《みわた》すと、切《き》られた松《まつ》はこの一本《いっぽん》だけであることがわかる。ひょっとしたら、少女《しょうじょ》はこの松《まつ》の枝《えだ》で、首《くび》をつったのかもしれない。

こんな話《はなし》もある。

十数年前《すうねんまえ》に地元《じもと》のテレビ局《きょく》が、情報番組《じょうほうばんぐみ》でこの「乙女《おとめ》の祈《いの》り」を紹介《しょうかい》した。そのときの女性《じょせい》レポーターが放送後《ほうそうご》、車《くるま》で「関山《せきやま》峠《とうげ》」を運転《うんてん》しているときに、隣《となり》の車線《しゃせん》を走《はし》ってきたトラックがいきなり横転《おうてん》して、**車《くるま》ごと押《お》しつぶされて死《し》んでしまった**というのだ。

そうそう、この松《まつ》の切《き》り株《かぶ》の「遺書《いしょ》」だが、**声《こえ》に出《だ》して読《よ》んでもいけない**のだという。

北海道・東北地方
秋田県

某所《ぼうしょ》

くねくね

都市伝説《としでんせつ》の世界《せかい》には、さまざまな怪物《かいぶつ》が存在《そんざい》する。そのひとつに、「くねくね」と呼《よ》ばれる存在《そんざい》がある。

くねくねとは、文字通《もじどお》り〝くねくね〟と体《からだ》を不自然《ふしぜん》にねじらせながら動《うご》く不思議《ふしぎ》な〝何《なに》か〟で、**見《み》た人《ひと》のほとんどは発狂《はっきょう》してしまう**という。

夏休《なつやす》みを利用《りよう》して、秋田県《あきたけん》にある、母方《ははかた》の実家《じっか》に遊《あそ》びに来《き》ていた中学三年生《ちゅうがくさんねんせい》と中学《ちゅうがく》一年生《ねんせい》の二人《ふたり》の兄弟《きょうだい》がいた。兄弟《きょうだい》はある日《ひ》、田《た》んぼの向《む》こう側《がわ》にうごめく奇妙《きみょう》な〝もの〟を見《み》つけた。

「あんなところで、何《なに》をしているんだろう?」

くねくねと動《うご》く、人《ひと》のような存在《そんざい》に気《き》づいた弟《おとうと》が、兄《あに》に問《と》いかけた。距離《きょり》にして一〇〇メートルほど。カカシが立《た》っているすぐそばに、白《しろ》い服《ふく》を着《き》ている男《おとこ》とも女《おんな》とも判断《はんだん》のつかないものが、くねくねと奇妙《きみょう》に体《からだ》を曲《ま》げて動《うご》いている。

好奇心《こうきしん》にかられた兄弟《きょうだい》は祖父母《そふぼ》に双眼鏡《そうがんきょう》を借《か》りてきて、その白《しろ》く不気味《ぶきみ》に動《うご》くものを観察《かんさつ》した。

まずは兄《あに》がレンズをのぞいた。そのとたん、顔色《かおいろ》を変《か》え、つぶやくように弟《おとうと》に言《い》った。

「お前《まえ》は見《み》るな。(正体《しょうたい》は)わからないほうがいい……」

兄《あに》の様子《ようす》におそれをなした弟《おとうと》は、双眼鏡《そうがんきょう》をのぞくことをやめた。その後《ご》、自宅《じたく》のある東京《とうきょう》に戻《もど》ってきた兄《あに》は、精神《せいしん》を病《や》んでしまったという。

それ以外《いがい》にも、夏期合宿《かきがっしゅく》の最中《さいちゅう》に、浜辺《はまべ》で踊《おど》る白《しろ》い物体《ぶったい》をじっくり見《み》てしまったために病院《びょういん》に送《おく》られたという話《はなし》や、田《た》んぼで奇妙《きみょう》にうごめく黒《くろ》いカカシのような物《ぶっ》体《たい》を見《み》た高校生《こうこうせい》の話《はなし》、とある石切場《いしきりば》へ社会《しゃかい》見学《けんがく》に行《い》った小学生《しょうがくせい》が、そこでくねくねと動《うご》く白《しろ》いものを見《み》て激《はげ》しい発作《ほっさ》を起《お》こしてしまった話《はなし》などがある。

いずれも話《はなし》の最後《さいご》は、くねくねと動《うご》くものを見《み》つけて、その正体《しょうたい》を知《し》ってしまった者《もの》が心《こころ》に異常《いじょう》をきたしてしまうというところで終《お》わっている。

その正体《しょうたい》については、熱中症《ねっちゅうしょう》による幻覚《げんかく》である説《せつ》が有力《ゆうりょく》だが、もう一人《ひとり》の自《じ》分《ぶん》＝ドッペルゲンガーであるという説《せつ》もある。また「蛇神《へびがみ》」や「タンモノ様《さま》」、「あんちょ」と呼《よ》ばれる妖怪《ようかい》のたぐいではないかとも、言《い》われている。

しかし、真相《しんそう》はいまだ不明《ふめい》だ。

北海道・東北地方
秋田県

血《ち》と涙《なみだ》を流《なが》すマリア像《ぞう》

秋田市《あきたし》

インドやポルトガル、イタリアなど世界《せかい》各国《かっこく》で報告《ほうこく》されている、血《ち》の涙《なみだ》を流《なが》すマリア像《ぞう》。実《じつ》は〝聖母《せいぼ》マリアの奇跡《きせき》〟は日本《にほん》でも起《お》きている。一九七五年《ねん》一月《がつ》、秋田《あきた》の教会《きょうかい》で、

『聖母《せいぼ》マリア像《ぞう》が涙《なみだ》を流《なが》した』

と日本中《にほんじゅう》を驚《おどろ》かせた。

確認《かくにん》されたのは、秋田市《あきたし》の町外《まちはず》れにある、女子修道院《じょししゅうどういん》「聖体奉仕会《せいたいほうしかい》」だ。以降《いこう》、一九八一年《ねん》九月《がつ》十五日《にち》までに一〇一回《かい》にわたり、マリア像《ぞう》は涙《なみだ》をこぼす。

予兆《よちょう》はすでにあったようだ。

一九七三年《ねん》、教会《きょうかい》に仕《つか》える修道女《しゅうどうじょ》の手《て》に突然《とつぜん》、十字架型《じゅうじかがた》の傷《きず》あとが浮《う》かび上《あ》がった。さらに彼女《かのじょ》は完全《かんぜん》に耳《みみ》が聞《き》こえなくなってしまう。それでも、マリア像《ぞう》に祈《いの》りを捧《ささ》げ

ていると、なんと彼女《かのじょ》の元《もと》に天使《てんし》が現《あらわ》れ、励《はげ》ましたという。

ある日《ひ》、修道女《しゅうどうじょ》がマリア像《ぞう》の前《まえ》でひざまずいてお祈《いの》りをしていると、突然《とつぜん》マリア像《ぞう》が神々《こうごう》しい輝《かがや》きに包《つつ》まれた。そして、聞《き》こえないはずの彼女《かのじょ》の耳《みみ》に、美《うつく》しい女性《じょせい》の声《こえ》でお告《つ》げが聞《き》こえてきた。そして、涙《なみだ》を流《なが》したのだ。

この奇跡《きせき》は多《おお》くの人間《にんげん》に目撃《もくげき》され、マリア像《ぞう》の涙《なみだ》は専門家《せんもんか》による鑑定《かんてい》の結果《けっか》、**人間《にんげん》の体液《たいえき》であることが証明《しょうめい》されている。**

滝不動《たきふどう》

上山市《かみのやまし》

山形《やまがた》では知《し》らぬものはないという最恐《さいきょう》の心霊《しんれい》スポット、滝不動《たきふどう》にはさまざまなタブーがある。中《なか》でも

「滝《たき》にある剣《けん》に触《ふ》れると死《し》ぬ」

と言《い》われており、実際《じっさい》に二人《ふたり》の子《こ》どもが剣《けん》で遊《あそ》んでいて、互《たが》いの首《くび》を斬《き》り落《お》として亡《な》くなったという。

この問題《もんだい》の剣《けん》だが、滝《たき》つぼの比較的下《ひかくてきした》のほうに何本《なんぼん》か、茶色《ちゃいろ》く錆《さ》びて刺《さ》さっている。たしかに抜《ぬ》いたりしようものなら、死《し》の制裁《せいさい》が待《ま》っていそうだ。他《ほか》にも、

「そこに着《つ》くまでの山道《やまみち》で、一人《ひとり》でたたずむ老婆《ろうば》を見《み》た場合《ばあい》は、すぐに引《ひ》き返《かえ》さなくてはいけない」

とも言《い》われている。祟《たた》りにあった人《ひと》たちの多《おお》くは、その老婆《ろうば》を目撃《もくげき》したと、証言《しょうげん》しているからだ。老婆《ろうば》は

「これ以上《いじょう》滝《たき》に近《ちか》づくな」

という霊《れい》からの警告《けいこく》なのかもしれない。

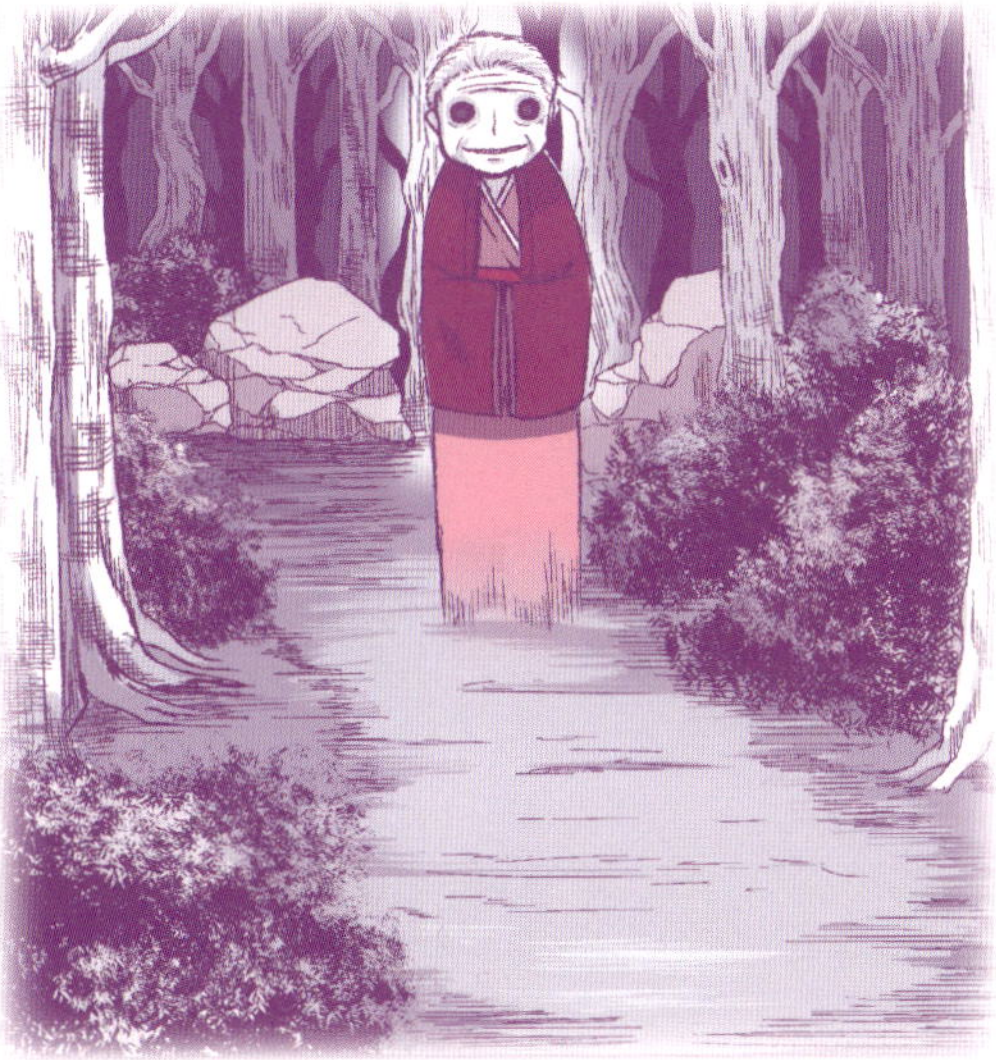

この滝《たき》は山形上山《やまがたかみのやま》インターチェンジから一〇分《ぷん》と車《くるま》の便《べん》がいいが、**白《しろ》い車《くるま》で行《い》くと、帰《かえ》りに赤《あか》ちゃんのような小《ちい》さな手形《てがた》が無数《むすう》に窓《まど》ガラスにつく**そうなので、避《さ》けたほうがいいだろう。

また十数年前《すうねんまえ》は、上山市《かみのやまし》の火葬場《かそうば》が滝《たき》のすぐ近《ちか》くにあり、そこは心霊写真《しんれいしゃしん》が撮《と》れることで有名《ゆうめい》だった。特《とく》に白装束《しろしょうぞく》を着《き》た男性《だんせい》がくっきり写《うつ》ることでマニアの間《あいだ》では評判《ひょうばん》だった。

北海道・東北地方
山形県

ケサランパサラン

北村山郡《きたむらやまぐん》

一九七〇年代後半《ねんだいこうはん》に、ブームを巻《ま》き起《お》こした謎《なぞ》の生物《せいぶつ》「ケサランパサラン」をご存《ぞん》じだろうか？　白《しろ》い毛玉状《けだまじょう》の物体《ぶったい》で、妖力《ようりょく》を持《も》ち、風《かぜ》にのって空中《くうちゅう》を「フワフワ」と飛《と》んで移動《いどう》すると言《い》われる。

なぜブームになったのかというと、ケサランパサランを手《て》に入《い》れた者《もの》は幸運《こううん》を授《さず》かるという伝説《でんせつ》が、テレビを通《つう》じて紹介《しょうかい》されたからだ。

しかし、ケサランパサランだと思《おも》われたものの多《おお》くは花《はな》の冠毛《かんもう》や動物《どうぶつ》の毛玉《けだま》などであったため、正体不明《しょうたいふめい》のまま、ブームは終《お》わった。

では、ケサランパサランは想像上《そうぞうじょう》のものなのか？

実《じつ》はその起源《きげん》は古《ふる》く、江戸時代《えどじだい》にさかのぼる。主《おも》に東北地方《とうほくちほう》の民間伝承《みんかんでんしょう》で、「幸運《こううん》をもたらすもの」として広《ひろ》く知《し》られ、狐《きつね》のしっぽの先《さき》が落《お》ちたもの、また雷《かみなり》と共《とも》に天《てん》から降《ふ》ったものとされている。

運良《うんよ》く手《て》に入《い》れた者《もの》は家宝《かほう》とし、その家《いえ》の娘《むすめ》が嫁《とつ》ぐ際《さい》に、母親《ははおや》から手渡《てわた》され、代々《だいだい》子孫《しそん》に受《う》け継《つ》がれるのだという。

ケサランパサランを上手《じょうず》に保管《ほかん》するのには、さまざまな条件《じょうけん》があるという。まず、容器《ようき》は桐《きり》の箱《はこ》に限《かぎ》り、箱《はこ》に空気穴《くうきあな》を作《つく》っておかないと窒息《ちっそく》してしまう。しかし、ひんぱんにフタを開《あ》けるのはよくないとされ、一年《ねん》に二回以上見《かいいじょうみ》るとその効果《こうか》は消《き》えてしまう。

白粉《おしろい》をふりかけると、それを食《た》べ、大《おお》きくなったり分裂《ぶんれつ》して増《ふ》えたりする。白粉《おしろい》は香料《こうりょう》がないほうが好《この》まれるそうだ。**まさに、謎《なぞ》の物体《ぶったい》である。**

三〇年以上《ねんいじょう》も前《まえ》にブームを起《お》こしたケサランパサランだが、この世《よ》から消《き》えたわけではなく、今《いま》でも入手報告《にゅうしゅほうこく》が時々見《ときどきみ》られる。二〇〇八年《ねん》五月《がつ》一八日《にち》、山形県《やまがたけん》の大石田《おおいしだ》の山中《さんちゅう》で児童《じどう》が発見《はっけん》し、大《おお》きな話題《わだい》になった。

「最初《さいしょ》はネズミかと思《おも》ったけど、全然《ぜんぜん》動《うご》かないので拾《ひろ》ってみた」

そうで、児童《じどう》が山形県立博物館《やまがたけんりつはくぶつかん》に持《も》ち込《こ》んだところ、担当者《たんとうしゃ》は

「たしかにケサランパサランだ」

と話《はな》したという。

山形県立博物館《やまがたけんりつはくぶつかん》にはこのケサランパサランのレプリカが展示《てんじ》されており、その説明《せつめい》文《ぶん》には

「一月《がつ》から三月《がつ》にかけて、神社《じんじゃ》や深山《しんざん》の木《き》のたもとに天《てん》から舞《ま》い降《お》りてくる。拾《ひろ》った人《ひと》は一生幸運《いっしょうこううん》に恵《めぐ》まれると言《い》い伝《つた》えられている。桐箱《きりばこ》に食《た》べ物《もの》の白粉《おしろい》を入《い》れ、一年《ねん》に一度《ど》しか見《み》てはいけない。二度《ど》見《み》ると、幸《しあわ》せが逃《に》げてしまう」

と書《か》かれているそうだ。

北海道・東北地方
福島県

二本松市《にほんまつし》
安達《あだち》ケ原《がはら》の鬼婆《おにばば》

二本松《にほんまつ》には、**鬼婆伝説《おにばばでんせつ》**を今《いま》なお語《かた》り伝《つた》えている観世寺《かんぜじ》がある。

この地《ち》には鬼婆《おにばば》が住《す》んでおり、旅人《たびびと》を次々《つぎつぎ》とおそっては**出刃包丁《でばぼうちょう》で切《き》り裂《さ》き、鉄鍋《てつなべ》で煮《に》て食《た》べた**というが、なんと実際《じっさい》にあった話《はなし》なのだという。

住職《じゅうしょく》のNさんによると、実際《じっさい》にお寺《てら》には、鬼婆《おにばば》が使《つか》ったという、刃渡《はわた》り三〇センチの錆《さ》び付《つ》いた出刃包丁《でばぼうちょう》が残《のこ》されているのだそうだ。

さらに**旅人《たびびと》の死体《したい》や骨《ほね》を煮《に》て食《た》べた**という直径《ちょっけい》二五センチほどの鉄鍋《てつなべ》や人骨《じんこつ》を入《い》れた骨壺《こつつぼ》まである。

また、山門側《さんもんがわ》の大《おお》きな杉《すぎ》の木《き》の根元《ねもと》には、とても位《くらい》の高《たか》いお坊《ぼう》さん、東光坊《とうこうぼう》に退治《たいじ》された鬼婆《おにばば》の遺体《いたい》が埋《う》められた「黒塚《くろづか》」まで存在《そんざい》する。

本当《ほんとう》に鬼婆《おにばば》は実在《じつざい》したのだろうか。実《じつ》は、彼女《かのじょ》が鬼婆《おにばば》になるには悲《かな》しい理由《りゆう》があった。

彼女《かのじょ》はもともとは、「岩手《いわて》」という名前《なまえ》で、京都《きょうと》の公家屋敷《くげやしき》で子《こ》どもの世話《せわ》をする、乳母《うば》をしていた。そんなある時《とき》、お世話《せわ》をしていた姫《ひめ》が重《おも》い病気《びょうき》になってしまった。姫《ひめ》の病気《びょうき》を治《なお》すには、生《う》まれたばかりの赤《あか》ん坊《ぼう》の生《い》き肝《ぎも》を飲《の》ませるしかないという。

そこで彼女《かのじょ》は、自分《じぶん》の実《じつ》の娘《むすめ》を人《ひと》にあずけて、姫《ひめ》の特効薬《とっこうやく》を探《さが》して全国《ぜんこく》を旅《たび》してまわった。とはいえ、なかなか〝姫《ひめ》の薬《くすり》〟になる〝いい赤《あか》ん坊《ぼう》〟を見《み》つけることができない。

そうこうしているうちに何年《なんねん》も年月《ねんげつ》が流《なが》れたが、ついに安達ケ原《あだちがばら》でそのタイミングに恵《めぐ》まれた。なんと岩手《いわて》の住《す》んでいた岩屋《いわや》に妊婦《にんぷ》が泊《と》まり、しかも、赤《あか》ん坊《ぼう》が生《う》まれそうになったのだ。

「これでやっと、生《い》き肝《ぎも》が手《て》に入《はい》る」

と、岩手《いわて》は、喜《よろこ》びいさんで妊婦《にんぷ》におそい

かかり、殺《ころ》そうとした。するとその妊婦《にんぷ》はなんと、息《いき》もたえだえに、

「ここで死《し》ぬのはとてもつらいことです。実《じつ》は私《わたし》は、幼《おさな》いころに京都《きょうと》で生《い》き別《わか》れた母《はは》親《おや》をさがしているのです」

と打《う》ち明《あ》けて息絶《いきた》えた。そう、岩手《いわて》が殺《ころ》した妊婦《にんぷ》こそ、京都《きょうと》に置《お》いてきた**実《じつ》の娘《むすめ》だった**のである。


あまりのショックに、岩手《いわて》の精神《せいしん》は壊《こわ》れてしまい、〝鬼婆《おにばば》〟になってしまった。そして、旅人《たびびと》を見《み》つけては、食《く》い殺《ころ》すようになったのだ。

黒塚《くろづか》の辺《あた》りには、一説《いっせつ》によると山《やま》のように人骨《じんこつ》が積《つ》まれていたのだそうだ。そのため、岩屋《いわや》のかたわらにある「夜泣《よな》き石《いし》」からは、今《いま》でも時《とき》おり、真夜中《まよなか》に女性《じょせい》や赤《あか》ん坊《ぼう》の泣《な》き声《ごえ》が聞《き》こえてくるのだという。

福島市《ふくしまし》

アクロバティックサラサラ

福島《ふくしま》には、〝出会《であ》ったら呪《のろ》われる〟とされる謎《なぞ》の女性《じょせい》がいる。その名《な》は〝アクロバティックサラサラ〟。

インターネットの巨大掲示板《きょだいけいじばん》でささやかれはじめた存在《そんざい》だ。彼女《かのじょ》の目《め》を見《み》たら最《さい》後《ご》、背後《はいご》にピッタリとくっついてくるそうで、最悪《さいあく》の場合《ばあい》、いずこへか連《つ》れ去《さ》られるのだという。

女性《じょせい》の特徴《とくちょう》は、異常《いじょう》に身長《しんちょう》が高《たか》く、真《ま》っ赤《か》なコートを着《き》ている。サラサラの髪《かみ》の頭《あたま》には帽子《ぼうし》をかぶっている。そして顔《かお》をのぞき込《こ》むと……、なんと目《め》のある部分《ぶぶん》にポッカリと真《ま》っ黒《くろ》な穴《あな》が開《あ》いている。そう、両《りょう》目《め》がないのだ。

そんな女性《じょせい》が非常《ひじょう》にアクロバティックな動《うご》きでどこからともなく出現《しゅつげん》するというのだ。話《はなし》だけ聞《き》くと、ちょっと笑《わら》ってしまいそうだが、実際《じっさい》に見《み》た時《とき》の恐怖《きょうふ》は、たとえようがないのだという。

　実際《じっさい》、アクロバティックサラサラに出《で》会《あ》った男子中学生《だんしちゅうがくせい》がいる。彼女《かのじょ》のうわさを聞《き》いていたその中学生《ちゅうがくせい》は、〝うわさが本当《ほんとう》か試《ため》してやれ〟と、顔《かお》をのぞき込《こ》んだそうだ。しかし……真《ま》っ黒《くろ》の穴《あな》を見《み》て、恐怖《きょうふ》した。〝この世《よ》のものではない〟と全速力《ぜんそくりょく》で逃《に》げたが、しばらく、背後《はいご》からの足音《あしおと》に悩《なや》まされたという。

　もしそんな女性《じょせい》を見《み》かけたら、すぐに目《め》を伏《ふ》せ、遠《とお》くへ立《た》ち去《さ》るのが得策《とくさく》だといえよう。

カラー占《うらな》いでわかる！

あなたにピッタリのパワーアップアイテム

Q 今《いま》、どの色《いろ》が一番《いちばん》気《き》になる？
直感《ちょっかん》で選《えら》んでね。

赤《あか》 紫《むらさき》 青《あお》 緑《みどり》 白《しろ》 黒《くろ》

赤《あか》を選《えら》んだあなたは……

とてもパワーにあふれているね。さらにパワーアップさせるためのアイテムは、「塩《しお》」。特《とく》に、自然塩《しぜんえん》や天然塩《てんねんえん》は悪《わる》い気《き》を浄化《じょうか》してくれるよ。白《しろ》い布《ぬの》や紙《かみ》に包《つつ》んで持《も》ち歩《ある》いてね。

紫《むらさき》を選《えら》んだあなたは……

おだやかだけれど、何《なに》か心配事《しんぱいごと》があるんじゃない？　アロマや香水《こうすい》、お気《き》に入《い》りのよい香《かお》りのするもので気分転換《きぶんてんかん》をして。よい香《かお》りは悪《わる》い気《き》を寄《よ》せ付《つ》けないよ。

青《あお》を選《えら》んだあなたは……

キラキラ光《ひか》るもの！

リラックスして安定《あんてい》しているように見《み》えて、なかなか本音《ほんね》が出《だ》せない時期《じき》かも。キラキラ光《ひか》るアイテムはエネルギーを集《あつ》めてくれるから、ぜひ身《み》につけて。

緑《みどり》を選《えら》んだあなたは……

お守《まも》り！

一生懸命《いっしょうけんめい》になって、ちょっとおつかれ気《ぎ》味《み》？　お寺《てら》や神社《じんじゃ》はパワースポットだから、お参《まい》りに行《い》ってお守《まも》りをもらってこよう。リラックスできるはずだよ。

白《しろ》を選《えら》んだあなたは……

手鏡《てかがみ》！

とても素直《すなお》だけど、ちょっと自信《じしん》ない状態《じょうたい》みたい。手鏡《てかがみ》をきれいにみがいて、毎日《まいにち》ニコッと笑顔《えがお》を映《うつ》してみよう。鏡《かがみ》は悪《わる》い気《き》をはらってくれるよ。

黒《くろ》を選《えら》んだあなたは……

あまいおかし！

少《すこ》しがんばりすぎているかな？　悪《わる》い気《き》にとりつかれないように、あまいおかしを食《た》べてリラックスして。

星《ほし》を見《み》る少女《しょうじょ》

つくば市《し》

国立筑波大学《こくりつつくばだいがく》だけでなく、民間《みんかん》の研究機《けんきゅうき》関《かん》が多《おお》く集《あつ》まる筑波研究学園都市《つくばけんきゅうがくえんとし》は、日本《にほん》でも最先端《さいせんたん》の研究《けんきゅう》がなされているといってもいい。だからかもしれない。この地区《ちく》にまつわる奇妙《きみょう》なうわさは、あまりにも多《おお》い。

しかもそれが怪談系《かいだんけい》から陰謀系《いんぼうけい》まで幅広《はばひろ》く、そのいずれもが実《じつ》に興味深《きょうみぶか》いものばかりなのである。

中《なか》でも有名《ゆうめい》なのが、『星《ほし》を見《み》る少女《しょうじょ》』という話《はなし》だろう。

『星《ほし》を見《み》る少女《しょうじょ》』は、筑波大学《つくばだいがく》の学校内《がっこうない》にある、「平砂宿舎六号棟《ひらすなしゅくしゃごうとう》」にまつわる怪談《かいだん》である。

宿舎《しゅくしゃ》の四階《かい》にある部屋《へや》の窓辺《まどべ》から、毎《まい》晩《ばん》、星《ほし》を見上《みあ》げている少女《しょうじょ》がいた。

「ロマンチックな子《こ》だな。今日《きょう》も夜空《よぞら》を見《み》上《あ》げてるんだ……」

その様子《ようす》に気《き》づいたひとりの男子学生《だんしがくせい》は、ひと目《め》で少女《しょうじょ》を好《す》きになってしまった。

ある日《ひ》、

「よし、今日《きょう》も星《ほし》を見《み》ている」

と、少女《しょうじょ》が窓辺《まどべ》にいることを確認《かくにん》した男子学生《だんしがくせい》は、部屋《へや》を訪《たず》ねることにした。

ところが、いくらドアをノックしても少女《しょうじょ》は出《で》てこない。部屋《へや》にいるはずなのに、動《うご》く物音《ものおと》すらしない。

おかしいなと思《おも》った彼《かれ》は、管理人《かんりにん》に頼《たの》んで部屋《へや》を開《あ》けてもらった。すると……。確《たし》かに少女《しょうじょ》はいた。**しかし、少女《しょうじょ》は窓辺《まどべ》で首《くび》をつって死《し》んでいた。**

そう、男子学生《だんしがくせい》が毎晩《まいばん》見上《みあ》げていたのは、**首《くび》をつった少女《しょうじょ》**の姿《すがた》だったのだ。

某所《ぼうしょ》
森《もり》を徘徊《はいかい》する「溶解人間《ようかいにんげん》」

筑波研究学園都市《つくばけんきゅうがくえんとし》では、ふつうでは考《かんが》えられないような研究《けんきゅう》が秘密《ひみつ》でおこなわれていると言《い》われている。それが、

「研究所近《けんきゅうじょちか》くでおかしな声《こえ》を聞《き》いた」

といったような、怪談《かいだん》になり、

「奇妙《きみょう》な実験《じっけん》をしているらしい」

などと、陰謀《いんぼう》にまつわる話《はなし》となり、やがては都市伝説《としでんせつ》となって全国《ぜんこく》へ広《ひろ》まっていく……。

そのひとつに、遺伝子工学《いでんしこうがく》によるさまざまな実験《じっけん》がある。

「人面犬《じんめんけん》は筑波学園都市《つくばがくえんとし》の研究《けんきゅう》で生《う》み出《だ》された」

などという都市伝説《としでんせつ》があるが、さらにこんなうわさもある。

ある研究室《けんきゅうしつ》では最初《さいしょ》はマウスで実験《じっけん》をおこなっていたが、ついには人体《じんたい》をモル

モットにした実験《じっけん》がスタートしたというのだ。それに関連《かんれん》して、遺伝子工学研究《いでんしこうがくけんきゅう》所近《じょちか》くの山《やま》の中《なか》に

「〝ミュータントの森《もり》〟と呼《よ》ばれる場所《ばしょ》がある」

と、ささやかれている。

〝ミュータントの森《もり》〟

それは、つくば市《し》の山《やま》の中《なか》の森《もり》で、〝幽《ゆう》霊《れい》の集団《しゅうだん》を見《み》た〟といううわさから始《はじ》まった。

「月《つき》に何回《なんかい》か、深夜《しんや》になるのを待《ま》っていたかのように、青白《あおじろ》い姿《すがた》をした、まるで幽霊《ゆうれい》のような者《もの》が集団《しゅうだん》で現《あらわ》れる。彼《かれ》らは森《もり》の中《なか》を、月明《つきあ》かりの下《した》、うろうろと、さまよい歩《ある》いている」

そんな話《はなし》がまことしやかに流《なが》れたのだ。

うわさを聞《き》きつけた若者《わかもの》たちが、

「肝試《きもだめ》しをしようぜ」

と、月夜《つきよ》の晩《ばん》、その森《もり》に侵入《しんにゅう》していった。

しかし彼《かれ》らが、そこで目《ま》の当《あ》たりにしたものは、幽霊《ゆうれい》などではなかった。

なんと、それは体《からだ》がドロドロに溶《と》けて、不気味《ぶきみ》に変《か》わりはてた人間《にんげん》の集団《しゅうだん》だったのである。

その後《ご》の情報《じょうほう》では、これはトップシークレットの計画《けいかく》にのっとって進行中《しんこうちゅう》の「新人《しんじん》類創造《るいそうぞう》・育成《いくせい》プロジェクト」によって誕生《たんじょう》した〝**溶解人間**《ようかいにんげん》〟たちだった、というのだ。

〝溶解人間《ようかいにんげん》〟とはいったい何《なに》か？

うわさでは、遺伝子工学《いでんしこうがく》によって生《う》み出《だ》されたミュータント（突然変異体《とつぜんへんいたい》）たちで、それもただのミュータントではなく、体《からだ》がドロドロに溶《と》けている状態《じょうたい》で生《い》かされているのだという。

ただし、月《つき》の光《ひかり》を必要《ひつよう》とするため、月《つき》に数度《すうど》は「月光浴《げっこうよく》」として、集団《しゅうだん》で野外散歩《やがいさんぽ》をするのだそうだ。

関東地方
栃木県

華厳《けごん》の滝《たき》と中禅寺湖《ちゅうぜんじこ》の底《そこ》

日光市《にっこうし》

中禅寺湖《ちゅうぜんじこ》や東照宮《とうしょうぐう》などと並《なら》ぶ、日光《にっこう》の観《かん》光名所《こうめいしょ》・華厳《けごん》の滝《たき》。かつてここは自殺《じさつ》の名《めい》所《しょ》として知《し》られ、多《おお》くの若者《わかもの》がここで命《いのち》を絶《た》っていた。それは、明治時代《めいじじだい》、ある青年《せいねん》がこの滝《たき》に身《み》を投《な》げたことに由来《ゆらい》している。

その青年《せいねん》の名前《なまえ》は藤村操《ふじむらみさお》。

彼《かれ》が通《かよ》っていた第一高等学校《だいいちこうとうがっこう》は当時《とうじ》の日《に》本《ぽん》でも指折《ゆびお》りのエリート校《こう》で、藤村《ふじむら》もその将来《しょうらい》を期待《きたい》されていた。

しかし、一九〇三年《ねん》五月《がつ》二一日《にち》、いつものように自宅《じたく》を出《で》た藤村《ふじむら》は、学校《がっこう》へは行《い》かず、上野《うえの》から電車《でんしゃ》に乗《の》って日光《にっこう》へと向《む》かった。藤村《ふじむら》は、その日《ひ》は日光《にっこう》の旅館《りょかん》に泊《と》まり、翌朝《よくあさ》、朝《あさ》ごはんを食《た》べてから宿《やど》を出《で》た。細《ほそ》い山道《やまみち》を登《のぼ》り、やってきたのは華厳《けごん》の滝《たき》。

そして彼《かれ》は滝《たき》つぼ目《め》がけて身《み》を投《な》げ、そのまま死《し》んでしまったのだ。

エリートの自殺《じさつ》は、当時《とうじ》の世《よ》の中《なか》に大《おお》きなショックをあたえた。

影響《えいきょう》された若者《わかもの》は多《おお》かったようで、華厳《けごん》の滝《たき》で、あと追《お》い自殺《じさつ》する者《もの》が何人《なんにん》も続《つづ》いた。藤村《ふじむら》の死後《しご》、四年間《ねんかん》で少《すく》なくとも**一六〇人以上《にんいじょう》**がこの華厳《けごん》の滝《たき》で自殺《じさつ》を図《はか》ったという。

あまりにも自殺者《じさつしゃ》が多《おお》いので、警察《けいさつ》が柵《さく》を作《つく》って、飛《と》び降《お》り自殺《じさつ》を防《ふせ》ぐ対策《たいさく》を取《と》ったほどだった。

それから一〇〇年以上《ねんいじょう》が経《た》つが、今《いま》でも**春先《はるさき》になると自殺者《じさつしゃ》が増《ふ》える**のだそうだ。

しかし、遺体《いたい》を引《ひ》き上《あ》げるのに数百万円《すうひゃくまんえん》のお金《かね》がかかるため、何体《なんたい》か遺体《いたい》がたまってから、まとめて引《ひ》き上《あ》げるのだという。

そのため、華厳《けごん》の滝《たき》が流《なが》れ込《こ》む中禅寺湖《ちゅうぜんじこ》のほとりで釣《つ》りをする人《ひと》には、魚《さかな》を持《も》ち帰《かえ》らない人《ひと》が多《おお》い。なぜなら、たまに魚《さかな》の口《くち》から**人間《にんげん》の髪《かみ》の毛《け》がにょろりと出《で》ている**からなのだという。

関東地方
栃木県

大中寺《だいちゅうじ》の七不思議《ふしぎ》

大平町《おおひらまち》

一一五四年《ねん》に建《た》てられた大中寺《だいちゅうじ》は、「七不思議《ふしぎ》の寺《てら》」として有名《ゆうめい》だ。

夜《よる》、馬《うま》の亡霊《ぼうれい》の鳴《な》き声《ごえ》がする「馬首《うまくび》の井戸《いど》」や、拍子木《ひょうしぎ》の音《おと》が聞《き》こえると、寺《てら》に必《かなら》ずおかしなことが起《お》きるという「東山《ひがしやま》の一口拍子木《ひとくちひょうしぎ》」など、興味深《きょうみぶか》い話《はなし》が多《おお》いが、もっとも有名《ゆうめい》なのは「根《ね》なしの藤《ふじ》」という話《はなし》だろう。

この話《はなし》は、江戸時代《えどじだい》の小説《しょうせつ》、上田秋成《うえだあきなり》の『雨月物語《うげつものがたり》』の「青頭巾《あおずきん》」という話《はなし》のモデルにもなっている。

昔《むかし》、この大中寺《だいちゅうじ》の僧侶《そうりょ》（お坊《ぼう》さん）が、一緒《いっしょ》に住《す》んでいた少年《しょうねん》をそれはそれはかわいがっていた。

しかし、その少年《しょうねん》は重《おも》い病気《びょうき》にかかり、そのまま死《し》んでしまう。僧侶《そうりょ》は、哀《かな》しみのあまり、なんと**その少年《しょうねん》の死体《したい》を食《た》べ尽《つ》くしてしまう。**

そう、深《ふか》い哀《かな》しみが原因《げんいん》で、僧侶《そうりょ》は**鬼《おに》**になってしまったのだ。

それからというもの僧侶《そうりょ》は、他《ほか》の人《ひと》のお墓《はか》を掘《ほ》り起《お》こして死体《したい》を食《た》べたり、生《い》きた人間《にんげん》を殺《ころ》して食《た》べようともした。

そこへ、旅《たび》の僧侶《そうりょ》・快庵《かいあん》が現《あらわ》れる。

快庵《かいあん》は、鬼《おに》となった僧侶《そうりょ》を山中《さんちゅう》の石《いし》の上《うえ》に座《すわ》らせ、自分《じぶん》の青頭巾《あおずきん》をかぶせ、説教《せっきょう》をした。

それから一年後《ねんご》、快庵《かいあん》が大中寺《だいちゅうじ》に戻《もど》ったところ、山《やま》の中《なか》で誰《だれ》かが座禅《ざぜん》を組《く》んでいることに気《き》づいた。見《み》ると、青頭巾《あおずきん》をかぶった僧侶《そうりょ》だ。

快庵《かいあん》は

「喝《かっ》」

と叫《さけ》びながら、僧侶《そうりょ》の頭《あたま》を藤《ふじ》の木《き》の杖《つえ》で打《う》った。

すると、僧侶《そうりょ》の体《からだ》はたちまち消《き》え、骨《ほね》と頭巾《ずきん》だけが残《のこ》った。

僧侶《そうりょ》のたましいを手厚《てあつ》く葬《ほうむ》った快庵《かいあん》は、

「この藤《ふじ》の木《き》の杖《つえ》が茂《しげ》るようならこの寺《てら》はきっと栄《さか》えるだろう」

と、打《う》ちすえた藤《ふじ》の木《き》の杖《つえ》を、地面《じめん》に突《つ》き刺《さ》して寺《てら》の繁栄《はんえい》を祈《いの》ったところ、根《ね》っこが生《は》えて大木《たいぼく》となったのである。

この杖《つえ》が芽《め》を出《だ》し大《おお》きく育《そだ》った「根《ね》なしの藤《ふじ》」は、今《いま》もなお境内《けいだい》で美《うつく》しい花《はな》を咲《さ》かせている。

関東地方
群馬県

白《し ろ》いソアラ

某所《ぼうしょ》

群馬県《ぐんまけん》の国道《こくどう》には、白《しろ》いソアラが五万円《まんえん》で売《う》られている中古自動車店《ちゅうこじどうしゃてん》がある。

「ソアラ」とは、トヨタから一九八一年《ねん》（昭和五六年《しょうわねん》）に発売《はつばい》された、高級自動車《こうきゅうじどうしゃ》だ。だから当時《とうじ》でも、五万円《まんえん》という金額《きんがく》でソアラが買《か》える、ということはまずなかった。

しかし、安《やす》いからといって、飛《と》びついてはいけない。実《じつ》は、こんな都市伝説《としでんせつ》があるからだ。

ある男子大学生《だんしだいがくせい》が中古車《ちゅうこしゃ》を探《さが》していたところ、高級車《こうきゅうしゃ》のソアラが五万円《まんえん》で売《う》られていることを知《し》り、びっくりした。

「どこか異常《いじょう》があるんじゃないか」

と、調《しら》べたが、あやしいところはまったくない。大学生《だいがくせい》は、

「掘《ほ》り出《だ》し物《もの》を見《み》つけた」

と、喜《よろこ》んで買《か》った。車《くるま》が家《いえ》にやってくると、大学生《だいがくせい》は大喜《おおよろこ》びでドライブに出《で》かけた。

海沿《うみぞ》いを走《はし》っていると、女性《じょせい》の泣《な》き声《ごえ》が

聞《き》こえてきた。

「どこから聞《き》こえてくるんだろう?」

見渡《みわた》すが、誰《だれ》も見当《みあ》たらない。しかし、泣《な》き声《ごえ》が聞《き》こえてくる。

「助手席《じょしゅせき》だ」

と、大学生《だいがくせい》は急《きゅう》に怖《こわ》くなり、ブレーキをふんだ。すると、車《くるま》の上《うえ》から**ゴロゴロ**と何《なに》かが転《ころ》がってきて、ボンネットのところでとまった。体《からだ》を乗《の》り出《だ》して見《み》てみると……。

なんと、女性《じょせい》の生首《なまくび》だった。大学生《だいがくせい》は叫《さけ》び声《ごえ》をあげ、その場《ば》から逃《に》げ出《だ》したという。


実《じつ》は、この自動車《じどうしゃ》にはこんなエピソードがあった。

このソアラを最初《さいしょ》に買《か》ったのは、若《わか》い男性《だんせい》だった。男性《だんせい》は彼女《かのじょ》を誘《さそ》って、ドライブに出《で》かけた。彼女《かのじょ》も車《くるま》を大変気《たいへんき》に入《い》ってくれた。

「この車《くるま》、天井《てんじょう》に窓《まど》があるのね」

ドライブの最中《さいちゅう》に、彼女《かのじょ》が車《くるま》の天井《てんじょう》にあるサンルーフから顔《かお》を出《だ》した。スピードが出《で》ていることもあり、風《かぜ》が心地《ここち》よい。

と、彼女《かのじょ》が道路脇《どうろわき》の何《なに》かに気《き》をとられた

ときのことだ。彼女《かのじょ》のちょうど顔《かお》のあたりに、折《お》れ曲《ま》がった標識《ひょうしき》があるではないか。標識《ひょうしき》は丸《まる》い面《めん》を上《うえ》に向《む》けていた。そのため、彼女《かのじょ》の首《くび》をカッターのように、斬《き》り落《お》としてしまった。首《くび》はボンネットに落《お》ちて道路《どうろ》へと転《ころ》がっていった。

男性《だんせい》は発狂《はっきょう》し、入院《にゅういん》したものの、自殺《じさつ》してしまった。

それ以来《いらい》、このソアラを運転《うんてん》していると、女性《じょせい》の泣《な》き叫《さけ》ぶ声《こえ》が聞《き》こえたり、誰《だれ》もいないはずの助手席《じょしゅせき》にぼんやりと女《おんな》の姿《すがた》が浮《う》かび上《あ》がったり、ボンネットに転《ころ》がり落《お》ちてくる首《くび》を見《み》るなどの怪奇現象《かいきげんしょう》が起《お》こるという。

このうわさは瞬《またた》く間《ま》に広《ひろ》がり、五万円《まんえん》という、驚《おどろ》くような安《やす》さでも、今《いま》では買《か》う人《ひと》がいないのだそうだ。

関東地方
群馬県

みなかみ町《まち》

山《やま》の神《かみ》の足音《あしおと》

平標山《たいらっぴょうやま》は、魔《ま》の山《やま》・谷川連峰《たにがわれんぽう》の西《にし》の端《はし》にある。「魔《ま》の山《やま》」と呼《よ》ばれるのは、ここで多《おお》くの登山客《とざんきゃく》が亡《な》くなっているからだ。

さて、急《きゅう》な山道《やまみち》を約《やく》二時間《じかん》かけて登《のぼ》ると、山《やま》のてっぺんの山小屋《やまごや》に着《つ》く。この山《やま》小屋《ごや》は、さまざまな怪奇現象《かいきげんしょう》が起《お》こるとして地元《じもと》でうわさされるスポットだ。中《なか》でも、「山《やま》の神《かみ》」の足音《あしおと》と呼《よ》ばれる現象《げんしょう》は有名《ゆうめい》である。

一九九四年《ねん》七月《がつ》下旬《げじゅん》のことだ。読売新聞《よみうりしんぶん》前橋支局《まえばししきょく》（当時《とうじ》）の鈴木英二《すずきえいじ》記者《きしゃ》は、この怪奇現象《かいきげんしょう》の真相《しんそう》を探《さぐ》ろうと、山小屋《やまごや》に向《む》かった。

鈴木記者《すずききしゃ》が山小屋《やまごや》に着《つ》いたのは、午後《ごご》六時《じ》。山小屋《やまごや》には、すでに二〇人近《にんちか》くの登山《とざん》客《きゃく》が布団《ふとん》をしいて、リラックスしていた。夕食《ゆうしょく》をすませると、鈴木記者《すずききしゃ》も布団《ふとん》に横《よこ》になった。

見渡《みわた》したところ、何《なん》のへんてつもない山《やま》小屋《ごや》だ。本当《ほんとう》にここで、うわさされてるような怪奇現象《かいきげんしょう》が起《お》こるのだろうか。そんなことを考《かんが》えているうちに、鈴木記者《すずききしゃ》は寝《ね》てしまった。

「ヒタッ、ヒタッ、ヒタッ」

真夜中《まよなか》、鈴木記者《すずききしゃ》は目《め》を覚《さ》ました。たしかに人《ひと》の歩《ある》く足音《あしおと》だ。

「誰《だれ》かがトイレに行《い》って戻《もど》ってきたのかもしれない」

しかし、他《ほか》の登山客《とざんきゃく》はそれぞれ布団《ふとん》の中《なか》で寝《ね》ているようだ。

「ヒタッ、ヒタッ、ヒタッ」

足音《あしおと》はゆっくり近《ちか》づき、枕元《まくらもと》までやってきた。鈴木記者《すずききしゃ》は目《め》をかっと見開《みひら》いた。が、何《なに》も見《み》えない。しかし、気配《けはい》はある。これが「魔《ま》の山《やま》」の怪奇現象《かいきげんしょう》なのか？　鈴木《すずき》記者《きしゃ》はガクガクふるえ、布団《ふとん》にもぐりこんだ。

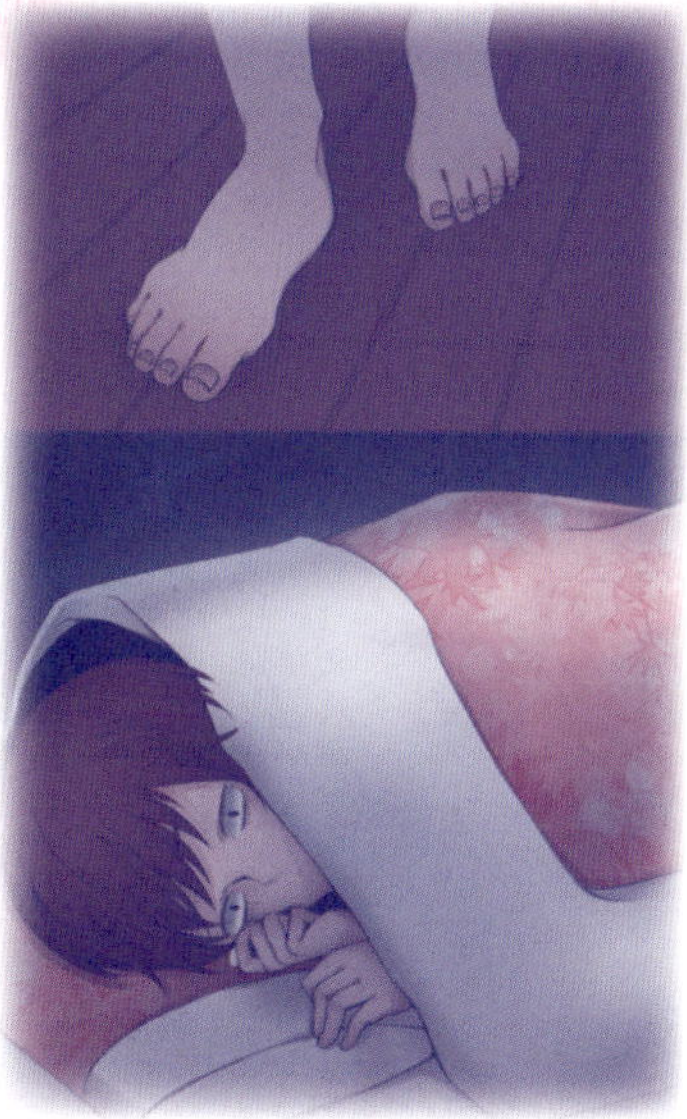

翌朝《よくあさ》、あの物音《ものおと》はいったいなんだったのか、一緒《いっしょ》に寝《ね》ていた登山客《とざんきゃく》たちにこっそり聞《き》いてみた。

「私《わたし》も聞《き》きましたよ。たしかに誰《だれ》かの足音《あしおと》でしたね」

何人《なんにん》かが、同《おな》じ足音《あしおと》を聞《き》いたという。が、足音《あしおと》の主《ぬし》が誰《だれ》であるかは、わからずじまいだった。

「まちがいないですね、『山《やま》の神《かみ》』の足音《あしおと》ですよ」

山小屋《やまごや》の管理人《かんりにん》はうなずいた。実《じつ》は、管《かん》理人《りにん》は、何度《なんど》も同《おな》じ体験《たいけん》をしており、ときには真夜中《まよなか》にまばゆい光《ひかり》の柱《はしら》が立《た》ちのぼる、といった不思議《ふしぎ》な現象《げんしょう》も目《め》にしていたのである。

秩父市《ちちぶし》 貯水槽《ちょすいそう》の女性《じょせい》

秩父市《ちちぶし》にある、防火《ぼうか》のための貯水槽《ちょすいそう》付近《ふきん》で、不思議《ふしぎ》な事件《じけん》があった。

一九七六年《ねん》のことだ。あるタクシーの運《うん》転手《てんしゅ》が、この貯水槽《ちょすいそう》の近《ちか》くを通《とお》りかかったとき、道《みち》ばたにうずくまっている女性《じょせい》を見《み》た。

「具合《ぐあい》でも悪《わる》いのかな」

と、運転手《うんてんしゅ》は、女性《じょせい》に近寄《ちかよ》った。

「大丈夫《だいじょうぶ》ですか？」

と、女性《じょせい》の顔《かお》をのぞき込《こ》むとドロドロに溶《と》けている。運転手《うんてんしゅ》はあわてて逃《に》げ出《だ》した。

うわさはたちまち広《ひろ》がった。

「自分《じぶん》も、顔《かお》が溶《と》けた女《おんな》を見《み》た」という目撃証言《もくげきしょうげん》も増《ふ》えはじめ、付近《ふきん》には「おばけがでる」とチョークで書《か》かれた石《いし》まで登場《とうじょう》した。

そして一年後《ねんご》の一九七七年《ねん》、驚《おどろ》くべき事《じ》件《けん》が発覚《はっかく》した。地元消防団《じもとしょうぼうだん》の男性《だんせい》が、防火《ぼうか》用具《ようぐ》の点検《てんけん》で貯水槽《ちょすいそう》のフタを開《あ》けてみたところ、異様《いよう》な臭《にお》いがただよってきた。中《なか》を見《み》ると、人間《にんげん》らしきものがプカプカと浮《う》いている。

「死体《したい》だ！」

この発見《はっけん》は、たちまちニュースになった。そして、意外《いがい》な事実《じじつ》に人々《ひとびと》は驚《おどろ》いた。検死《けんし》の結果《けっか》、死体《したい》は恋人《こいびと》によって殺《ころ》された若《わか》い女性《じょせい》で、ちょうど幽霊騒《ゆうれいさわ》ぎが起《お》こった一年《ねん》前《まえ》、この貯水槽《ちょすいそう》に捨《す》てられたというのだ。

ちなみに、死体《したい》の女性《じょせい》の顔《かお》はドロドロに溶《と》けていたという。

今《いま》ではこの貯水槽《ちょすいそう》は撤去《てっきょ》され、存在《そんざい》しない。それでも周辺《しゅうへん》に住《す》む人々《ひとびと》は、夜《よる》、暗《くら》くなると、なるべくこの付近《ふきん》には近《ちか》づかないのだそうだ。

某所《ぼうしょ》
人面犬《じんめんけん》に話《はな》しかけた少女《しょうじょ》

一九八〇年代末《ねんだいすえ》、日本中《にほんじゅう》を震撼《しんかん》させた「人面犬《じんめんけん》」という都市伝説《としでんせつ》がある。

文字通《もじどお》り、頭《あたま》は人間《にんげん》で、体《からだ》は犬《いぬ》という謎《なぞ》の生物《せいぶつ》で、目撃情報《もくげきじょうほう》をまとめると、次《つぎ》のようになる。

●柴犬《しばいぬ》のような小型犬《こがたけん》で顔《かお》が老人《ろうじん》というパターンが多《おお》い。
●だいたい夕方《ゆうがた》、墓地《ぼち》や公園《こうえん》などに出没《しゅつぼつ》する。
●時速《じそく》一三〇キロで走《はし》れる。
●ジャンプ力《りょく》は軽《かる》く六メートルを超《こ》え、ムササビのようにビルとビルの間《あいだ》を空中飛行《くうちゅうひこう》する。
●緑色《みどりいろ》のフンをする。
●ばかにしたら、祟《たた》りにあう。
●人間《にんげん》に会《あ》うと「うるせえな」「ほっといてくれ」「なんだ、人間《にんげん》か」などの捨《す》て台詞《ぜりふ》をはいて立《た》ち去《さ》る。
●かまれると必《かなら》ずくさって、手《て》や足《あし》を切断《せつだん》しなければならなくなる。

人面犬《じんめんけん》の正体《しょうたい》は何《なん》なのだろうか。

埼玉県川越市《さいたまけんかわごえし》に住《す》む女子高生《じょしこうせい》が、人面犬《じんめんけん》に遭遇《そうぐう》した。恐《おそ》ろしさに体《からだ》が固《かた》まったが、意《い》を決《けっ》して話《はな》しかけたという。

「あなたは何者《なにもの》ですか？」

と。すると、人面犬《じんめんけん》は

「今《いま》は言《い》えない。でも、人間《にんげん》に話題《わだい》にされて、最近《さいきん》は生活《せいかつ》がしづらいんだ」

と、話《はな》したのだそうだ。

ちなみに、人面犬《じんめんけん》だが、

●筑波大学《つくばだいがく》での遺伝子実験《いでんしじっけん》で、まちがって犬《いぬ》と研究者《けんきゅうしゃ》のDNAをかけあわせた結果《けっか》、生《う》まれたものが逃《に》げた。

●暴走族《ぼうそうぞく》に犬《いぬ》もろともひき殺《ころ》された人間《にんげん》の霊《れい》。

●ペットショップで殺《ころ》された犬《いぬ》の霊《れい》が、勝手《かって》な人間《にんげん》を憎《にく》んで現《あらわ》れた。

●事故死《じこし》した若者《わかもの》の霊《れい》が野犬《やけん》に憑《つ》いた。

などと語《かた》られている。

もし、人面犬《じんめんけん》に出会《であ》った場合《ばあい》は、決《けっ》して乱暴《らんぼう》をしてはいけない。フレンドリーに接《せっ》すれば、人面犬《じんめんけん》も人間《にんげん》に被害《ひがい》をあたえないのだそうだ。

関東地方
千葉県

雄《お》蛇《じゃ》ケ《が》池《いけ》

東金市《とうがねし》

東金市《とうがねし》には大蛇《だいじゃ》がひそむというミステリー・スポット「雄蛇ケ池《おじゃがいけ》」がある。

総面積《そうめんせき》二〇万《まん》七〇〇〇平方《へいほう》メートル。この池《いけ》は農業用水《のうぎょうようすい》の貯水池《ちょすいち》として一六一四年《ねん》（慶長《けいちょう》十九年《ねん》）に日照《ひで》り続《つづ》きに苦《くる》しむ農民《のうみん》たちの願《ねが》いによって、つくられた。

このとき工事《こうじ》のリーダーとなった代官《だいかん》、島田重次《しまだしげつぐ》が寝《ね》ていると、三晩続《ばんつづ》けて「雄《お》蛇神《じゃがみ》」という名前《なまえ》の蛇《へび》の神様《かみさま》が立《た》ち、

『おまえがつくるなら、力《ちから》を貸《か》そう』

というお告《つ》げがあったという。また、この池《いけ》には周《まわ》りを七度《ど》回《まわ》れば、鬼《おに》と蛇《へび》が出《で》て相撲《すもう》を取《と》るという伝説《でんせつ》もある。

しかし、最近《さいきん》では、その大蛇伝説《だいじゃでんせつ》よりも自殺者《じさつしゃ》の幽霊《ゆうれい》が出《で》ることのほうが恐《おそ》れられている。

実際《じっさい》、**幽霊《ゆうれい》を見《み》た**という話《はなし》は多《おお》い。特《とく》に夜釣《よづ》りをするため池《いけ》の周《まわ》りの道《みち》を歩《ある》いていた釣《つ》り人《びと》が、黒《くろ》い人影《ひとかげ》や青白《あおじろ》い顔《かお》をした女性《じょせい》の姿《すがた》を見《み》ている。また、突然《とつぜん》、背中《せなか》がずしりと重《おも》くなり、冷気《れいき》を感《かん》じたという人《ひと》もいる。

さらには姿《すがた》が見《み》えないのに、**ザッザッ**という足音《あしおと》だけが聞《き》こえるという体験《たいけん》をした人《ひと》もいるし、

「肩《かた》を叩《たた》かれたので振《ふ》り返《かえ》ると
誰《だれ》もいなかった」

とか、

「池《いけ》から叫《さけ》び声《ごえ》が聞《き》こえてくる」

といった話《はなし》も多《おお》い。

いったいなぜこのような奇怪《きかい》な現象《げんしょう》が起《お》こるのだろうか。

地元《じもと》の人《ひと》の話《はなし》では、ここでは首《くび》つり自殺《じさつ》や、おぼれて死《し》ぬという事故《じこ》が多《おお》くあった。そのため、死《し》んでも死《し》に切《き》れない人《ひと》たちの霊《れい》が成仏《じょうぶつ》できずにさまよい、人《ひと》を呪《のろ》うようになったのではないか、と言《い》われている。

また、池《いけ》の上《うえ》のほうには戦国時代《せんごくじだい》の墓《はか》があり、これが荒《あ》れ放題《ほうだい》になっている。それも霊《れい》がさまよい祟《たた》りをもたらす原因《げんいん》のひとつなのではないかという。

関東地方
千葉県

佐倉市《さくらし》

生《い》きたまま焼《や》かれた幽霊《ゆうれい》

住宅地《じゅうたくち》の突《つ》き当《あ》たりにある「天使《てんし》の森公園《もりこうえん》」は、名前《なまえ》はかわいいがあまり目立《めだ》たない公園《こうえん》だ。それでも、千葉《ちば》の一部《いちぶ》の人《ひと》たちのうわさによくのぼる。そう、**幽霊《ゆうれい》が出《で》る**からだ。

かつて、この場所《ばしょ》には火葬場《かそうば》があった。その火葬場《かそうば》で、死《し》んだかと思《おも》われていた男性《だんせい》が生《い》き返《かえ》ったのだが気《き》づかれず、**生《い》きたまま焼《や》かれてしまった**という。

火葬場《かそうば》はすぐに、閉鎖《へいさ》された。しかし、その男性《だんせい》は今《いま》でも成仏《じょうぶつ》できず、幽霊《ゆうれい》となってこの公園《こうえん》をさまよい歩《ある》いているというのだ。

この公園《こうえん》でおかしな人影《ひとかげ》を見《み》ても、目《め》を向《む》けてはいけない。もし、男《おとこ》の幽霊《ゆうれい》と目《め》が合《あ》うと、

「熱《あつ》い……熱《あつ》い……。
助《たす》けて……。
まだ死《し》んでない……」

と、助《たす》けを求《もと》めて手《て》をのばし、近《ちか》づいてくるのだそうだ。

関東地方
東京都

将門《まさかど》の首塚《くびづか》

千代田区《ちよだく》

▲将門《まさかど》の首塚《くびづか》。祟《たた》りを恐《おそ》れる近《ちか》くの会社《かいしゃ》の人々《ひとびと》が、毎日花《まいにちはな》を生《い》け、線香《せんこう》に火《ひ》をつけている。

東京《とうきょう》・大手町《おおてまち》のビルの谷間《たにま》にひっそりとたたずむ「将門《まさかど》の首塚《くびづか》」は、日本一強《にほんいちつよ》い怨《おん》念《ねん》がうずまく場所《ばしょ》だ。

平将門《たいらのまさかど》は平安時代中期《へいあんじだいちゅうき》を代表《だいひょう》する武将《ぶしょう》のひとりだ。

しかし都《みやこ》の貴族《きぞく》たちに対抗《たいこう》して、関東《かんとう》で反乱《はんらん》を起《お》こし、九四〇年《ねん》に無念《むねん》の死《し》をとげた。**その首《くび》は切《き》られて京《きょう》に送《おく》られ、五条河《ごじょうが》原《わら》にさらされた。**

それはあまりにも将門《まさかど》にとっては屈辱的《くつじょくてき》な罰《ばつ》だった。将門《まさかど》は生首《なまくび》のまま三カ月《げつ》も生《い》き続《つづ》け、なんと胴体《どうたい》を求《もと》めて東《ひがし》へ飛《と》んだのだという。しかし途中《とちゅう》で力尽《ちからつ》き、落下《らっか》する。それが、現在《げんざい》の「首塚《くびづか》」のある場所《ばしょ》なのである。

「首塚《くびづか》」ができたのは、都《みやこ》が京都《きょうと》から東《とう》京《きょう》にうつされてからだ。手厚《てあつ》くまつられはしたが、これだけでは将門《まさかど》の怨念《おんねん》はしずまらなかった。

関東大震災《かんとうだいしんさい》のあと、首塚《くびづか》の上《うえ》に大蔵省《おおくらしょう》の仮庁舎《かりちょうしゃ》が建《た》てられた。すると、工事《こうじ》にかかわった人《ひと》や、大蔵省《おおくらしょう》の役人《やくにん》が次々《つぎつぎ》と**怪死《かいし》。**

「将門《まさかど》の祟《たた》りだ」

と、政府《せいふ》の人々《ひとびと》は、その場《ば》には触《ふ》れないことにした。

しかし、第《だい》二次《じ》世界大戦後《せかいたいせんご》、今度《こんど》はGHQが区画整理《くかくせいり》のため、首塚《くびづか》を取《と》り除《のぞ》こうとした。するとまたも不可解《ふかかい》な事故《じこ》が相次《あいつ》いで起《お》こり、**多《おお》くの死傷者《ししょうしゃ》が出《で》た。**

それ以来《いらい》、首塚《くびづか》はずっと残《のこ》されたままだ。

ちなみに隣接《りんせつ》するビルでは、ほとんどの会《かい》社《しゃ》が**首塚《くびづか》に背《せ》を向《む》けないよう机《つくえ》を配置《はいち》している。**また、首塚《くびづか》を見下《みお》ろすような位置《いち》には窓《まど》を作《つく》らなかったり、ふさいだりしているという。

八幡宮《はちまんぐう》の小《ちい》さいおじさん

杉並区《すぎなみく》

芸能人《げいのうじん》の話《はなし》が発端《ほったん》となる「都市伝説《としでんせつ》」の中《なか》でも、有名《ゆうめい》なものが「小《ちい》さいおじさん」のうわさ話《ばなし》だろう。ご存《ぞん》じの通《とお》り、小《ちい》さいおじさんとは、身長《しんちょう》が二〇センチにも満《み》たない、いわゆるオヤジの顔《かお》をした妖《よう》精《せい》のことだ。

最初《さいしょ》に口火《くちび》を切《き》ったのは俳優《はいゆう》のM氏《し》だったと記憶《きおく》している。

「……京都《きょうと》のホテルでうとうとしていると、耳元《みみもと》で話《はな》し声《ごえ》が聞《き》こえたような気《き》がして、目《め》が覚《さ》めたんです。すると『こっちは押《お》さえた』という声《こえ》が聞《き》こえて、パッと目《め》を開《あ》けたら八センチくらいの大《おお》きさの〝小《ちい》さいおじさん〟が三〇人《にん》くらい部屋《へや》の中《なか》にいました。と、顔《かお》のすぐ側《そば》にいた奴《やつ》と目《め》が合《あ》った瞬間《しゅんかん》、そいつらは『わーっ』て叫《さけ》びながら、お風呂場《ふろば》のほうに逃《に》げていってしまいました」

彼《かれ》は他《ほか》にもホテルで同《おな》じような体験《たいけん》をしたことがあるそうだ。すると、

「私《わたし》も体験《たいけん》した」

という有名人《ゆうめいじん》たちが、たくさん出《で》てきた。

ある女優《じょゆう》さんは、

「タンスの引《ひ》き出《だ》しを開《あ》けると服《ふく》の間《あいだ》にいたり、シャワーを浴《あ》びていると排水口《はいすいこう》に、布団《ふとん》をひっくり返《かえ》したら裏《うら》にくっついていたりした」

と言《い》うし、

「テレビの野球中継《やきゅうちゅうけい》を観戦中《かんせんちゅう》にふと振《ふ》り返《かえ》ると、小《ちい》さいおじさんがメガホンを持《も》って応援《おうえん》していた」

と話《はな》す有名人《ゆうめいじん》もいる。

彼《かれ》らの目撃談《もくげきだん》を合《あ》わせてみると、小《ちい》さいおじさんは身長《しんちょう》が一〇～二〇センチ前後《ぜんご》で、いたずら好《ず》きのおちゃめな性格《せいかく》をしている。日本語《にほんご》で会話《かいわ》ができる。寝《ね》ている間《あいだ》に髪《かみ》を引《ひ》っ張《ぱ》ったり、体《からだ》の上《うえ》で踊《おど》ったりするが、気《き》がつかれると一目散《いちもくさん》に逃《に》げる。

その姿《すがた》は見《み》える人《ひと》には見《み》えるが、見《み》えない人《ひと》には見《み》えない。また、同《おな》じ場所《ばしょ》で繰《く》り返《かえ》し目撃《もくげき》されることが多《おお》く、いずれも顔《かお》は、**おじさん**なのである。

ところで、この小《ちい》さいおじさん、なんと杉並区《すぎなみく》の大宮八幡宮《おおみやはちまんぐう》にたくさん住《す》んでいるという。多《おお》くの有名人《ゆうめいじん》がこの場所《ばしょ》で「小《ちい》さいおじさん」を見《み》たと話《はな》しており、この神《じん》社《じゃ》に行《い》くと**「妖精《ようせい》＝小《ちい》さいおじさん」**がついてくるといううわさもある。

関東地方
神奈川県

鎌倉市《かまくらし》

アーモンド・アイズ

一九六〇年代《ねんだい》、一台《だい》の奇妙《きみょう》なバスのうわさが鎌倉《かまくら》の人々《ひとびと》を怖《こわ》がらせた。そのうわさは、「アーモンド・アイズ」と呼《よ》ばれている。

なんのことはない、どこの会社《かいしゃ》のバスか、見《み》たこともないような奇妙《きみょう》なバスが鎌倉郊外《かまくらこうがい》を走《はし》っているのだが、その中《なか》に座《すわ》る子《こ》どもたちはなぜか全員《ぜんいん》、窓《まど》のほうを向《む》いている。そして近《ちか》づいてきたバスを見《み》ると、その子《こ》どもたちの目《め》はすべてアーモンド型《がた》で瞳《ひとみ》がなく、頭《あたま》がとがっているのだという。

また、このアーモンド・アイズの子《こ》どもたちがバス停付近《ていふきん》の地面《じめん》を掘《ほ》っている姿《すがた》を見《み》たものもいるという。

実《じつ》はこの子《こ》どもたち、地獄《じごく》に住《す》む「餓鬼《がき》」だとも「未確認生物《みかくにんせいぶつ》」だとも言《い》われている。

関東地方
神奈川県

小坪《こつぼ》トンネル

逗子市《ずしし》

JR鎌倉駅《かまくらえき》から逗子駅《ずしえき》にかけては、腹切《はらき》りやぐら、久木踏切《ひさぎふみきり》、まんだら堂《どう》（現在《げんざい》は封鎖《ふうさ》）など、いくつもの心霊《しんれい》スポットが集《あつ》まっている。その中《なか》でも一番《いちばん》の知名度《ちめいど》を誇《ほこ》るのが、県道《けんどう》三一一号線《ごうせん》にある小坪《こつぼ》トンネルだろう。

心霊《しんれい》スポットとしてさわがれているのは、トンネルの上《うえ》に火葬場《かそうば》があること、川《かわ》端《ばた》康成《やすなり》の小説《しょうせつ》『無言《むごん》』に**「霊《れい》が出《で》るトンネル」**として触《ふ》れられていることが大《おお》きい。

また、大物霊能力者《おおものれいのうりょくしゃ》が

「このトンネルには行《い》きたくない」

と発言《はつげん》したことも、知名度《ちめいど》を高《たか》める原因《げんいん》になったようだ。

さて、このトンネルだが、

「ワイパーが止《と》まっていたので、調《しら》べてみたら知《し》らない人《ひと》の長《なが》い髪《かみ》がからみついていた」

「バックミラーを見《み》たら、見知《みし》らぬ女性《じょせい》が後部座席《こうぶざせき》に座《すわ》っていた。振《ふ》り返《かえ》ってみたら、そこには誰《だれ》もおらず、前方不注意《ぜんぽうふちゅうい》で事故《じこ》にあってしまった」

など、怪奇現象談《かいきげんしょうだん》は数多《かずおお》い。

また、トンネル内《ない》の壁《かべ》には人《ひと》の顔《かお》のような形《かたち》をした無数《むすう》のシミがあるのだが、そのシミが動《うご》くのを目撃《もくげき》した人《ひと》も多《おお》くいるという。シミは、出没《しゅつぼつ》する霊《れい》と何《なに》か関係《かんけい》があるのかもしれない。

トンネル付近《ふきん》には亡《な》くなった人々《ひとびと》を供養《くよう》するための卒塔婆《そとば》がたっているが、もはやそれだけでは、この地《ち》の怪奇現象《かいきげんしょう》をしずめることはできない……。

関東地方
神奈川県

逗子市《ずしし》

奇妙《きみょう》な事故《じこ》が起《お》こる踏切《ふみきり》

一九九二年《ねん》七月《がつ》二九日《にち》、JR横須賀線《よこすかせん》の逗子発《ずしはつ》、鎌倉行《かまくらい》きの回送列車《かいそうれっしゃ》が久木踏切《ひさぎふみきり》に差《さ》しかかったときのことだ。

ふわっと白《しろ》い何《なに》かが電車《でんしゃ》の前《まえ》を通《とお》ったかと思《おも》うと、電車《でんしゃ》の車体《しゃたい》に、何《なに》かがぶつかったような音《おと》が聞《き》こえてきた。

「ひいてしまった」

と、運転手《うんてんしゅ》はあわてて電車《でんしゃ》を降《お》り、車両《しゃりょう》をすべて詳《くわ》しく調《しら》べたが、電車《でんしゃ》にはぶつかったあとはなく、何《なん》の異常《いじょう》もみられなかった。

それから三週間後《しゅうかんご》、別《べつ》の車両《しゃりょう》もまた、何《なに》かをひいてしまったようなしょうげきを受《う》け、電車《でんしゃ》を停止《ていし》させている。どちらも、電車《でんしゃ》が久木踏切《ひさぎふみきり》に差《さ》しかかったときに起《お》きたという。そして、どちらの事件《じけん》も、運転手《うんてんしゅ》が、

「白《しろ》い服《ふく》を着《き》た女性《じょせい》が、線路《せんろ》を横切《よこぎ》るのを見《み》た」

と話《はな》していたのだという。

実《じっ》は、久木踏切《ひさぎふみきり》では一時期《いちじき》飛《と》び込《こ》み自《じ》殺者《さつしゃ》が急《きゅう》に増《ふ》えたことがあった。実際《じっさい》、線路《せんろ》の近《ちか》くには電車《でんしゃ》にひかれて死《し》んだ人々《ひとびと》の供養《くよう》のための塔《とう》があるのだそうだ。それが関係《かんけい》しているのだろうか。

やってみる……？

恐怖《きょうふ》の心霊《しんれい》ゲーム

霊《れい》や怪奇現象《かいきげんしょう》、不思議《ふしぎ》なことに出会《であ》える、
恐怖《きょうふ》の心霊《しんれい》ゲーム。
あなたの強《つよ》さがためされるかも……。

★心霊《しんれい》ゲームをやるときのやくそく
・友《とも》だちを無理《むり》に誘《さそ》わない。
・終《お》わったら、塩《しお》を体《からだ》にふって悪《わる》い気《き》をはらう。

『あめふり』の怪《かい》

恐怖度《きょうふど》★★★★☆

雨《あめ》が降《ふ》ってる真夜中《まよなか》の12時《じ》に、童謡《どうよう》「あめふり」の3番《ばん》を自分《じぶん》の部屋《へや》で歌《うた》うと、女《おんな》の子《こ》が窓《まど》にぴったりくっついて見《み》えるという。

『あめふり』
♪　あらあら　あの子《こ》は
ずぶぬれだ
やなぎの　ねかたで
泣《な》いている
ピッチ　ピッチ
チャップ　チャップ
ラン　ラン　ラン　♪

四次元《よじげん》へのトビラ

恐怖度《きょうふど》 ★★★☆☆

4月《がつ》4日《か》4時《じ》44分《ふん》44秒《びょう》ちょうどの瞬間《しゅんかん》に、真《ま》っ白《しろ》な壁《かべ》を後《うし》ろにして背中《せなか》をつけて立《た》つと、そのまま四次元《よじげん》の世界《せかい》に連《つ》れて行《い》かれて、もどってこれないという……。

13日《にち》の金曜日《きんようび》……

恐怖度《きょうふど》 ★★☆☆☆

13日《にち》の金曜日《きんようび》だけにできるゲーム。13日《にち》の金曜日《きんようび》が終《お》わる寸前《すんぜん》の夜《よる》11時《じ》59分《ふん》59秒《びょう》に部屋《へや》を真《ま》っ暗《くら》にして鏡《かがみ》を見《み》ると……12時《じ》になったちょうどに、鏡《かがみ》に悪魔《あくま》が映《うつ》し出《だ》されるんだって。

深夜《しんや》のトイレ

恐怖度《きょうふど》 ★★☆☆☆

真夜中《まよなか》の12時《じ》ちょうどにトイレに入《はい》ると男《おとこ》の人《ひと》の霊《れい》が、昼間《ひるま》の12時《じ》ちょうどにトイレに入《はい》ると女《おんな》の人《ひと》の霊《れい》が現《あらわ》れる。そのまま入《はい》っていると、向《む》こうの世界《せかい》に連《つ》れていかれる可能性《かのうせい》もあるのだとか……。

真夜中《まよなか》の合《あ》わせ鏡《かがみ》

恐怖度《きょうふど》 ★★★☆☆

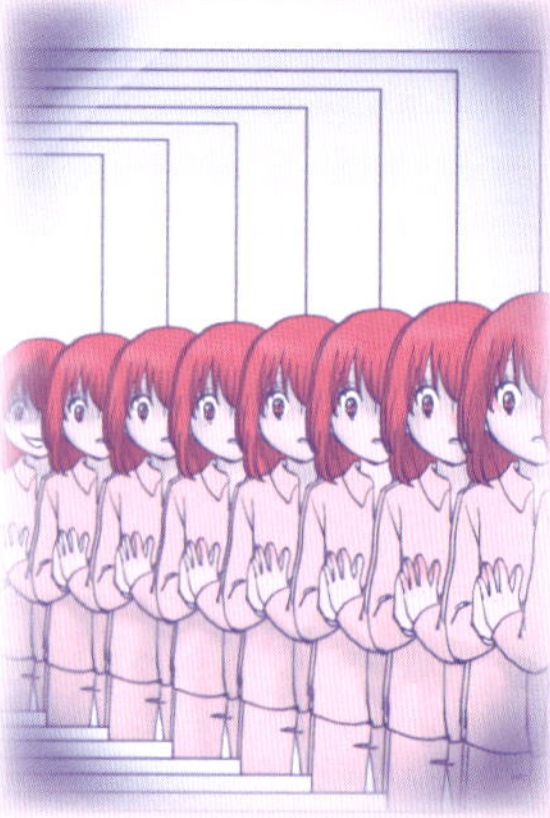

真夜中《まよなか》12時《じ》に2枚《まい》の鏡《かがみ》を、向《む》かい合《あ》わせになるように置《お》いて、鏡《かがみ》の間《あいだ》に立《た》ち、一方《いっぽう》の鏡《かがみ》に顔《かお》を映《うつ》し出《だ》すと……。つながって見《み》える鏡《かがみ》の、8番目《ばんめ》の顔《かお》だけ笑《わら》っているらしい。

霊感《れいかん》テスト

恐怖度《きょうふど》 ★★☆☆☆

目《め》を閉《と》じてスタートするよ。

①まず、自分《じぶん》の家《いえ》の玄関《げんかん》の前《まえ》にいるところをイメージしてね。玄関《げんかん》のようすは正確《せいかく》に思《おも》い出《だ》すこと。

②イメージの中《なか》で、家《いえ》の中《なか》を歩《ある》き、窓《まど》を1つ1つ開《あ》けて玄関《げんかん》にもどる。

③今度《こんど》は、窓《まど》を開《あ》けたのとは逆《ぎゃく》の順番《じゅんばん》で窓《まど》を閉《し》め、再《ふた》び玄関《げんかん》にもどり、ゆっくり目《め》を開《あ》けてね。

↓

★イメージの中《なか》で家《いえ》の中《なか》を歩《ある》いていたとき、ハッキリと誰《だれ》かとすれ違《ちが》ったり、すれ違《ちが》ったような感覚《かんかく》があった人《ひと》は、霊感《れいかん》があるといわれているんだって。霊感《れいかん》があった人《ひと》は、霊《れい》に近寄《ちかよ》られないように気《き》をつけて。

ぜったいにやってはいけない……

ゲーム

キューピッドさん（こっくりさん、エンジェルさん）

右《みぎ》のような紙《かみ》を用意《ようい》して、鳥居《とりい》の上《うえ》に10円玉《えんだま》をおいて「キューピッドさん、キューピッドさん。いらっしゃいましたら『はい』へお進《すす》みください。」というと10円玉《えんだま》が勝手《かって》に動《うご》き、何《なん》でも質問《しつもん》に答《こた》えてくれる。ただし、このゲームは「うらみを残《のこ》して死《し》んだ霊《れい》」を呼《よ》び寄《よ》せてしまうから、ぜったいにやってはいけないよ……。

はい				⛩			いいえ		
わ	ら	や	ま	は	な	た	さ	か	あ
	り		み	ひ	に	ち	し	き	い
を	る	ゆ	む	ふ	ぬ	つ	す	く	う
	れ		め	へ	ね	て	せ	け	え
ん	ろ	よ	も	ほ	の	と	そ	こ	お
0	1	2	3	4	5	6	7	8	9

！もしゲームをしてしまったら、すぐに使《つか》った道具《どうぐ》を燃《も》やして霊《れい》を浄化《じょうか》してね。

不吉《ふきつ》なジンクス

夜《よる》、口笛《くちぶえ》を吹《ふ》く

夜《よる》に口笛《くちぶえ》を吹《ふ》くと、霊《れい》が寄《よ》ってくるよ。霊《れい》たちは、口笛《くちぶえ》の音《おと》をすばやく聞《き》きつけてそばに寄《よ》ってくるんだって。また、鬼《おに》やヘビが寄《よ》ってくるともいうよ。口笛《くちぶえ》は朝《あさ》や昼間《ひるま》に！

夜《よる》、カーテンを開《あ》けて寝《ね》る

カーテンを開《あ》けて寝《ね》ると、霊《れい》がガラスを通《とお》り抜《ぬ》けて部屋《へや》に入《はい》ってくるよ。悪《わる》い霊《れい》が入《はい》ってくると……どうなるかは霊《れい》しだい。カーテンは、朝《あさ》起《お》きて開《あ》けよう。

耳鳴《みみな》りが止《と》まらない

何《なに》もしていないのに、耳鳴《みみな》りが止《と》まらない……というときは、霊《れい》が近《ちか》くにいるサインなんだって。

食《た》べ物《もの》を、おはしからおはしへ渡《わた》す

おはしからおはしへ直接《ちょくせつ》、物《もの》を渡《わた》すのは、人《ひと》が死《し》んで、火葬《かそう》した骨《ほね》を二人一組《ふたりひとくみ》になって骨《こつ》壺《つぼ》に入《い》れるときだけ。やってはいけないよ。

人形《にんぎょう》をそのまま捨《す》てる

人形《にんぎょう》を捨《す》てるときは、そのままゴミぶくろに入《い》れて捨《す》ててはだめ。両目《りょうめ》に白《しろ》い布《ぬの》をのせて、人形《にんぎょう》に塩《しお》をふってから「ありがとうございました」と感謝《かんしゃ》して捨《す》てること。または、人形《にんぎょう》を供養《くよう》してくれるお寺《てら》もあるから、持《も》っていって供養《くよう》してもらおう。

夜《よる》、つめや髪《かみ》を切《き》る

夜《よる》につめや髪《かみ》の毛《け》を切《き》ると、親《おや》の死《し》に目《め》に会《あ》えなくなるというよ。

今《いま》も幽霊《ゆうれい》が登《のぼ》る山《やま》

湯沢町《ゆざわまち》

テレビやラジオなどで、〝登山客《とざんきゃく》が行方《ゆくえ》不明《ふめい》になった〟というニュースを聞《き》いたことがないだろうか。実《じつ》は、山《やま》でそう難《なん》して死《し》んでしまった人《ひと》は〝自分《じぶん》が死《し》んだ〟ということに気《き》がつかず、今《いま》も登《のぼ》りつづけていると言《い》われている。

「谷川岳《たにがわだけ》」の登山道《とざんどう》に出《で》る幽霊《ゆうれい》も、おそらく、そんな人《ひと》たちの霊《れい》だろう。ただ、こうした霊《れい》たちの多《おお》くは「地縛霊《じばくれい》」と呼《よ》ばれるもので、その場所《ばしょ》にずっととどまるので、誰《だれ》かに憑《つ》いていくことはないようだ。また、山《やま》に登《のぼ》りなれている人《ひと》たちが、ある心得《こころえ》を守《まも》っていることも、いいのかもしれない。

「山《やま》で霊《れい》を見《み》た場合《ばあい》は、心《こころ》からその霊《れい》のめい福《ふく》を祈《いの》る」

というのがそれだ。同《おな》じ登山仲間《とざんなかま》、気持《きも》ちが通《つう》じ合《あ》うのかもしれない。

ところで、山《やま》には数々《かずかず》の**タブー**があることをご存《ぞん》じだろうか。山《やま》には気《き》むずかしい山神様《やまがみさま》がいるという。そのため、多《おお》くの決《き》まりごとがあるのだそうだ。

まず、山《やま》に登《のぼ》る前《まえ》には、山《やま》に向《む》かって一《いち》礼《れい》をしなくてはいけない。神《かみ》さまの住《す》む場《ば》所《しょ》に立《た》ち入《い》るのだ。あいさつなしで登《のぼ》ってしまうと怒《いか》りをかうことがある。

昔《むかし》は山《やま》のてっぺんをふみつけることも、よくないとされた。山《やま》の頂上《ちょうじょう》は神様《かみさま》の頭《あたま》にあたるからだ。

さらに山《やま》には、さまざまな「**物《もの》の怪《け》**」がいる。物《もの》の怪《け》は人間《にんげん》の後《うし》ろからそっと現《あらわ》れ、声《こえ》をかける。そのため、山《やま》に関《かか》わる仕《し》事《ごと》をする人《ひと》たちは、後《うし》ろから声《こえ》をかけることも、すぐに振《ふ》り返《かえ》ることもしないのだそうだ。

中部地方
新潟県

ホワイト&ブラックハウス

新潟市《にいがたし》・弥彦村《やひこむら》

新潟《にいがた》でもっとも有名《ゆうめい》な心霊《しんれい》スポットといえば、ホワイトハウス/ブラックハウスという廃墟《はいきょ》だろう。この二つの館《やかた》には、まるでドラマのようなうわさがある。

昭和《しょうわ》の初《はじ》めごろ、この土地《とち》に、東京《とうきょう》から外交官《がいこうかん》の父《ちち》と母《はは》、娘《むすめ》、息子《むすこ》の四人《にん》家族《かぞく》が引《ひ》っ越《こ》してきた。そして、ここにしゃれた白《しろ》い洋館《ようかん》を建《た》てた。

なぜ、外交官《がいこうかん》の一家《いっか》が、縁《えん》もゆかりもないこの新潟《にいがた》の地《ち》に家《いえ》を建《た》てたのか。

それは、九歳《さい》になる娘《むすめ》が「多重人格《たじゅうじんかく》」という精神《せいしん》の病《やまい》をかかえていたからだった。

「多重人格《たじゅうじんかく》」とは、自分《じぶん》の中《なか》に、おじいさん、若《わか》い女性《じょせい》、三歳《さい》の子《こ》どもなど、たくさんの人格《じんかく》ができる病気《びょうき》だ。少女《しょうじょ》は記憶《きおく》がなくなることもしばしばあった。

新潟《にいがた》ののんびりした土地《とち》なら、病気《びょうき》も回復《かいふく》するだろうと思《おも》われたのだが、さらに悪化《あっか》し、困《こま》った家族《かぞく》は、少女《しょうじょ》を洋館《ようかん》の二階《かい》に閉《と》じ込《こ》めてしまった。

すると、ますます病気《びょうき》は悪《わる》くなった。そしてついに、**家族全員《かぞくぜんいん》を惨殺《ざんさつ》し、どこかへ消《き》えていってしまったのだ。**

少女《しょうじょ》が再《ふたた》び現《あらわ》れたのは、ブラックハウスと呼《よ》ばれる屋敷《やしき》だ。一家《いっか》を皆殺《みなごろ》しにした少女《しょうじょ》は、気《き》がつくとこのブラックハウスの前《まえ》にたたずんでいたという。

「私《わたし》が、お父《とう》さんとお母《かあ》さん、弟《おとうと》を殺《ころ》してしまった」

と、我《われ》に返《かえ》った少女《しょうじょ》は、あまりのショックに、このブラックハウスで**首《くび》をつって自殺《じさつ》をした**という。

実《じつ》はこのブラックハウスはいわくつきの屋敷《やしき》で、何人《なんにん》もが首《くび》をつって自殺《じさつ》しているという。

こうして、ホワイトハウスとブラックハウスには、少女《しょうじょ》の幽霊《ゆうれい》が出没《しゅつぼつ》するようになったのだ。恐《おそ》ろしくも哀《かな》しい、物語《ものがたり》である。

中部地方
富山県

白比丘尼《しろびくに》のご神木《しんぼく》

立山町《たてやままち》

立山町《たてやままち》の下田《しもだ》にある、常願寺川《じょうがんじがわ》のほとりに大《おお》きな杉《すぎ》の木《き》がご神木《しんぼく》として植《う》えられている。高《たか》さ約《やく》二四メートル、幹《みき》の周《まわ》りは約《やく》六・七メートル、樹齢《じゅれい》は約《やく》三五〇年《ねん》ほどだそうだ。

実《じつ》はこの木《き》、不老不死伝説《ふろうふしでんせつ》のある「白比丘尼《しろびくに》」が植《う》えたものだと伝《つた》えられている。

今《いま》から八〇〇年《ねん》ほど前《まえ》、まだ村《むら》だったころの土地《とち》のはずれにいつの間《ま》にか大《おお》きな屋敷《やしき》ができていた。もちろん誰《だれ》ひとり知《し》るものはいない。その屋敷《やしき》には老婆《ろうば》がたった一人《ひとり》で住《す》んでいた。

「誰《だれ》がいつ、こんなお屋敷《やしき》を建《た》てたんだろう?」

と、村人《むらびと》がうわさするようになったころ、村人全員《むらびとぜんいん》が老婆《ろうば》に招《まね》かれ、屋敷《やしき》で一晩《ばん》もてなされることになった。

宴《うたげ》は豪華《ごうか》で、実《じつ》に楽《たの》しいものだった。しかし、村人《むらびと》が家《いえ》に帰《かえ》ってみたら、なんと一晩《ばん》どころか一年《ねん》も月日《つきひ》が経《た》っているではないか。村人《むらびと》たちはみな、老婆《ろうば》から「エイ」のような魚《さかな》の切《き》り身《み》をおみやげとして持《も》たされていたが、気味《きみ》が悪《わる》くなり、口《くち》にせずに捨《す》ててしまった。しかしただ一人《ひとり》、ある娘《むすめ》が食《た》べてしまった。**それ以来《いらい》、娘《むすめ》は老《ふ》けなくなってしまったのだという。**

最初《さいしょ》のうちは、うらやましがられたにちがいない。しかし、何度結婚《なんどけっこん》しても、夫《おっと》のほうが先《さき》に年《とし》をとり、老《お》いて死《し》んでしまう。

娘《むすめ》は「**白比丘尼《しろびくに》**」という名前《なまえ》の尼《あま》になり、村《むら》を去《さ》ったという。

この白比丘尼《しろびくに》が植《う》えたのが、先《さき》に紹介《しょうかい》したご神木《しんぼく》だ。他《ほか》にも白比丘尼《しろびくに》が植《う》えた杉《すぎ》は、町《まち》のあちこちに残《のこ》されている。

北陸地方《ほくりくちほう》には、このような「不老不死《ふろうふし》」にまつわる伝説《でんせつ》が実《じつ》に多《おお》い。

もっとも有名《ゆうめい》なのが、福井県小浜市《ふくいけんおばまし》の「八百比丘尼《やおびくに》」伝説《でんせつ》だろう。

こちらは、高橋権太夫《たかはしごんだゆう》という名《な》の長者《ちょうじゃ》が、見《み》たこともないような島《しま》で、住民《じゅうみん》から謎《なぞ》の魚《さかな》の身《み》をもらう。

奇妙《きみょう》に思《おも》いながらも、持《も》ち帰《かえ》り、台所《だいどころ》に置《お》いていたら、娘《むすめ》がそれに気《き》がつき、あまりの美味《おい》しさにすべて食《た》べてしまった。

その後《ご》、娘《むすめ》はまったく年《とし》をとらなくなり、八〇〇歳《さい》まで生《い》きたという。

他《ほか》にも、新潟県《にいがたけん》の佐渡島《さどがしま》や石川県《いしかわけん》の羽咋《はくい》郡富来《ぐんとぎ》に同様《どうよう》の伝説《でんせつ》が残《のこ》されている。

この謎《なぞ》の魚《さかな》の身《み》だが、

“人魚《にんぎょ》の肉《にく》ではないか”

と言《い》われている。この時代《じだい》、このエリアの日本海《にほんかい》では「人魚《にんぎょ》」が生息《せいそく》していたということなのだろうか。

神隠《かみかく》しホテルー坪野鉱泉《つぼのこうせん》

◆魚津市《うおづし》◆

一九九六年《ねん》（平成《へいせい》八年《ねん》）五月《がつ》、当時《とうじ》十九歳《さい》の少女二人《しょうじょふたり》が「肝試《きもだめ》しに行《い》く」と、友人《ゆうじん》に告《つ》げたまま、行方不明《ゆくえふめい》になるという事件《じけん》が起《お》きた。少女《しょうじょ》の友人《ゆうじん》たちによると、「魚津市《うおづし》に行《い》く」と、※ポケベルでメッセージが来《き》たそうだ。

魚津市《うおづし》の心霊《しんれい》スポットといえば、当時《とうじ》から「坪野鉱泉《つぼのこうせん》」が有名《ゆうめい》だった。

そこで、富山県警《とやまけんけい》は、坪野鉱泉《つぼのこうせん》の周《まわ》りを特《とく》に捜査《そうさ》したようだ。しかし、少女《しょうじょ》たちは見《み》つからず事件《じけん》は迷宮入《めいきゅうい》りした。

日本海《にほんかい》に面《めん》している、北陸《ほくりく》という土地《とち》がらもあってか、

「北朝鮮《きたちょうせん》の工作員《こうさくいん》に、らちされた」

だとか、

「坪野鉱泉《つぼのこうせん》は暴走族《ぼうそうぞく》のたまり場《ば》にもなっていたから、トラブルに巻《ま》き込《こ》まれたのではないか」

など、さまざまなうわさが飛《と》び交《か》ったようだ。しかし、

「神隠《かみかく》しにあったのだ」

と話《はな》す人《ひと》のほうが圧倒的《あっとうてき》に多《おお》く、坪野鉱泉《つぼのこうせん》は別名《べつめい》「神隠《かみかく》しホテル」とも呼《よ》ばれるようになった。

しかし、坪野鉱泉《つぼのこうせん》に出《で》る幽霊《ゆうれい》は、この場所《ばしょ》で自殺《じさつ》したホテルのオーナーだとか、本館《ほんかん》と併設《へいせつ》されていたプールで溺《おぼ》れて死《し》んだ子《こ》どもだと言《い》われており、凶暴《きょうぼう》さはなかったそうだ。一部《いちぶ》の霊能力者《れいのうりょくしゃ》も、

「少女《しょうじょ》たちを行方不明《ゆくえふめい》にするような、危険《きけん》な霊《れい》ではない」

と言《い》う。それでも今《いま》では

「坪野鉱泉《つぼのこうせん》に行《い》く前《まえ》に、誰《だれ》かに行《い》き先《さき》を話《はな》してはいけない」

と言《い》われていて、

「訪《おとず》れた人《ひと》は必《かなら》ずおはらいを受《う》けなくてはならない」

といううわさもあるそうだ。

※ポケベル……一九九〇年代《ねんだい》に流行《りゅうこう》した通信機器《つうしんきき》。電話《でんわ》を使《つか》って短《みじか》いメッセージを送《おく》ることができる。

卯辰山《うたつやま》の解剖塚《かいぼうづか》

金沢市《かなざわし》

金沢《かなざわ》の観光名所《かんこうめいしょ》でもある卯辰山公園《うたつやまこうえん》は、春《はる》は桜《さくら》やツツジなどの花《はな》、夏《なつ》は緑《みどり》、秋《あき》は紅《こう》葉《よう》と、季節《きせつ》を通《とお》して楽《たの》しめる観光《かんこう》スポットだ。また、夜《よる》になると展望台《てんぼうだい》から金沢駅《かなざわえき》付《ふ》近《きん》を中心《ちゅうしん》にした夜景《やけい》が見《み》られるビュースポットでもある。

歴史《れきし》も深《ふか》く、公園《こうえん》のあちらこちらで記念《きねん》碑《ひ》や文学碑《ぶんがくひ》を見《み》ることができる。そして……この公園《こうえん》の一角《いっかく》に、「解剖塚《かいぼうづか》」なるお墓《はか》がある。

この解剖塚《かいぼうづか》、明治時代《めいじじだい》にこの地方《ちほう》の大学《だいがく》の医学生《いがくせい》が人間《にんげん》の体《からだ》のしくみを学《まな》ぶために解剖《かいぼう》した、献体《けんたい》を供養《くよう》するために建《た》てられたのだそうだ。

なんと、この解剖塚《かいぼうづか》の近《ちか》くに幽霊《ゆうれい》が出《で》るという。

解剖《かいぼう》というと恐《おそ》ろしい行為《こうい》にみえるが、まだ生《い》きていた頃《ころ》に本人《ほんにん》が

「自分《じぶん》の死体《したい》を解剖《かいぼう》して、医学《いがく》のために役立《やくだ》たせてください」

と許可《きょか》を出《だ》さないとできなかったという。納得《なっとく》のうえなのに、なぜ、幽霊《ゆうれい》としてさまようのだろうか。

「解剖《かいぼう》でバラバラにされて、どこかへ行《い》ってしまった、自分《じぶん》の体《からだ》をさがしているのかもしれない」

と、地元《じもと》ではうわさされている。

牛首《うしくび》トンネルの怪異《かいい》

津幡町《つばたまち》

石川県《いしかわけん》と富山県《とやまけん》の県境《けんざかい》に、牛首《うしくび》トンネルと呼《よ》ばれる心霊《しんれい》スポットがある。トンネルには、怪談《かいだん》がつきものだが、このトンネルには〝出《で》る〟とされる霊《れい》が多《おお》すぎる。

たとえば、ある人《ひと》は

「老婆《ろうば》が、車《くるま》に乗《の》り込《こ》んできた」

と言《い》うし、ある人《ひと》は

「落《お》ち武者《むしゃ》の霊《れい》に追《お》いかけられた」

と言《い》う。またある人《ひと》は、

「トンネル内《ない》でいったんライトを消《け》し、もう一度《ど》つけると、窓《まど》ガラスに血《ち》の手形《てがた》がついていた」

と話《はな》し、

「血《ち》の涙《なみだ》を流《なが》すお地蔵《じぞう》さま」

がいると言《い》う人《ひと》もいる。その上《うえ》で、

「このトンネルを冷《ひ》やかし半分《はんぶん》で通《とお》ると、事故《じこ》を起《お》こす」

とも言《い》われている。実《じつ》は、牛首《うしくび》トンネルにはこんな話《はなし》がある。

今《いま》から五〇年近《ねんちか》く前《まえ》、牛首《うしくび》トンネルの近《ちか》くの村《むら》で殺人事件《さつじんじけん》が起《お》きた。原因《げんいん》は、金銭《きんせん》トラブル。実《じつ》はもともと、殺《ころ》した人《ひと》も殺《ころ》された人《ひと》も、仲《なか》のいい友人《ゆうじん》だった。

「あんなに仲《なか》がよかったのに、殺《ころ》してしまった」

と、われにかえった加害者《かがいしゃ》は、後悔《こうかい》が強《つよ》すぎてそのまま自殺《じさつ》してしまった。その場《ば》所《しょ》に選《えら》んだのが、牛首《うしくび》トンネルだったのだ。しかもその死《し》に方《かた》が、頭《あたま》からガソリンをかぶって、自分《じぶん》に火《ひ》をつける〝焼身自殺《しょうしんじさつ》〟だった。その煙《けむり》はトンネルからなかなか消《き》えなかったという。

それを知《し》って、気《き》が動転《どうてん》したのが加害者《かがいしゃ》の母親《ははおや》だ。

「息子《むすこ》がお金《かね》のトラブルで友《とも》だちを殺《ころ》して自殺《じさつ》するなんて、私《わたし》も死《し》のう」

と、トンネルの横《よこ》に生《は》えていた木《き》で、首《くび》をつってあと追《お》い自殺《じさつ》をしたのだ。

その後《ご》、この牛首《うしくび》トンネルでは

「幽霊《ゆうれい》を見《み》た」

という目撃証言《もくげきしょうげん》が急《きゅう》に増《ふ》えたのだそうだ。そこで、置《お》かれたのがお地蔵《じぞう》さまだ。

しかし、死者《ししゃ》たちのたましいを慰《なぐさ》めるためのお地蔵《じぞう》さまにもかかわらず、肝試《きもだめ》しだといって、若者《わかもの》たちがひんぱんにイタズラをした。

時《とき》には首《くび》を折《お》るような若者《わかもの》や、落書《らくが》きをする若者《わかもの》もいて、トンネルの中《なか》はさらに〝悪《わる》い念《ねん》〟に満《み》ちてしまったという。お地《じ》蔵《ぞう》さまが血《ち》の涙《なみだ》を流《なが》すのも当然《とうぜん》なのかもしれない。

もちろん、イタズラをした若者《わかもの》たちは、その後《ご》、祟《たた》りとしかいいようのない怖《こわ》い思《おも》いをしたようだ。

それでも、幽霊見《ゆうれいみ》たさにトンネルを訪《おとず》れる若者《わかもの》は少《すく》なくない。これらの霊《れい》は、そっとしてほしいトンネルにすむ〝何《なに》ものか〟の抵抗《ていこう》なのかもしれない。

飛《と》び降《お》り死体《したい》の流《なが》れつく島《しま》

◆坂井市《さかいし》◆

▲日本《にほん》でも有数《ゆうすう》の自殺《じさつ》の名所《めいしょ》、東尋坊《とうじんぼう》。飛《と》び降《お》りる人《ひと》が多《おお》い崖《がけ》の近《ちか》くには電話《でんわ》ボックスがあり、「命《いのち》の大切《たいせつ》さ」を訴《うった》えている。

雄島《おしま》——本土《ほんど》と赤《あか》い橋《はし》で結《むす》ばれたこの島《しま》は、周囲《しゅうい》二キロと小《ちい》さいが、地元《じもと》では「霊《れい》のすむ場所《ばしょ》」として名高《なだか》い。

というのもこの雄島《おしま》、潮《しお》の流《なが》れのせいで、自殺《じさつ》の名所《めいしょ》・東尋坊《とうじんぼう》から飛《と》び降《お》りた死《し》体《たい》が流《なが》れついてくる場所《ばしょ》だというのだ。

昔《むかし》は何体《なんたい》もの死体《したい》が海岸《かいがん》に重《かさ》なっていたこともあったそうで、そのためか、崖《がけ》を見《み》降《お》ろす場所《ばしょ》にある灯台《とうだい》の近《ちか》くは、特《とく》に霊《れい》の目撃談《もくげきだん》が多《おお》い。

東尋坊《とうじんぼう》の方向《ほうこう》に目《め》を向《む》けると、ひとだまのような発光体《はっこうたい》がゆらゆらと不《ふ》気味《きみ》にただよう様子《ようす》が見《み》られることもあるのだという。

「雄島《おしま》には、夜《よる》、わたってはいけない」

「島《しま》を回《まわ》るときには必《かなら》ず時計回《とけいまわ》りに回《まわ》ること。禁《きん》をやぶると黄泉《よみ》の国《くに》（死《し》者《しゃ》の国《くに》）の扉《とびら》が開《ひら》く」

「反時計回《はんとけいまわ》りで回《まわ》ると、帰《かえ》り、橋《はし》の真《ま》ん中《なか》に霊《れい》が出《で》る」

といった言《い》い伝《つた》えもあり、そむいたものが事故《じこ》にあったり、行方不明《ゆくえふめい》になったり、場合《ばあい》によっては**黄泉《よみ》の国《くに》**に呼《よ》ばれてしまうというケースも少《すく》なくないのだそうだ。

ある夜《よる》、肝試《きもだめ》しでこの島《しま》に上陸《じょうりく》した若者《わかもの》グループがいた。一通《とお》り雄島《おしま》を見《み》て回《まわ》り、本土《ほんど》へ帰《かえ》ることになった。そして橋《はし》の中《なか》ほどに差《さ》しかかったとき、なんと若者《わかもの》の一人《ひとり》が、海《うみ》から出《で》てきた手《て》に足首《あしくび》をつかまれ、引《ひ》きずり込《こ》まれた。

その若者《わかもの》は、翌朝《よくあさ》、水死体《すいしたい》で発見《はっけん》されたそうだ。実際《じっさい》に十数年前《すうねんまえ》に起《お》こった事件《じけん》である。

生《い》き残《のこ》った他《ほか》の仲間《なかま》も、その後《ご》行方《ゆくえ》不明《ふめい》になったり事故死《じこし》した者《もの》もいたというから、決《けっ》して遊《あそ》び半分《はんぶん》では近《ちか》づかないほうがいいだろう。

ビデオに残《のこ》る幽霊屋敷《ゆうれいやしき》の声《こえ》

◆越前市《えちぜんし》◆

越前市《えちぜんし》には、地元《じもと》の人々《ひとびと》から恐《おそ》れられている幽霊屋敷《ゆうれいやしき》があった。

「取《と》り壊《こわ》そうとすると、工事関係者《こうじかんけいしゃ》に事故《じこ》が起《お》きる」

と言《い》われており、荒《あ》れ放題《ほうだい》のままになっていた。だが今《いま》では更地《さらち》になっているというから、〝工事関係者《こうじかんけいしゃ》の事故《じこ》〟は、単《たん》なる偶然《ぐうぜん》だったのかもしれない。

といっても、この幽霊屋敷《ゆうれいやしき》にはこんな話《はなし》がある。ある若者《わかもの》の集団《しゅうだん》が、暇《ひま》つぶしにこの幽霊屋敷《ゆうれいやしき》を探検《たんけん》しようということになった。若者《わかもの》たちは、友《とも》だちにじまんするために、ビデオカメラを片手《かたて》に、屋敷《やしき》に突入《とつにゅう》した。

しかし結局《けっきょく》、何《なに》ごとも起《お》こらず、

「ひょうし抜《ぬ》けだね」

と話《はな》しつつ、めいめいが自宅《じたく》に戻《もど》った。

その後《ご》、再《ふたた》び仲間同士《なかまどうし》で集《あつ》まり、幽霊屋《ゆうれいや》敷《しき》で撮影《さつえい》したビデオの上映会《じょうえいかい》をすることになった。ビデオ映像《えいぞう》を見《み》て、若者《わかもの》たちはゾッとした。謎《なぞ》の声《こえ》がしっかりと残《のこ》されていたからだ。

たとえば、玄関《げんかん》で若者《わかもの》たちが

「おじゃましまーす」

と、言《い》いながら屋敷《やしき》に入《はい》ろうとすると、

かすかに

『どうぞー』

と聞《き》こえる。

「ここは居間《いま》でーす」

『みんなで過《す》ごしたよね』

「ここは子《こ》ども部屋《べや》でーす」

『一緒《いっしょ》に遊《あそ》ぼう』

といった具合《ぐあい》にだ。

と、ビデオ映像《えいぞう》も残《のこ》りわずかになった。

ラストシーンで、若者《わかもの》たちは悲鳴《ひめい》をあげた。

なぜなら、こんな言葉《ことば》が残《のこ》されていたからだ。

「おじゃましましたー」

『までーっっ!!』

青木《あおき》ヶ原《がはら》樹海《じゅかい》に潜《ひそ》む罠《わな》

◆富士河口湖町《ふじかわぐちこまち》◆

▲昼間《ひるま》でも薄暗《うすぐら》い青木《あおき》ヶ《が》原樹海《はらじゅかい》は、幽霊《ゆうれい》の目撃《もくげき》情報《じょうほう》が多《おお》い。しかしそれよりも、生《い》きている人間《にんげん》のほうが怖《こわ》いという……。

富士山《ふじさん》のすそのに広《ひろ》がる、青木《あおき》ヶ《が》原樹《はらじゅ》海《かい》。この樹海《じゅかい》、なんと日本《にほん》だけでなく、**世界一《せかいいち》の自殺《じさつ》スポット**なのだそうだ。

ところで、この青木《あおき》ヶ《が》原樹海《はらじゅかい》にはこんな都市伝説《としでんせつ》がある。

「樹海《じゅかい》に入《はい》ったものは二度《ど》と抜《ぬ》け出《だ》すことができない」

その根拠《こんきょ》は、青木《あおき》ヶ《が》原樹海《はらじゅかい》のとくしゅな立地《りっち》にある。

まず、青木ヶ原樹海《あおきがはらじゅかい》は富士山《ふじさん》の噴火《ふんか》ででき た、よう岩《がん》の上《うえ》に広《ひろ》がっているため、方《ほう》位磁石《いじしゃく》の針《はり》が狂《くる》いやすい。さらに、地面《じめん》がごつごつしていて、まっすぐに進《すす》むことがむずかしい。そして、木々《きぎ》がうっそうと生《お》いしげっているので昼間《ひるま》も暗《くら》く、歩《ある》いていると自分《じぶん》のいた場所《ばしょ》がわからなくなってしまう。

もう一つ……この地《ち》で死《し》んだ者《もの》たちが、

「自分《じぶん》たちの仲間《なかま》を増《ふ》やしたい」

と、樹海《じゅかい》に立《た》ち入《い》った人《ひと》たちが外《そと》に出《で》るのを〝じゃまする〟のだという。

と書《か》くと、おどろおどろしいイメージを抱《いだ》くかもしれないが、実際《じっさい》は、緑《みどり》がとても美《うつく》しい観光地《かんこうち》だ。近《ちか》くにはキャンプ場《じょう》や公《こう》園《えん》、遊歩道《ゆうほどう》もあって、ハイキングや森林浴《しんりんよく》を楽《たの》しむこともできる。

しかし、こんな都市伝説《としでんせつ》がある。

「樹海《じゅかい》には五種類《しゅるい》の人間《にんげん》がやってくる。樹《じゅ》海《かい》を調《しら》べている研究者《けんきゅうしゃ》、自殺《じさつ》をしにくる人《ひと》、自殺者《じさつしゃ》を見物《けんぶつ》しに行《い》く人《ひと》、死体《したい》を処理《しょり》する捜索隊《そうさくたい》、そして自殺志願者《じさつしがんしゃ》をねらう〝殺人《さつじん》マニア〟だ」

〝これから自殺《じさつ》をしに行《い》く〟という人《ひと》は、行《い》き先《さき》を人《ひと》に告《つ》げることはまずない。一人《ひとり》で樹海《じゅかい》に入《はい》るケースがほとんどで、武器《ぶき》を手《て》にしていることもない。奥《おく》に入《はい》ってしまえば犯行現場《はんこうげんば》を人《ひと》に見《み》られることもない。

もし、遺体《いたい》が発見《はっけん》されたとしても白骨化《はっこつか》しているケースが多《おお》いため、殺《ころ》した時《とき》の状況《じょうきょう》がわかりにくい。さらに、彼《かれ》らは遺書《いしょ》まで残《のこ》してくれている。

人《ひと》を殺《ころ》すことに快楽《かいらく》を感《かん》じる〝殺人《さつじん》マニア〟たちにとって、青木ヶ原樹海《あおきがはらじゅかい》はかっこうの〝ハンティングスポット〟なのだ。

樹海《じゅかい》で見《み》つかる死体《したい》、それはひょっとしたら死《し》にたくないにもかかわらず、殺《ころ》された人《ひと》のものかもしれない。

おむつ塚《づか》の呪《のろ》い

山梨市《やまなしし》

山梨市《やまなしし》には「おむつ塚《づか》」という呪《のろ》いの塚《つか》が存在《そんざい》する。その呪《のろ》いは明治時代《めいじじだい》のはじめごろから、今《いま》でもまだ続《つづ》いているそうだ。そのため、現在《げんざい》も毎年《まいとし》七月《がつ》十五日《にち》になると、供養《くよう》のための法要《ほうよう》がおこなわれている。

その昔《むかし》、「おむつ」という名前《なまえ》の、美《うつく》しい女性《じょせい》がいた。おむつの嫁《とつ》ぎ先《さき》の土地《とち》には、〝よそからきた嫁《よめ》は、地主《じぬし》にあいさつにいく〟という、習《なら》わしがあった。そこで、おむつは地主《じぬし》のもとを訪《おとず》れたのだが、地主《じぬし》にひと目《め》で気《き》に入《い》られてしまった。

地主《じぬし》はおむつをなんとか自分《じぶん》のものにしようとしたが、数日後《すうじつご》には、好《す》きな人《ひと》との結婚《けっこん》をひかえていたおむつだ。もちろん、いやがり、こばんだ。

すると、どうしてもあきらめきれない地《じ》主《ぬし》はおむつを自分《じぶん》の屋敷《やしき》におびきよせ、閉《と》じ込《こ》めてしまった。そして地主《じぬし》は必死《ひっし》でおむつに、

「自分《じぶん》のことを好《す》きになってほしい」
とたのんだが、おむつは首《くび》をたてにふらなかった。ならばと、地主《じぬし》はおむつを拷問《ごうもん》し、なんと、毒虫《どくむし》といっしょに、生《い》きたままおむつを土《つち》の中《なか》に埋《う》めてしまったのだ。

おむつが何日《なんにち》も家《いえ》に帰《かえ》ってこないことを心配《しんぱい》したおむつの母親《ははおや》は、地主《じぬし》の屋敷《やしき》に出《で》向《む》いた。すると、

「あいつは私《わたし》をきらうから、殺《ころ》してやった」
と、地主《じぬし》からしょうげきの内容《ないよう》を聞《き》かされた。母親《ははおや》は、娘《むすめ》が埋《う》められた場所《ばしょ》へ行《い》くと、地主《じぬし》への呪《のろ》いの言葉《ことば》を吐《は》きながらその場《ば》で命《いのち》を断《た》った。

その直後《ちょくご》から、地主《じぬし》の周《まわ》りに不幸《ふこう》が起《お》こるようになった。そしてとうとう、地主《じぬし》は頭《あたま》がおかしくなり、屋敷《やしき》の人《ひと》たちを斬《き》り殺《ころ》し、自殺《じさつ》してしまった。

その後《ご》、地主《じぬし》の子孫《しそん》たちは必死《ひっし》になっておむつとその母親《ははおや》の霊《れい》を供養《くよう》した。それでも呪《のろ》いは消《き》えず、一族《いちぞく》は全員《ぜんいん》亡《な》くなってしまったという。

軽《かる》井《い》沢《ざわ》大《おお》橋《はし》

御《み》代《よ》田《た》町《まち》

御《み》代《よ》田《た》町《まち》の隣《とな》り、軽《かる》井《い》沢《ざわ》町《まち》近《ちか》くにかかる軽《かる》井《い》沢《ざわ》大《おお》橋《はし》は、幽《ゆう》霊《れい》のうわさが絶《た》えない恐《おそ》ろしい橋《はし》だ。橋《はし》の高《たか》さは約《やく》九〇メートルもあり、毎《まい》年《とし》たくさんの人《ひと》が下《した》を流《なが》れる信《しな》濃《の》川《がわ》（千《ち》曲《くま》川《がわ》）に向《む》かって**飛《と》び降《お》り自《じ》殺《さつ》をはかる**という。

あまりにも自《じ》殺《さつ》者《しゃ》が多《おお》いので、現《げん》在《ざい》は有《ゆう》刺《し》鉄《てっ》線《せん》付《つ》きの高《たか》いフェンスがはりめぐらされ、かんたんに飛《と》び降《お》りられないようにしている。

そんな橋《はし》だ。幽《ゆう》霊《れい》の目《もく》撃《げき》例《れい》が多《おお》いのも、当《とう》然《ぜん》のことなのかもしれない。実《じつ》は、この橋《はし》には、手《て》前《まえ》に「**（橋《はし》の）真《ま》ん中《なか》で車《くるま》をとめないでください**」という看《かん》板《ばん》がある。なぜか。

ある時《とき》、この橋《はし》の評判《ひょうばん》を聞《き》きつけた若者《わかもの》のグループが、肝試《きもだめ》しに訪《おとず》れた。

「おい、このへんで車《くるま》をとめて、のぞいて見《み》ようぜ」

と、若者《わかもの》たちが車《くるま》をとめたのは、橋《はし》のちょうど真《ま》ん中《なか》。若者《わかもの》たちは橋《はし》の下《した》をのぞきこんだり、写真《しゃしん》を撮《と》ったりして楽《たの》しんだ。


しばらく時間《じかん》が経《た》っただろうか。

「そろそろ帰《かえ》ろう」

と、車《くるま》のエンジンをかけようとするが、かからない。車《くるま》は壊《こわ》れてはいないはずだ。するとグループのひとりが悲鳴《ひめい》をあげた。

白《しろ》い影《かげ》が近寄《ちかよ》ってくるのが見《み》えたからだ!。

そう、この橋《はし》、橋《はし》の真《ま》ん中《なか》で車《くるま》のエンジンを切《き》ると、この場所《ばしょ》で死《し》んだ者《もの》たちの霊《れい》が寄《よ》ってくるのだという。霊感《れいかん》の強《つよ》い人《ひと》がこの橋《はし》から帰《かえ》っておはらいをしたら、二〇人以上《にんいじょう》の自殺者《じさつしゃ》の霊《れい》に憑《つ》かれていたという話《はなし》もある。

この橋《はし》の下《した》だが、地元《じもと》の警察《けいさつ》や消防団《しょうぼうだん》によって年《ねん》に数回《すうかい》、大掛《おおが》かりな捜索《そうさく》がおこなわれる。生《い》きた人間《にんげん》を捜《さが》すためではない。「死体《したい》」を探《さが》すためだ。死体《したい》は橋《はし》の真下《ました》で発見《はっけん》されることはまれで、ほとんどは、橋《はし》の二～三キロ下《か》流《りゅう》で見《み》つかる。

ところで、軽井沢大橋《かるいざわおおはし》を抜《ぬ》けた森泉郷《もりいずみきょう》の入《い》り口《ぐち》には、人面木《じんめんぼく》が存在《そんざい》する。自殺者《じさつしゃ》の霊《れい》がさらに流《なが》され、木《き》にのりうつったのではないかと、地元《じもと》では有《ゆう》名《めい》なのだという。

中部地方
長野県

七曲《ななまが》りの一本松《いっぽんまつ》

長野市《ながのし》

善光寺《ぜんこうじ》から戸隠神社《とがくしじんじゃ》に向《む》かう峠道《とうげみち》のど真《ま》ん中《なか》に、一メートルほどの高《たか》さの松《まつ》が、おごそかにまつられている。

なぜ、こんなじゃまな場所《ばしょ》に木《き》をまつるスペースがあるのか。

実《じつ》はこれまで、この松《まつ》を切《き》ろうとすると、機械《きかい》が突然動《とつぜんうご》かなくなったり、崖崩《がけくず》れが起《お》きたりしたのだそうだ。また、この松《まつ》で首《くび》吊《つ》り自殺《じさつ》した者《もの》の幽霊《ゆうれい》や、よろいかぶとをつけた血《ち》まみれの武将《ぶしょう》を見《み》た人《ひと》もいる。

さらに、この松《まつ》を蹴《け》ったり殴《なぐ》った人《ひと》は、

「たくさんの人《ひと》が自分《じぶん》を見《み》てバカにしたように笑《わら》っている」

という、ストレスのたまるイヤな夢《ゆめ》を毎《まい》晩見《ばんみ》るようになり、**ノイローゼ**になったといううわさもある。とにかく、ふつうの人《ひと》が触《ふ》れると呪《のろ》われてしまう、恐《おそ》ろしい松《まつ》なのだ。

実《じつ》は、この一本松《いっぽんまつ》の近《ちか》くでは、上杉謙信《うえすぎけんしん》と武田信玄《たけだしんげん》の歴史的《れきしてき》な戦《たたか》い「川中島《かわなかじま》の合《かっ》戦《せん》」があったのだという。そのため、この戦《いくさ》で死《し》んだ者《もの》たちの無念《むねん》の思《おも》いが、この「一本松《いっぽんまつ》」に宿《やど》り、祟《たた》りをおこすともささやかれている。

子《こ》どもをおそう口《くち》裂《さ》け女《おんな》

◆某所《ぼうしょ》◆

とある小学生《しょうがくせい》が、下校途中《げこうとちゅう》、赤《あか》いコートを着《き》た女《おんな》に声《こえ》をかけられた。

「ねえ、私《わたし》キレイ？」

女性《じょせい》の顔《かお》を見《み》ると大《おお》きなマスクをしていたが、美人《びじん》に見《み》えた。小学生《しょうがくせい》は、

「うん、キレイだよ」

と、答《こた》えた。すると女《おんな》は突然《とつぜん》自分《じぶん》のマスクをはぎとり、

『これでもかー！』

と叫《さけ》んだ。なんと、恐《おそ》ろしいことに女《おんな》の口《くち》は耳元《みみもと》まで裂《さ》けていた。そしてコートの中《なか》から大《おお》きな鎌《かま》を取《と》り出《だ》し、おそいかかってきた。

小学生《しょうがくせい》は、叫《さけ》び声《ごえ》をあげながら全速力《ぜんそくりょく》で逃《に》げたが、女《おんな》の追《お》いかけてくるスピードは

すさまじかった。あっという間《ま》に追《お》いつかれ、はがいじめにされ……。小学生《しょうがくせい》は、**口《くち》に鎌《かま》を入《い》れられ、耳元《みみもと》まで引《ひ》き裂《さ》かれたという。**

有名《ゆうめい》な、「口《くち》裂《さ》け女《おんな》」という都市伝《としでん》説《せつ》だ。一九七〇年《ねん》から八〇年代《ねんだい》にかけて一《いっ》気《き》にうわさが全国《ぜんこく》に広《ひろ》がったのだが、なんと発祥《はっしょう》は岐阜県《ぎふけん》なのだという。

口《くち》裂《さ》け女《おんな》の話《はなし》は日本中《にほんじゅう》のすみずみにまで広《ひろ》がり、怖《こわ》くて登下校《とうげこう》ができなくなってしまう小学生《しょうがくせい》まで出《で》てきた。場所《ばしょ》によっては、警察《けいさつ》まで出動《しゅつどう》した。そんな中《なか》、さらにひとつのうわさが広《ひろ》がった。

「口《くち》裂《さ》け女《おんな》は、実《じつ》は手術《しゅじゅつ》で失敗《しっぱい》して、あんな口《くち》になった。だから、その手術《しゅじゅつ》を担当《たんとう》した医者《いしゃ》がべっとりとつけていた、ポマードが苦手《にがて》らしい」

そこで、女《おんな》に会《あ》ったら

「ポマード、ポマード、ポマード！」

と三回言《かいい》うと逃《に》げてしまうという。さらに、口裂《くちさ》け女《おんな》の大好物《だいこうぶつ》、べっこうあめをあげると、逃《に》げられるという対処法《たいしょほう》も広《ひろ》まった。そのため、当時《とうじ》の小学生《しょうがくせい》はポケットにべっこうあめを忍《しの》ばせて登校《とうこう》したのだ。

ばかばかしいとお思《おも》いの読者《どくしゃ》もいるかもしれない。しかし、こんな話《はなし》もある。

昭和《しょうわ》四三年《ねん》八月《がつ》一八日《にち》、岐阜県加茂郡白川町《ぎふけんかもぐんしらかわちょう》で集中豪雨《しゅうちゅうごうう》によって、土砂崩《どしゃくず》れが起《お》きた。この土砂《どしゃ》によって二台《だい》のバスが飛騨川《ひだがわ》に転落《てんらく》。乗客《じょうきゃく》一〇四人《にん》が亡《な》くなってしまった。土砂《どしゃ》に埋《う》もれてしまった被害者《ひがいしゃ》たちを探《さが》していたところ、遺体《いたい》の中《なか》に口《くち》が耳《みみ》まで裂《さ》けてしまった頭部《とうぶ》があったのだという。

この被害者《ひがいしゃ》が、口裂《くちさ》け女《おんな》になったのではないかとも、まことしやかに語《かた》られている。

古《こ》虎《こ》渓《けい》ハウス

多治見市《たじみし》

岐阜県《ぎふけん》でも一、二を争《あらそ》う有名《ゆうめい》な心霊《しんれい》スポットが多治見市《たじみし》にある「古《こ》虎《こ》渓《けい》ハウス」だ。もともとは、昭和《しょうわ》三〇年代《ねんだい》に創業《そうぎょう》した、温泉旅館《おんせんりょかん》だったそうだ。しかし、できた数年後《すうねんご》には経営状態《けいえいじょうたい》が悪《わる》くなり、廃業《はいぎょう》。建物《たてもの》だけ、そのまま取《と》り残《のこ》された。

この建物《たてもの》が「心霊《しんれい》スポット」と言《い》われるようになった理由《りゆう》はいくつかある。

まず、旅館《りょかん》が倒産《とうさん》してしまい、オーナーがこの場所《ばしょ》で首《くび》をつって死《し》んでしまったこと。倒産《とうさん》の理由《りゆう》は「食中毒事件《しょくちゅうどくじけん》をおこしたから」だとも「火事《かじ》を出《だ》したから」だとも言《い》われている。どちらにせよ、つらい思《おも》いがあったのだろう。

そもそもこの場所《ばしょ》には、江戸時代《えどじだい》、無念《むねん》の死《し》を遂《と》げた女性《じょせい》の念《ねん》がうずまいていたという。この女性《じょせい》のうらみは大変《たいへん》なもので、周《まわ》りにいる悪《わる》い浮遊霊《ふゆうれい》をたくさん集《あつ》め、場所《ばしょ》そのものをおどろおどろしいものに変《か》えていたというのだ。

そのため、廃墟《はいきょ》となった今《いま》でも、人《ひと》をうらんで〝出《で》る〟のだという。

一番危《いちばんあぶ》ないとされる場所《ばしょ》は三階《かい》の浴室《よくしつ》だそうだ。

もっとも、行《い》かないにこしたことはない。

浜名湖《はまなこ》の少女霊《しょうじょれい》・鵺伝説《ぬえでんせつ》

浜松市《はままつし》

日本《にほん》でも一〇本《ぽん》の指《ゆび》に入《はい》る大《おお》きさをほこる浜名湖《はまなこ》は、マリンレジャーが楽《たの》しめるスポットとしても有名《ゆうめい》だ。しかし心霊《しんれい》スポットとしても名前《なまえ》があがる。

メジャーなものが、**女《おんな》の子《こ》の霊《れい》**だ。昔《むかし》、浜名湖《はまなこ》に遊《あそ》びにきていた少女《しょうじょ》が溺死《できし》したという事故《じこ》があった。それからというもの、浜名湖《はまなこ》で泳《およ》いでいると、**少女《しょうじょ》の霊《れい》が抱《だ》きついてきて湖底《こてい》まで引《ひ》きずりこまれるのだそうだ。**また、湖《みずうみ》の底《そこ》から

「おいで」

という声《こえ》がするともささやかれている。

この浜名湖《はまなこ》、**鵺《ぬえ》**とよばれる伝説《でんせつ》の怪物《かいぶつ》にまつわる話《はなし》でも知《し》られている。

鵺《ぬえ》とは、頭《あたま》はサル、胴体《どうたい》はタヌキ、尾《お》はヘビ、足《あし》と手《て》はトラの姿《すがた》をした怪物《かいぶつ》で、『平家物語《へいけものがたり》』にも登場《とうじょう》する。

この鵺《ぬえ》の死体《したい》が、浜名湖《はまなこ》の西《にし》のあたりに落《お》ちて来《き》たというのだ。浜松市北区《はままつしきたく》には、三ヶ日町鵺代《みっかびちょうぬえしろ》、尾奈《おな》という地名《ちめい》がある。またかつて同《おな》じ三ヶ日町《みっかびちょう》に胴崎《どうざき》、羽根平《はねひら》という地名《ちめい》もあったが、これは鵺《ぬえ》の頭部《とうぶ》、胴《どう》体《たい》、羽《はね》、尾《お》が落《お》ちてきたという伝説《でんせつ》によるそうだ。

平家物語《へいけものがたり》で源頼政《みなもとのよりまさ》が鵺《ぬえ》をたおすときに、とどめを刺《さ》した猪早太《いのはやた》は浜名湖《はまなこ》のあたりの出身《しゅっしん》とも言《い》われている。

この地《ち》には「海坊主伝説《うみぼうずでんせつ》」もある。

霧《きり》のある夜《よる》、二人《ふたり》の漁師《りょうし》が漁《りょう》を終《お》え、港《みなと》に帰《かえ》ろうとした時《とき》、とつぜん、湖《みずうみ》の中《なか》から怪物《かいぶつ》が現《あらわ》れた。漁師《りょうし》らは大変《たいへん》おどろいたが、船《ふね》のさおで、必死《ひっし》で怪物《かいぶつ》を攻撃《こうげき》し続《つづ》けた。

すると、怪物《かいぶつ》は

「私《わたし》は浜名湖《はまなこ》の主《あるじ》『海坊主《うみぼうず》』です。見逃《みのが》してください。お礼《れい》に、雨《あめ》と風《かぜ》で湖《みずうみ》が荒《あ》れることがあれば、波《なみ》の音《おと》でお知《し》らせします」

と、お願《ねが》いしてきたそうだ。それ以降《いこう》、この地方《ちほう》の漁師《りょうし》たちは、漁《りょう》に出《で》る前《まえ》には必《かなら》ず、波《なみ》の音《おと》に耳《みみ》を傾《かたむ》けてから出漁《しゅつりょう》するようになったという。

と、ここまでは伝説《でんせつ》の話《はなし》なのだが、二〇一三年《ねん》一月《がつ》、浜名湖《はまなこ》で**巨大生物《きょだいせいぶつ》**が現《あらわ》れたとして、ニュースになった。

巨大生物《きょだいせいぶつ》が姿《すがた》を見《み》せたのは、一月《がつ》一六日《にち》午後《ごご》四時《じ》ごろ。浜松市《はままつし》の配管業《はいかんぎょう》の男性《だんせい》（七五歳《さい》・当時《とうじ》）が、静岡県《しずおかけん》の浜松土木事務所《はままつどぼくじむしょ》新居分庁舎南東《あらいぶんちょうしゃなんとう》の湖面《こめん》で発見《はっけん》した。男性《だんせい》は、「茶色《ちゃいろ》のようだった。水《みず》から出《で》たり入《はい》ったりしていた」

と話《はな》す。そして一月《がつ》一八日《にち》午後《ごご》三時《じ》過《す》ぎ、同《おな》じような場所《ばしょ》で湖西市《こさいし》の自営業《じえいぎょう》の男《だん》性《せい》（六五歳《さい》・当時《とうじ》）がやはり、奇妙《きみょう》な生物《せいぶつ》を目撃《もくげき》した。

「二〇メートル間隔《かんかく》で丸《まる》い背中《せなか》のようなものが出《で》てきた。水《みず》から出《で》ている部分《ぶぶん》は一メートルくらい」

と話《はな》したそうだ。そこで同日午後《どうじつごご》三時《じ》半《はん》頃《ごろ》、湖西署《こさいしょ》に連絡《れんらく》があったのだという。さまざまな伝説《でんせつ》が残《のこ》る浜名湖《はまなこ》。いったいこの生物《せいぶつ》は何《なん》なのだろうか。湖《みずうみ》にはいったい、何《なに》がひそんでいるのだろうか。

▲浜名湖《はまなこ》にまつわる伝説《でんせつ》は多《おお》い。水《みず》の神《かみ》さまがまつられていることもあり、鳥居《とりい》が建《た》てられている。

静岡県浜松市付近《しずおかけんはままつしふきん》 マンガ／のはらあこ
きさらぎ駅伝説《えきでんせつ》
あなたは「きさらぎ駅《えき》」を
プルルルル
知《し》っていますか……？
これは「はすみ」と名乗《なの》る女子高生《じょしこうせい》がとある電車《でんしゃ》に乗《の》り
はー疲《つか》れた……
その一部始終《いちぶしじゅう》をインターネット掲示板《けいじばん》に投稿《とうこう》した話《はなし》である
はすみ
ガタン
……
なんか今日《きょう》停車《ていしゃ》しないような気《き》が……
ガタン

23:20
いつもは7、8分《ぷん》で停車《ていしゃ》するのに……
23時《じ》の電車《でんしゃ》だからもう20分停車《ぷんていしゃ》してない！
23:20
いつも通学《つうがく》に使《つか》っている電車《でんしゃ》なんだけど、さっきから20分《ぷん》くらい駅《えき》に停《と》まらないの。いつもは5分《ふん》か長《なが》くても7、8分《ぷん》で停車《ていしゃ》するんだけど……停《と》まらない！どうしよう！
あ か
>はすみさん 乗《の》り間違《まちが》えたんじゃないの？
>はすみさん 運転手《うんてんしゅ》に何《なに》かあったんじゃないか!? 車掌室《しゃしょうしつ》見《み》に行《い》ってこい！
……車掌室《しゃしょうしつ》……
車掌室
……中見《なかみ》えない
コン
………
コン

ガタン
ガタン
ガタン
ガタン
ガタン
ガタン
え……
ガタンッ
……トンネル!?
普段《ふだん》トンネルなんてない……
ガタン
ゴトン
ガタン
ゴトン……
……あれ……
プシュー……
きさらぎ駅《えき》
きさらぎ駅《えき》
スピード落《お》ちてきたかも
ほっ
●はすみ
停《と》まりそう！駅《えき》みたい。
……停車《ていしゃ》した……
きさらぎ駅《えき》とか聞《き》いたことない……

●はすみ
今《いま》きさらぎ駅《えき》ってとこに停車中《ていしゃちゅう》。
降《お》りるべき？
聞《き》いたことも見《み》たこともない
駅《えき》なんだけど……。
＞はすみさん
降《お》りてみたら？
＞はすみさん
降《お》りないほうが
いいよ!!!
……どうしよう!?
……このまま
乗《の》ってても……!!
しんっ……
……誰《だれ》も
いない……
タクシー……
●はすみ
電車《でんしゃ》降《お》りました！
駅《えき》から出《で》てタクシー探《さが》してみる。
ありがとう！
ガラン……
……
●はすみ
タクシーどころか何《なに》もない駅《えき》だった
どうしたらいいの？誰《だれ》もいないの！
＞はすみさん
とりあえず104にでも電話《でんわ》して、
駅《えき》に近《ちか》いタクシー会社《がいしゃ》を聞《き》いて、
タクシーを呼《よ》んだほうがいいかも。

自宅
×○-○○○
発
あもしもしお母《かあ》さん？……なんか きさらぎ駅《えき》って とこに着《つ》いちゃって……
迎《むか》えに来《き》てくれない？ タクシーも誰《だれ》もいなくて……
……きさらぎ駅《えき》？ そんな駅《えき》聞《き》いた ことないけど……
ドキン
え……？
ドキン
地図《ちず》で調《しら》べて みるわ
ドキン
ドキン
●はすみ 家《いえ》に電話《でんわ》をして迎《むか》えにきて もらう！ きさらぎ駅《えき》なんて知らない から、地図《ちず》で調《しら》べてからって。 何《なに》か怖《こわ》い……。
●はすみ 公衆電話《こうしゅうでんわ》とかお店《みせ》とか何《なに》もない。 他《ほか》の人《ひと》は降《お》りなかったから、 今私《いまわたし》ひとり……。
ドキン
＞はすみさん オレもネットで調《しら》べてみたんだけど、 きさらぎ駅《えき》って駅《えき》、出《で》てこないんだ。 もう少《すこ》し調《しら》べてみるよ。

はっ
現在地《げんざいち》……
現在地《げんざいち》を調《しら》べる
エラー
110
……110番《ばん》
……きさらぎ駅《えき》？
そんな駅《えき》ありませんよ……いたずらはやめなさい！
ガチャッ
ツー……ツー……
……もしもし！
……もしもし！
ツー……
……ツー
……ここ……どこなの……！
>はすみさん
線路《せんろ》を歩《ある》けば帰《かえ》れるかも。
そうだ!! 線路《せんろ》に沿《そ》って歩《ある》けば戻《もど》れる……!!

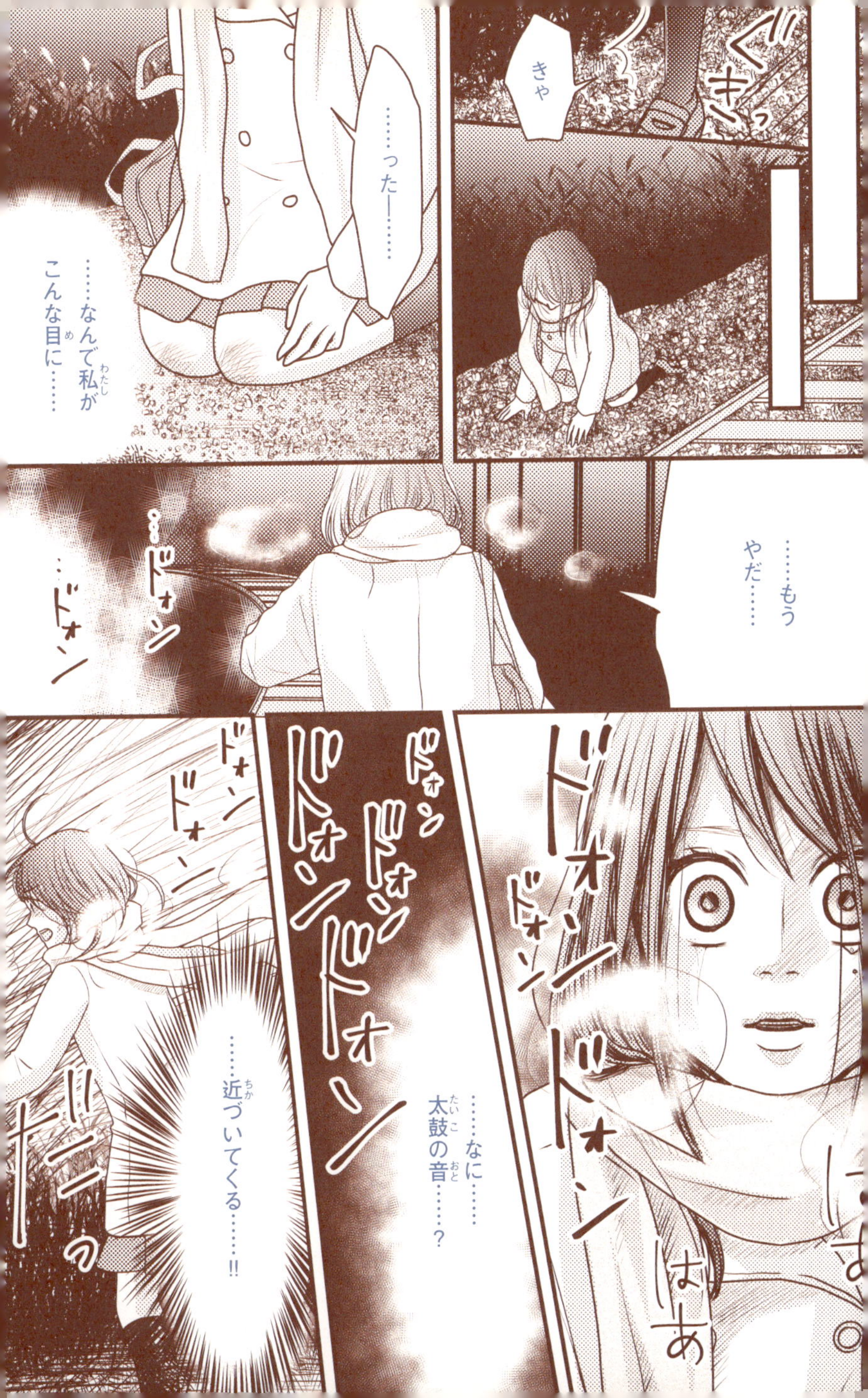
ぐきっ
きゃ
……ったー……
……なんで私《わたし》がこんな目《め》に……
……もうやだ……
…ドォン
…ドォン
ドドォン
ドォン
ドドォン
はぁ
はぁ
ドォン
ドォン
ドォン
ドドォン
……なに……
太鼓《たいこ》の音《おと》……?
ドォン
ドォン
……近《ちか》づいてくる……!!
ダッ

はぁ
はぁ
はぁ
はぁ
伊佐貫
ピタ……
……さっきのトンネル……
…ドォン
ドォン
伊佐貫
●はすみ
なんとかがんばってトンネルの前《まえ》まで来《き》た。名前《なまえ》は伊佐貫《いさぬき》ってなってる……。どこかわかる？
はぁ
ドォン
……音《おと》が近《ちか》くなってきてる……
…ドォン
はぁ
●はすみ
太鼓《たいこ》みたいな音《おと》が近《ちか》くなってるから、勇気《ゆうき》出《だ》してトンネルを抜《ぬ》けてみようと思《おも》います。
たっ
はぁ
はぁ

……はあ
……はあ……
●はすみ
トンネルから出《で》れた！

……人《ひと》!!

……こんなところで何《なに》してるんですか
近《ちか》くの駅《えき》まで車《くるま》で送《おく》りますよ
……助《たす》かった……!!

……すみません助《たす》けてください！ここがどこなのかわからなくて……家《いえ》に帰《かえ》りたいんです……!!

……大丈夫《だいじょうぶ》ですか？

ありがとうございます！
●はすみ
心配《しんぱい》かけてごめん！親切《しんせつ》な人《ひと》に出会《であ》って、近《ちか》くの駅《えき》まで送《おく》ってくれるって！

ブロロロ
なんか山《やま》の方《ほう》に向《む》かってる……?
●はすみ
さっきからどんどん山《やま》の方《ほう》に向《む》かってるんだけど……。
………
……あれ……
あの……すみませんっ
ブツ
ブツ
●はすみ
もうバッテリーがピンチ! ようすが変《へん》なので、隙《すき》をみて逃《に》げようと思《おも》う……。
●はすみ
送《おく》ってくれてる人《ひと》、さっきからわけのわからないひとり言《ごと》をつぶやきはじめてる! やばいこの人《ひと》!
最後《さいご》の書《か》き込《こ》みは3時《じ》44分《ふん》
その後《ご》、はすみからの書《か》き込《こ》みはなかったという……

ホッピングばばあ

◆豊橋市《とよはしし》◆

愛知県《あいちけん》と静岡県《しずおかけん》の県境《けんざかい》にある、多米峠《ためとうげ》には、謎《なぞ》の老婆《ろうば》が出現《しゅつげん》するという都市伝説《としでんせつ》がある。その老婆《ろうば》の名《な》は**「ホッピングばばあ」**と呼《よ》ばれている。

白髪頭《しらがあたま》を結《ゆ》いあげていて、顔《かお》はシワだらけで、どう見《み》てもおばあさんなのに、着物《きもの》を着《き》て、下駄《げた》を履《は》いているにも関《かか》わらず、なんと**四メートル**もの高《たか》さのジャンプをするのだそうだ。

そして、夜中《よなか》に峠《とうげ》を走《はし》る車《くるま》を見《み》つけると、車《くるま》を追《お》いかけて、全速力《ぜんそくりょく》で走《はし》ってくるのだという。

このエリアは、もともと古墳《こふん》が多《おお》いことで歴史的《れきしてき》にも知《し》られてきた。そのため、**怪談《かいだん》**も多《おお》く存在《そんざい》するという。ホッピングばばあもその一人《ひとり》なのかもしれない。

グレイ狩《が》り

◆犬山市《いぬやまし》◆

入鹿池《いるかいけ》は、大《おお》きなため池《いけ》だ。全国的《ぜんこくてき》にもその大《おお》きさは知《し》られていて、犬山市《いぬやまし》や小牧《こまき》市《し》など、多《おお》くの市町村《しちょうそん》のかんがい用水《ようすい》として利用《りよう》されている。その歴史《れきし》は古《ふる》く、今《いま》から四〇〇年近《ねんちか》い昔《むかし》、一六二八年《ねん》に完成《かんせい》したという。

このため池《いけ》、実《じつ》は幽霊《ゆうれい》のうわさがある。

一八六八年《ねん》、四月《がつ》から五月《がつ》にかけて、大《おお》雨《あめ》が降《ふ》り続《つづ》いた。この雨《あめ》でため池《いけ》から水《みず》があふれ出《だ》し、なんと一〇〇〇人以上《にんいじょう》の犠牲者《ぎせいしゃ》を出《だ》した。

そのせいか、この池《いけ》では心霊現象《しんれいげんしょう》が多《おお》く報告《ほうこく》されているし、さらに……カッパに関《かん》するうわさも語《かた》られている。そう、この池《いけ》にはカッパが棲息《せいそく》しているとも言《い》われているのだ。

十数年前《すうねんまえ》、この入鹿池《いるかいけ》で、大《おお》がかりな捜《そう》索《さく》がおこなわれたことがある。

といっても、中心《ちゅうしん》となったのは地元《じもと》の暴《ぼう》走族《そうぞく》で、面白半分《おもしろはんぶん》に、本当《ほんとう》に不思議《ふしぎ》な生物《せいぶつ》がいるのか、調《しら》べたのだそうだ。

いつものように、暴走族《ぼうそうぞく》は、カッパの捜《そう》索《さく》に出《で》かけた。彼《かれ》らは深夜《しんや》の道《みち》を、車《くるま》とバイクで猛《もう》スピードで走《はし》り、意気《いき》ようようと入鹿池《いるかいけ》へ乗《の》り込《こ》んだ。そんな時《とき》、あるバイクが、道路《どうろ》のど真《ま》ん中《なか》に小《ち》さな子《こ》どものような人影《ひとかげ》を見《み》つけた。

明《あ》かりの中《なか》に映《うつ》し出《だ》されたその姿《すがた》は、ピンクがかった灰色《はいいろ》の肌《はだ》をしており、頭《あたま》が異《い》様《よう》に大《おお》きかった。とっさにこれをさけようとしたオートバイの主《ぬし》は、電柱《でんちゅう》にぶつかってしまった。その事故《じこ》のどさくさにまぎれて、奇妙《きみょう》な生《い》き物《もの》は闇《やみ》の中《なか》に姿《すがた》を消《け》してしまったそうだ。

「あれはカッパだったかもしれない」

仲間《なかま》が事故《じこ》を起《お》こした理由《りゆう》はカッパのせいだと、翌日《よくじつ》からチームは入鹿池周辺《いるかいけしゅうへん》に集《あつ》まり、カッパさがしを始《はじ》めた。

「いたぞ！」

ある日《ひ》のこと、ついに彼《かれ》らはカッパを見《み》つけた。そして、自慢《じまん》のバイクと車《くるま》でカッパを住宅地《じゅうたくち》に追《お》い込《こ》み、コンクリート塀《べい》に囲《かこ》まれた場所《ばしょ》に誘導《ゆうどう》することに成功《せいこう》した。しかし……カッパはコンクリート壁《へき》をトン、トン、トンと三段跳《だんと》びで乗《の》り越《こ》えていったという。

ちなみに、このカッパのイメージとは、

●小学生《しょうがくせい》くらいの身長《しんちょう》。
●頭部《とうぶ》が異様《いよう》に大《おお》きく、頭髪《とうはつ》はなくツルツルしている。
●肌《はだ》が灰色《はいいろ》で、黒《くろ》ずんだ斑点《はんてん》のようなものがある。
●全身《ぜんしん》がヌメヌメしている。

というものだそうだ。この事件《じけん》以降《いこう》、暴《ぼう》走族《そうぞく》がカッパを目《め》にすることはなくなった。

しかし、その出来事《できごと》から数年後《すうねんご》のことだ。彼《かれ》ら、暴走族《ぼうそうぞく》の仲間《なかま》は、テレビを見《み》ていた時《とき》、

「あいつだ！」

と、思《おも》わず声《こえ》をあげてしまったという。

彼《かれ》らが、「あいつだ」と思《おも》ったのは、なんと、当時《とうじ》UFO特番《とくばん》でひんぱんに取《と》りざたされていた「**グレイ型《がた》の宇宙人《うちゅうじん》**」だったのだという。

ブラウン管《かん》に映《うつ》るグレイの想像図《そうぞうず》を見《み》ながら、彼《かれ》らはパニック状態《じょうたい》に陥《おちい》った。自分《じぶん》たちはあのとき、**グレイ狩《が》り**をしていたのだと……。

チャートでわかる！

あなたの霊感度《れいかんど》

スタート

はい →
いいえ - - →

夢《ゆめ》が現実《げんじつ》になることが多《おお》い。

ふと時計《とけい》を見《み》るとぞろ目《め》！ということがよくある。

金縛《かなしば》りにあったことが、2回以《かいい》上《じょう》はある。

一《いち》度《ど》集《しゅう》中《ちゅう》すると、何時間《なんじかん》でも作業《さぎょう》ができるほうだ。

何《なに》もしていないのに、急《きゅう》に鳥肌《とりはだ》が立《た》つことがある。

静電気《せいでんき》がおきやすいほうだ。

うわさばなしは嫌《きら》い、または苦《にが》手《て》。

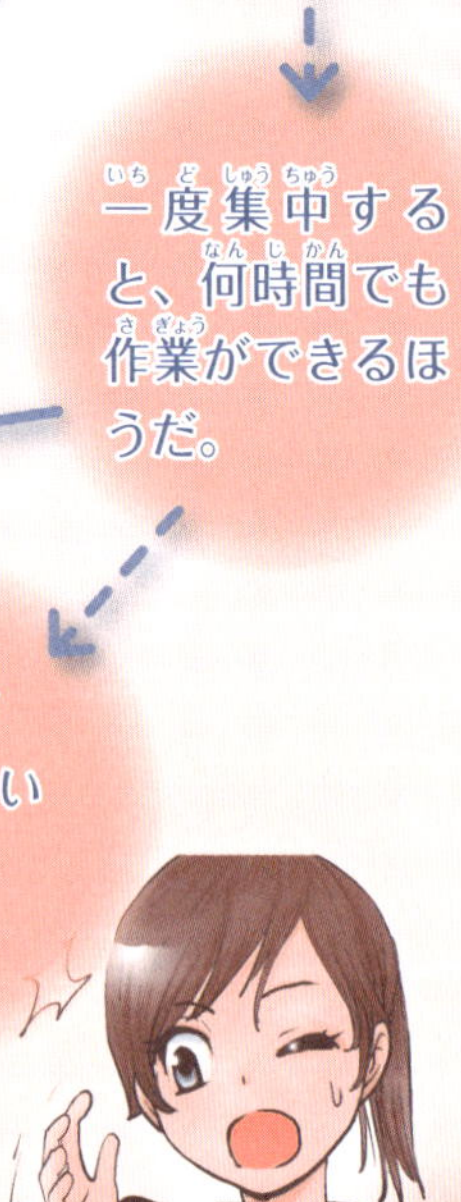

霊能者《れいのうしゃ》の生《う》まれ変《か》わり!?

霊感度《れいかんど》80-100%

あなたはとても強《つよ》い霊感度《れいかんど》の持《も》ち主《ぬし》。「違《ちが》う！」と思《おも》う人《ひと》は、気《き》がついていないだけという可能性《かのうせい》も。霊《れい》がたくさん寄《よ》ってきているはず。

ふとしたことで目覚《めざ》めるかも！

霊感度《れいかんど》50-80%

あなたは、ふとしたことがきっかけで霊感《れいかん》が働《はたら》くことがあるみたい。不思議《ふしぎ》な雰《ふん》囲気《いき》を持《も》っているから、霊《れい》には好《す》かれやすいタイプ。

不思議《ふしぎ》なことが好《す》きな普通《ふつう》の人《ひと》

霊感度《れいかんど》20-50%

ごく普通《ふつう》の霊感度《れいかんど》のあなた。少《すこ》しだけ霊感《れいかん》があるけれど、現実的《げんじつてき》なタイプだから、霊《れい》を怖《こわ》がるよりも、不思議《ふしぎ》なことを楽《たの》しんでいるみたい。

霊《れい》がそばにいてもわからない!?

霊感度《れいかんど》0-20%

あなたは、ほとんど霊感《れいかん》を感《かん》じないみたい。隣《となり》に霊《れい》がいても気《き》がつかないタイプ。そういう人《ひと》には、霊《れい》は寄《よ》ってこないから安心《あんしん》して。

実《じつ》は、もしかして、あれは幽霊《ゆうれい》……？と思《おも》ったことがある。

友《とも》だちから相談《そうだん》されることが多《おお》い。

デジャビュがおこることがたまにある。

人《ひと》がたくさんいるところは苦手《にがて》。

なぜか、動物《どうぶつ》になつかれやすい。

触《ふ》れると祟《たた》る呪《のろ》いの灯《とう》ろう

✦松阪市《まつさかし》✦

松阪市《まつさかし》には、〝呪《のろ》いの灯《とう》ろう〟と呼《よ》ばれる灯《とう》ろうが存在《そんざい》する。場所《ばしょ》は同市《どうし》大黒田町《おおくろだちょう》新田《にった》の国道《こくどう》一六六号線《ごうせん》と市道《しどう》の交差点《こうさてん》。なんと江戸時代《えどじだい》からの言《い》い伝《つた》えなのだという。

江戸時代《えどじだい》の天明《てんめい》（一七八一〜一七八九年《ねん》）の頃《ころ》、この灯《とう》ろうのあたりで、旅《たび》の男《おとこ》が病気《びょうき》でたおれてしまった。

男《おとこ》はしきりに助《たす》けをもとめたが、誰《だれ》も近《ちか》づこうとしなかった。男《おとこ》は、息《いき》もたえだえになりながら、

「私《わたし》に触《さわ》りたくないのなら、触《さわ》らなくてもいい」

と言《い》い残《のこ》して、その場《ば》で死《し》んでしまった。

それからというもの、この灯《とう》ろうに触《さわ》ると、〝祟《たた》りがある〟と言《い》われるようになったのだそうだ。

実際《じっさい》に、この場所《ばしょ》は怪奇現象《かいきげんしょう》が多《おお》く、灯《とう》ろうに触《ふ》れたばかりに事故《じこ》にあったり、急《きゅう》な病気《びょうき》で死《し》んだりしたというケースもひんぱんにあるのだという。

ところが、二〇〇九年《ねん》にこの灯《とう》ろうがくずれ落《お》ちてしまった。ここで問題《もんだい》になったのが、〝誰《だれ》が修理《しゅうり》をするか〟だ。文明《ぶんめい》がはるかに進《すす》んだ現代《げんだい》とはいえ、呪《のろ》いの灯《とう》ろうに〝触《さわ》ろう〟という人《ひと》はいない。そこで当《とう》時《じ》の山中光茂《やまなかみつしげ》松阪市長《まつさかしちょう》は、

「市民《しみん》に愛《あい》される『幸《しあわ》せの灯《とう》ろう』と位置《いち》づけ、修《しゅう》ぜんさせていただきたい」

とコメントしている。そう、市長《しちょう》もこの灯《とう》ろうの〝呪《のろ》い〟を認《みと》めたのだ。

ちなみにこの灯《とう》ろう、

「何者《なにもの》かがイタズラで壊《こわ》した」

と、ささやかれる一方《いっぽう》で、

「自然《しぜん》に爆発《ばくはつ》したのではないか」

とも言《い》われているそうだ。いずれにせよ、いっそう、灯《とう》ろうを恐《おそ》れるようになった松《まつ》阪市民《さかしみん》は多《おお》い。

近畿地方
三重県

津市《つし》

三六人《にん》女子生徒《じょしせいと》水難事故《すいなんじこ》

一九五五年《ねん》七月《がつ》二八日《にち》、伊勢湾《いせわん》に面《めん》した中河原海岸《なかがわらかいがん》で、日本中《にほんじゅう》をおどろかせた水難《すいなん》事故《じこ》が起《お》きた。なんと、この日《ひ》、学校《がっこう》の行事《ぎょうじ》で海水浴《かいすいよく》に来《き》ていた女子生徒《じょしせいと》三六人《にん》が一気《いっき》に死亡《しぼう》したのだ。

この海岸《かいがん》は子《こ》どもが泳《およ》いでも心配《しんぱい》のない「天然《てんねん》の海水《かいすい》プール」として知《し》られていた。またこの日《ひ》は風《かぜ》がなくて天気《てんき》のいい、絶好《ぜっこう》の海水浴《かいすいよく》びよりだったという。

しかし、午前《ごぜん》一〇時《じ》ごろのことだ。女子《じょし》生徒《せいと》たちが泳《およ》いでいた海岸《かいがん》から五〇メートルほどはなれた沖《おき》に、とつ然《ぜん》、大《おお》きく波《なみ》がうねった。そのうねりにのみ込《こ》まれ、女子《じょし》生徒《せいと》たちは**次々《つぎつぎ》と海底《かいてい》へ引《ひ》きずり込《こ》まれてしまったのだ。**

大波《おおなみ》にのまれたのは四五人《にん》。犠牲《ぎせい》になったのは、三六人《にん》だった。

事故《じこ》は、「女子学生集団水難事件《じょしがくせいしゅうだんすいなんじけん》」とし

て全国《ぜんこく》に大々的《だいだいてき》に報道《ほうどう》された。さまざまなテレビや雑誌《ざっし》に紹介《しょうかい》され、多《おお》くのマスコミが取材《しゅざい》を重《かさ》ねた。その結果《けっか》、しょうげき的《てき》な事実《じじつ》がわかった。

週刊誌《しゅうかんし》『女性自身《じょせいじしん》』（一九六三年《ねん》七月《がつ》二二日号《にちごう》）によると、生《い》き残《のこ》った生徒《せいと》から、なんと、こんな声《こえ》が聞《き》かれたのだという。

「泳《およ》いでいると、数《すう》メートル先《さき》で、一人《ひとり》が悲鳴《ひめい》をあげながらおぼれ始《はじ》めた。おどろいて助《たす》けを呼《よ》ぼうと、海岸《かいがん》のほうへ向《む》きを変《か》えて泳《およ》ぎ始《はじ》めた足《あし》に、冷《つめ》たいものがからみついた。海草《かいそう》だと思《おも》って振《ふ》り払《はら》おうと何気《なにげ》なく見《み》ると、それは**人《ひと》の手《て》**だった。海底《かいてい》の暗《くら》がりの中《なか》からその人《ひと》の手《て》は次々《つぎつぎ》に伸《の》びてきて、足《あし》をつかもうとしていた。さらに恐《おそ》ろしいものが見《み》えた。無数《むすう》の人《ひと》の手《て》の向《む》こう側《がわ》に防空頭《ぼうくうず》きんをかぶった、**たくさんの顔《かお》が見《み》えた。**そこで気《き》を失《うしな》い、気《き》づいたときは救助《きゅうじょ》された後《あと》だった」

こんな話《はなし》もある。

「頭《あたま》にぐっしょりと水《みず》を吸《す》い込《こ》んだ防空頭《ぼうくうず》きんをかぶり、モンペをはいた何十人《なんじゅうにん》という女性《じょせい》が、こちらに向《む》かって泳《およ》いできた。夢中《むちゅう》で逃《に》げようとする私《わたし》の足《あし》がその一人《ひとり》の女性《じょせい》の手《て》につかまれた。うすれていく意識《いしき》の中《なか》で、足《あし》にまとわりついた防空《ぼうくう》頭《ず》きん姿《すがた》の女性《じょせい》の白《しろ》い無表情《むひょうじょう》な顔《かお》を見続《みつづ》けていた」

これだけなら、おぼれるパニックの中《なか》での幻覚《げんかく》だったとも言《い》えるかもしれない。しかし、もっとリアルな証言《しょうげん》がある。

「友達《ともだち》が、黒《くろ》い影《かげ》に抱《だ》かれ、海底《かいてい》に沈《しず》んでおぼれていく光景《こうけい》を目撃《もくげき》した。すごく怖《こわ》かった」

このひさんな水難事故《すいなんじこ》の真相《しんそう》は、はたして、"成仏《じょうぶつ》できない霊《れい》たち"の仕業《しわざ》だとでもいうのだろうか。実《じつ》は、この地《ち》では過去《かこ》にも同《おな》じような事件《じけん》が起《お》きている。

この事故《じこ》より一〇年前《ねんまえ》の一九四五年《ねん》七月《がつ》二八日《にち》、アメリカ空軍《くうぐん》による攻撃《こうげき》をさけて、海《うみ》へと逃《に》げた約《やく》一〇〇人《にん》の人々《ひとびと》が、同《おな》じ海《かい》岸《がん》でおぼれ死《し》んでいるのだ。それも大波《おおなみ》によってである。おぼれ死《し》んだ一〇〇人《にん》の人《ひと》たちは皆《みな》、防空頭《ぼうくうず》きんをかぶっていたそうだ。そしてこの砂浜《すなはま》には、その遺骨《いこつ》が埋《う》められているのだという。

近畿地方
滋賀県

琵《び》琶《わ》湖《こ》の底《そこ》の落《おち》武者《むしゃ》

長浜市《ながはまし》

▲日本一《にほんいち》の面積《めんせき》をほこる、琵琶湖《びわこ》。湖底《こてい》には多《おお》くの死体《したい》がうようよしていると言《い》われている。

日本一《にっぽんいち》の面積《めんせき》をほこる、琵琶湖《びわこ》。世界三《せかいさん》大古代湖《だいこだいこ》と呼《よ》ばれるくらい歴史《れきし》も古《ふる》く、なんと湖《みずうみ》の底《そこ》には**一〇〇カ所《しょ》以上《いじょう》**の遺跡《いせき》があるという。縄文時代《じょうもんじだい》のものもあれば、平安《へいあん》時代末期《じだいまっき》の遺跡《いせき》もあるそうで、このように各時代《かくじだい》の遺跡《いせき》が湖《みずうみ》の底《そこ》に残《のこ》っているケースは、世界《せかい》でもなかなかないのだそうだ。

そして……なんと、この湖《みずうみ》の底《そこ》には、かつてこの湖《みずうみ》で亡《な》くなった、**多《おお》くの死体《したい》がうようよしている**と言《い》われている。

湖《みずうみ》で人《ひと》が亡《な》くなった場合《ばあい》、ふつう、その死体《したい》は**ぶよぶよにふくらみ**、湖《みずうみ》にすむ生物《せいぶつ》の食料《しょくりょう》になり、骨《ほね》だけになってしまう。しかし、琵琶湖《びわこ》は底《そこ》までの距離《きょり》が長《なが》く、底《そこ》の温度《おんど》がとても低《ひく》い。そのため、死体《したい》はそのままの姿《すがた》で〝**保存《ほぞん》**〟され、湖《みずうみ》の底《そこ》をただようことになるのだそうだ。

ということもあり、湖《みずうみ》の底《そこ》を調《しら》べると、平安時代《へいあんじだい》の衣装《いしょう》を身《み》につけた貴婦人《きふじん》や、戦国時代《せんごくじだい》の武士《ぶし》、江戸時代《えどじだい》の漁師《りょうし》などがふわふわと、**行進《こうしん》をするようにしてうごめいている**という。

もっとも底《そこ》が深《ふか》いのが竹生島《ちくぶしま》の沖《おき》だそうで、琵琶湖《びわこ》の漁師《りょうし》は竹生島《ちくぶしま》のあたりには網《あみ》を仕掛《しか》けないようにしているのだそうだ。

大津市《おおつし》
妖怪《ようかい》・常元虫《じょうげんむし》

「よいおこないをすればよい結果《けっか》に、悪《わる》いことをすれば、悪《わる》い結果《けっか》になる」

という意味《いみ》を持《も》つ〝因果応報《いんがおうほう》〟という言葉《ことば》がある。その言葉《ことば》を思《おも》い知《し》らされる妖怪《ようかい》が滋賀県《しがけん》にはいるのだそうだ。その名《な》も「常元虫《じょうげんむし》」という名前《なまえ》の、虫《むし》のような姿《すがた》をした妖怪《ようかい》だ。

戦国時代《せんごくじだい》、戦《たたか》いに負《ま》けると、主《あるじ》をなくす武士《ぶし》はめずらしくなかった。常元《じょうげん》という男《おとこ》もその一人《ひとり》だ。数百人《すうひゃくにん》の仲間《なかま》を集《あつ》め、周辺《しゅうへん》の村《むら》からお金《かね》や食料《しょくりょう》を盗《ぬす》んだり、ケンカをしたり、殺人《さつじん》をおかしたりと、悪事《あくじ》ばかりはたらいていた。

しかし、そんな男《おとこ》も年《とし》をとると、

「自分《じぶん》は、なんて悪《わる》いことばかりしていたんだ」

と、心《こころ》を改《あらた》めた。そして、現在《げんざい》の大津市《おおつし》

で僧侶《そうりょ》になり、村人《むらびと》のために仏《ほとけ》に念《ねん》じるようになった。

しかし、それもつかの間《ま》。昔《むかし》していた盗《ぬす》みや殺人《さつじん》が、ばれてしまう。常元《じょうげん》は村人《むらびと》たちの前《まえ》で木《き》に縛《しば》り付《つ》けられ、**首《くび》を切《き》られて処刑《しょけい》されてしまった。**

常元《じょうげん》の死体《したい》は木《き》の下《した》に埋《う》められた。すると、その木《き》の根《ね》もとから毎年《まいとし》のように、**人間《にんげん》が手《て》を体《からだ》の後《うし》ろで縛《しば》られたような形《かたち》をした虫《むし》**が何匹《なんびき》も何匹《なんびき》も現《あらわ》れるようになった。その姿《すがた》は、常元《じょうげん》が処刑《しょけい》された時《とき》の姿《すがた》にそっくりだったという。そして、蝶《ちょう》になって飛《と》び立《た》っていくようになったのだそうだ。

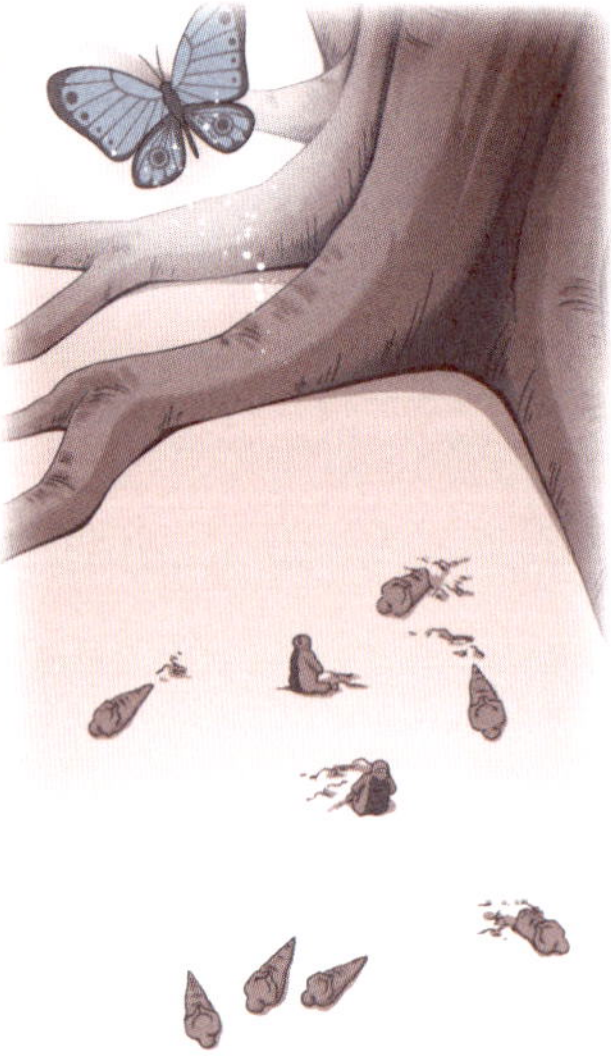

生《う》まれ変《か》わっても、後《うし》ろ手《で》に縛《しば》り続《つづ》けられる虫《むし》――。常元《じょうげん》は自分《じぶん》の罪《つみ》を、永遠《えいえん》につぐない続《つづ》けなくてはいけないということなのだろう。

貴船神社《きふねじんじゃ》の丑《うし》の刻《こく》まいり

◆京都市《きょうとし》◆

周囲《しゅうい》をみどり豊《ゆた》かな山《やま》にかこまれ、すぐわきを美《うつく》しい貴船川《きぶねかわ》が流《なが》れる「貴船《きぶね》」は、その全体《ぜんたい》を木《き》と水《みず》、そして大地《だいち》のエネルギーが包《つつ》む、京都《きょうと》でも人気《にんき》のパワースポットだ。

貴船川沿《きぶねかわぞ》いに建《た》つ「貴船神社《きふねじんじゃ》」もパワースポットとされていて、全国的《ぜんこくてき》に人気《にんき》が高《たか》いのだが、夜《よる》、この神社《じんじゃ》に近《ちか》づくことはさけたほうがいい。

なぜなら……「貴船神社《きふねじんじゃ》」の名《な》を全国的《ぜんこくてき》に有名《ゆうめい》にした理由《りゆう》の一つに、『丑《うし》の刻参《こくまい》り』があるからだ。

「丑《うし》の刻参《こくまい》り」とは、深夜《しんや》二時《じ》の「丑三《うしみ》つ時《どき》」と呼《よ》ばれる時間《じかん》に、呪《のろ》う相手《あいて》をかたどったわら人形《にんぎょう》を五寸釘《すんくぎ》で打《う》ち付《つ》け、呪《のろ》い殺《ころ》すという儀式《ぎしき》だ。

ただ、打《う》ち付《つ》けるだけでは効果《こうか》はない。丑《うし》の刻参《こくまい》りをおこなう際《さい》は、顔《かお》に白粉《おしろい》を塗《ぬ》り、真《ま》っ赤《か》な口紅《くちべに》をして白《しろ》い着物《きもの》を着《き》て、胸《むね》に鏡《かがみ》をかけなくてはいけない。

さらに頭《あたま》に三本《ぼん》のろうそくを立《た》てて巻《ま》きつける。そして、その姿《すがた》で七日間《かかん》、毎晩《まいばん》、わら人形《にんぎょう》に釘《くぎ》を打《う》ち付《つ》ける必要《ひつよう》があるというのだ。

すると呪《のろ》った相手《あいて》は激《はげ》しい痛《いた》みにおそわれ、もだえ苦《くる》しみながら死《し》んでしまうのだそうだ。

この呪術《じゅじゅつ》は平安時代《へいあんじだい》にはすでにおこなわれていたようで、**丑《うし》の刻参《こくまい》り**をして相手《あいて》を呪《のろ》い殺《ころ》した「宇治《うじ》の橋姫伝説《はしひめでんせつ》」は、『源《げん》平盛衰記《ぺいせいすいき》』や『太平記《たいへいき》』という、歴史書《れきししょ》などに記《しる》されるほど有名《ゆうめい》だ。

この、丑《うし》の刻参《こくまい》りの効果《こうか》が高《たか》いと言《い》われているのが、貴船神社《きふねじんじゃ》なのだ。

そのため、京都《きょうと》の若者《わかもの》たちが深夜《しんや》、面白《おもしろ》半分《はんぶん》で

「ちょっと様子《ようす》を見《み》に行《い》ってみよう」

と、わざわざこの地《ち》にまで出《で》かけ、

「恐《おそ》ろしい形相《ぎょうそう》の女《おんな》に追《お》いかけられた」

といった怪談話《かいだんばなし》がよく聞《き》かれる。なぜなら、もし誰《だれ》かに「丑《うし》の刻参《こくまい》り」を見《み》られたら、その呪《のろ》いが**自分《じぶん》のところにはね返《かえ》ってくる**からだ。

誰《だれ》かへの恨《うら》みにとりつかれ、夜中《よなか》に金《かな》づちをふるう女性《じょせい》――。ひょっとしたら、幽《ゆう》霊《れい》よりも実在《じつざい》する人間《にんげん》のほうが**恐《おそ》ろしい**のかもしれない。

生首《なまくび》がさらされた河原《かわら》

◆京都市《きょうとし》◆

散歩《さんぽ》コースとして、またいこいの場《ば》として京都市民《きょうとしみん》に親《した》しまれている鴨川沿《かもがわぞ》い。しかし、ここも強力《きょうりょく》な心霊《しんれい》スポットだ。なぜなら、この河原《かわら》はかつて、京都最大《きょうとさいだい》の処刑《しょけい》地《ち》だったからだ。

石田三成《いしだみつなり》の生首《なまくび》がさらされたり、石川五《いしかわご》右衛門《えもん》がかまゆでになったり、豊臣秀吉《とよとみひでよし》の一族《いちぞく》が斬首《ざんしゅ》されたりもしている。また、新《しん》選組局長《せんぐみきょくちょう》・近藤勇《こんどういさみ》の首《くび》がさらされたことでも有名《ゆうめい》だ。

さて、三条《さんじょう》の河原《かわら》といえば、「三条河原《さんじょうがわら》に座《すわ》るカップルやグループは、均等《きんとう》に間《かん》かくをあけて並《なら》ぶ」と言《い》われている。河原《かわら》を見《み》ると、確《たし》かに人《ひと》の多《おお》い少《すく》ないを問《と》わず、ちょうどいい間《かん》かくをあけて、座《すわ》る人《ひと》が多《おお》い。

その理由《りゆう》はたくさんあるが、そのひとつに「さらし首《くび》の呪《のろ》い」説《せつ》がある。

さらし首《くび》はだいたい、河原《かわら》に同《おな》じ間《かん》かくで並《なら》べられる。そのため生首《なまくび》の呪《のろ》いで、カップルも本能的《ほんのうてき》に同《おな》じ間《かん》かくをあけてしまうというのだ。

また、「幽霊割《ゆうれいわ》り込《こ》み」説《せつ》というものもある。カップルの間《あいだ》にあいたすき間《ま》に、幽霊《ゆうれい》が座《すわ》っているのだそうだ。人間《にんげん》はこの幽霊《ゆうれい》を本能的《ほんのうてき》に察知《さっち》できるという。幽霊《ゆうれい》のじゃまにならないよう、間《かん》かくを調節《ちょうせつ》しているのだそうだ。

ちなみに霊感《れいかん》のない若者《わかもの》にはそれが見《み》えない。しかし、恐《おそ》ろしさは感《かん》じているのか、その緊張感《きんちょうかん》のおかげで、三条河原《さんじょうがわら》でデートをするとうまくいくとも言《い》われている。

一方《いっぽう》、霊能者《れいのうしゃ》はここで**霊《れい》をひんぱんに見《み》かける**そうで、いまだに死者《ししゃ》の怨念《おんねん》が存在《そんざい》していると証言《しょうげん》している。

信長《のぶなが》が恐《おそ》れたソテツ

◆堺市《さかいし》◆

最強《さいきょう》の戦国武将《せんごくぶしょう》とも言《い》われる、織田信長《おだのぶなが》が〝恐《おそ》ろしい〟と恐怖《きょうふ》した木《き》がある。

堺市《さかいし》の「妙国寺《みょうこくじ》」にある大《おお》ソテツだ。樹齢《じゅれいやく》約一一〇〇年《ねん》。戦国時代《せんごくじだい》に四国《しこく》から移植《いしょく》されたもので、現在《げんざい》は二〇株《かぶ》あり、最《さい》大《だい》のものは幹《みき》の周《まわ》りが約《やく》一・五メートル、高《たか》さが約《やく》三メートルもあるという。これらは現在《げんざい》、国《くに》の天然記念物《てんねんきねんぶつ》に指定《してい》されている。なぜ、信長《のぶなが》はこの大《おお》ソテツを恐《おそ》れたのか？

一五七九年《ねん》（天正七年《てんしょうねん》）のことだ。信長《のぶなが》はこの妙国寺《みょうこくじ》にある大《おお》ソテツをとても気《き》に入《い》って、滋賀県《しがけん》にある安土城《あづちじょう》に移植《いしょく》させた。すると、その直後《ちょくご》から異変《いへん》が起《お》きた。木《き》が夜《よる》になると

『堺《さかい》、妙国寺《みょうこくじ》に帰《かえ》ろう』

というあやしげな声《こえ》を発《はっ》したというのである。

「たかがソテツごときが！」
と、激《はげ》しく怒《おこ》った信長《のぶなが》は、家臣《かしん》に命令《めいれい》して、大《おお》ソテツを刀《かたな》で切《き》りつけさせた。するとなんと。あろうことか、その切《き》り口《くち》から**真《ま》っ赤《か》な血《ち》が吹《ふ》き出《だ》した**というのである。しかも、切《き》られた痛《いた》みで、大《おお》ソテツは身《み》をくねらせ始《はじ》めた。その様子《ようす》は、まるで大蛇《だいじゃ》がのたうちまわっているようだったという。

信長《のぶなが》もこれには大変《たいへん》おどろき、ふるえあがった。すぐにこの大《おお》ソテツを丁寧《ていねい》に扱《あつか》い、妙国寺《みょうこくじ》に返《かえ》したのだそうだ。

こんな伝説《でんせつ》のある大《おお》ソテツだが、数年前《すうねんまえ》から、異変《いへん》が起《お》こっているという。ソテツの葉《は》の一部《いちぶ》が黄色《きいろ》く変《か》わり、幹《みき》も傷《いた》み始《はじ》めていたため、倒《たお》れないようにつっかえ棒《ぼう》をしていたのだが、

「ソテツが泣《な》いている」

「あやしい声《こえ》を聞《き》いた」

「苦《くる》しそうにうめいていた」

など、妙国寺《みょうこくじ》を訪《おとず》れた人《ひと》たちの間《あいだ》で、奇《き》妙《みょう》なうわさが流《なが》れているというのだ。

そこで二〇〇八年《ねん》、大阪府《おおさかふ》や堺市《さかいし》、文化《ぶんか》庁《ちょう》などが樹木医《じゅもくい》ら約《やく》一〇人《にん》からなる「再生《さいせい》委員会《いいんかい》」を発足《ほっそく》させ、治療《ちりょう》をおこなうことになった。

もし、ソテツが本当《ほんとう》に苦痛《くつう》を訴《うった》えているのならば、元気《げんき》になるころには、喜《よろこ》びの声《こえ》をあげるかもしれないとうわさされている。

千日《せんにち》デパート火災《かさい》事件《じけん》

大阪市《おおさかし》

一九七二年《ねん》（昭和《しょうわ》四七年《ねん》）五月《がつ》一三日《にち》の午後《ごご》一〇時二七分《じふん》ごろ、大阪《おおさか》のショッピングモールで火災《かさい》がおきた。有名《ゆうめい》な「千日《せんにち》デパート火災《かさい》」だ。

火《ひ》が出《で》たのは三階《かい》の婦人服売《ふじんふくう》り場《ば》だったのだが、階段《かいだん》をつたって有毒《ゆうどく》なガスがすぐに広《ひろ》がったことと、火《ひ》によってエレベーターが停止《ていし》してしまったこともあり、なんと一一八人《にん》もの犠牲者《ぎせいしゃ》を出《だ》す、大変《たいへん》な事故《じこ》になってしまった。

ちなみにこの一一八人《にん》の多《おお》くは一酸化炭素中毒《いっさんかたんそちゅうどく》による、ちっそく死《し》だったが、なんとか脱出《だっしゅつ》しようと、窓《まど》から飛《と》び降《お》りて死《し》んだ人《ひと》が二二人《にん》もいたのだという。

その後《ご》「千日《せんにち》デパート」は取《と》り壊《こわ》され、次々《つぎつぎ》に新《あたら》しいショッピングモールができたが、そのいずれもに怪奇現象《かいきげんしょう》が起《お》こるようになってしまった。

たとえば夜《よる》一〇時過《じす》ぎ、ショッピングモールの従業員《じゅうぎょういん》が集《あつ》まって、次《つぎ》の日《ひ》の準備《じゅんび》

をしていると、

『火災《かさい》発生《はっせい》……火災《かさい》発生《はっせい》……』

という、女性《じょせい》の暗《くら》い声《こえ》で館内放送《かんないほうそう》が入《はい》るだとか、やはり一〇時過《じす》ぎ、三階《かい》のフロアから階段《かいだん》を使《つか》って四階《かい》に行《い》こうとすると、ゴホゴホというせき払《ばら》いとともに

『助《たす》けて……』

というくぐもった声《こえ》が聞《き》こえてきたという話《はなし》もある。

また、店《みせ》によっては、従業員《じゅうぎょういん》やアルバイトの人《ひと》たちにお守《まも》りを渡《わた》すところもある

そうだし、〝絶対《ぜったい》に残業《ざんぎょう》をしてはいけない〟という決《き》まりがある店《みせ》もある。

というのも、ある時《とき》、売《う》り場《ば》の責任者《せきにんしゃ》と女性店員《じょせいてんいん》が二人《ふたり》で残《のこ》って仕事《しごと》をしていた。いざ、帰《かえ》ろうとなったとき、なぜかいつも使《つか》っているはずのエレベーターの場所《ばしょ》がわからなくなってしまった。

「おかしいな」と言《い》いつつも、まだショッピングモールに残《のこ》っていた、何人《なんにん》かの店員《てんいん》

に聞《き》きながら、ようやくエレベーターまでたどりついた。と、その時《とき》、上司《じょうし》が

「忘《わす》れ物《もの》をした」と言《い》い出《だ》した。

「先《さき》に降《お》りて待《ま》ってますね」

と、女性店員《じょせいてんいん》はエレベーターに乗《の》って、一階《かい》へと向《む》かった。無事《ぶじ》にエレベーターが一階《かい》に着《つ》き、女性店員《じょせいてんいん》は上司《じょうし》を待《ま》っていたが、なかなか上司《じょうし》は降《お》りてこない。結局上《けっきょくじょう》司《し》はそのまま行方不明《ゆくえふめい》になったのだそうだ。

時刻《じこく》は火災《かさい》のあった午後《ごご》一〇時過《じす》ぎだった。女性店員《じょせいてんいん》によると、

「よく考《かんが》えたら、あんな時間《じかん》に何人《なんにん》も店員《てんいん》が残《のこ》っているわけがない」

という。では、彼女《かのじょ》たちは誰《だれ》にエレベーターの位置《いち》を聞《き》いたのだろうか。この事件《じけん》は、警察《けいさつ》の記録《きろく》にも残《のこ》っているのだという。

このような、千日《せんにち》デパート火災《かさい》にまつわる怪談《かいだん》はあとをたたない。

さらに、こんなうわさもある。

千日《せんにち》デパートのあった場所《ばしょ》は、かつては処刑場《しょけいじょう》で、そこで処刑《しょけい》された人《ひと》がなんと一一八人《にん》だったという。また、大坂《おおさか》夏《なつ》の陣《じん》で、死《し》んだ武士《ぶし》たちを埋《う》めた場所《ばしょ》の一つだとも言《い》われている。

「お菊《きく》井《い》戸《ど》」の悲《ひ》痛《つう》な声《こえ》

◆姫路市《ひめじし》◆

世界遺産《せかいいさん》にも指定《してい》されている姫路城《ひめじじょう》には、怪談《かいだん》『播州皿屋敷《ばんしゅうさらやしき》』にも登場《とうじょう》する「お菊井戸《きくいど》」という井戸《いど》がある。

今《いま》から五〇〇年前《ねんまえ》、お菊《きく》という女性《じょせい》が小《こ》寺家《でらけ》の家来《けらい》、青山鉄山《あおやまてつざん》のお屋敷《やしき》で働《はたら》いていた。実《じつ》はお菊《きく》は、小寺《こでら》家《け》のスパイだった。小寺家《こでらけ》の別《べつ》の家来《けらい》が、〝鉄山《てつざん》が、小寺家《こでらけ》の人間《にんげん》を殺《ころ》そうとしている〟という情報《じょうほう》を聞《き》きつけ、お菊《きく》をせん入《にゅう》させていたのだ。

なんと、これが鉄山《てつざん》にバレてしまった。鉄山《てつざん》は怒《いか》りくるい、町坪弾四郎《ちょうのつぼだんしろう》という男《おとこ》にお菊《きく》を殺《ころ》すように命令《めいれい》した。

この弾四郎《だんしろう》という男《おとこ》、実《じつ》はお菊《きく》にプロポーズをしたことがあった。しかし、あっけなくフラれてしまい、お菊《きく》に対《たい》して恨《うら》みを持《も》っていた。

そこで弾四郎《だんしろう》はまず、お菊《きく》に、「この城《しろ》には、代々《だいだい》この一〇枚《まい》のお皿《さら》が伝《つた》わっている。大事《だいじ》に管理《かんり》するように」
と、命令《めいれい》した。そしてある日《ひ》、弾四郎《だんしろう》はわざとその中《なか》の一枚《まい》をかくし、
「皿《さら》が九枚《まい》しかなくなっている。お菊《きく》のせいだ」
と、怒《おこ》ったふりをして、お菊《きく》を殺《ころ》して井《い》戸《ど》に突《つ》き落《お》としてしまったのだ。
それ以来《いらい》、井戸《いど》からは
「一枚《まい》、二枚《まい》、三枚《まい》、四枚《まい》、五枚《まい》、
六枚《まい》、七枚《まい》、八枚《まい》、九枚《まい》、
一枚《まい》足《た》りない……」
と、皿《さら》の数《かず》をかぞえ、シクシク泣《な》くお菊《きく》の声《こえ》が聞《き》こえるようになったのだという。
今《いま》でもこの井戸《いど》のあたりを撮影《さつえい》すると、心霊写真《しんれいしゃしん》になると言《い》われている。また、白《しろ》いモヤがかかっていたり、不自然《ふしぜん》なシミがついた写真《しゃしん》が撮《と》れたりもするのだそうだ。

近畿地方

兵庫県

メリーさんの館《やかた》

◆神戸市《こうべし》◆

タレントの稲川淳二《いながわじゅんじ》氏《し》が紹介《しょうかい》したことで有名《ゆうめい》になった怪談《かいだん》に、「メリーさんの館《やかた》」というものがある。

洋館《ようかん》を見《み》つけようと、興味《きょうみ》を持《も》った人《ひと》たちが探索《たんさく》を続《つづ》けているが、今《いま》のところ発見《はっけん》したという人《ひと》はいない。

しかし、その洋館《ようかん》にはたくさんの外国《がいこく》人《じん》の子《こ》どもたちが、誰《だれ》かが訪《たず》ねてくるのを、いや、迷《まよ》い込《こ》んでくるのを待《ま》ちかまえているのだという。

ある霧《きり》の深《ふか》い日《ひ》のことだ。六甲山《ろっこうさん》の山中《さんちゅう》で車《くるま》を走《はし》らせていたA氏《し》は、道《みち》に迷《まよ》っていた。深《ふか》い霧《きり》のせいでどこをどう走《はし》ってきたのかまったくわからなくなってしまったのだ。

「ここはどこだろう」

と、少《すこ》し不安《ふあん》になったとき、霧《きり》が少《すこ》し薄《うす》らいだ。すると、その薄《うす》らいだ霧《きり》の先《さき》に白《しろ》い壁《かべ》をした洋館《ようかん》が現《あらわ》れたのである。

その様子《ようす》にゾッとしながらも、A氏《し》は道《みち》を聞《き》こうと、車《くるま》を洋館《ようかん》の門《もん》の前《まえ》に止《と》めた。そして、一緒《いっしょ》に車《くるま》に乗《の》っていたB氏《し》を助手《じょしゅ》席《せき》に残《のこ》して、門《もん》をくぐって洋館《ようかん》の玄関《げんかん》に向《む》かった。

玄関《げんかん》のカギはあいていて、中《なか》に入《はい》ると、光《ひかり》がさしているわけでもないのに白《しろ》く明《あか》るかった。と、A氏《し》は自分《じぶん》の正面《しょうめん》に、二階《かい》へと上《あ》がる階段《かいだん》があるのを見《み》つけた。

「誰《だれ》かいますかー」

と、洋館《ようかん》の主《あるじ》を探《さが》して階段《かいだん》を上《あ》がり、二階正面《かいしょうめん》の部屋《へや》の扉《とびら》を開《あ》けた。やはりこの部屋《へや》も異様《いよう》なまでに明《あか》るかった。

入《はい》ったとたん、**ドアがひとりでに閉《と》じた。**その瞬間《しゅんかん》、どこに隠《かく》れていたのか、背後《はいご》から大勢《おおぜい》の真《ま》っ白《しろ》な外国人《がいこくじん》の子《こ》どもたちがわらわらと出《で》てきた。そして、子《こ》どもたちはA氏《し》をとり囲《かこ》むと、**真《ま》っ白《しろ》な目《め》で一斉《いっせい》ににらみつけたのだ。**

気《き》がつくと、A氏《し》は病院《びょういん》のベッドにいた。実《じつ》は車《くるま》の中《なか》で待《ま》っていたB氏《し》が、いつまでたってもA氏《し》が洋館《ようかん》から戻《もど》ってこないので様子《ようす》を見《み》に行《い》ったところ、洋館《ようかん》の中庭《なかにわ》で倒《たお》れていたのを見《み》つけたのだ。B氏《し》はおどろき、急《いそ》いで病院《びょういん》に運《はこ》んだのだという。

そう、あんなに道《みち》に迷《まよ》っていたはずなのに、すんなりと六甲山《ろっこうさん》をおりることができたのだ。

この洋館《ようかん》の正体《しょうたい》だが、

「六甲山《ろっこうさん》の、あるホテルではないか」

と、言《い》われている。そのホテルは昔《むかし》、とらえたドイツ軍兵士《ぐんへいし》の収容所《しゅうようじょ》として使《つか》われていたのだという。

いずれにしても、六甲山《ろっこうさん》付近《ふきん》で、怪《あや》しげな洋館《ようかん》を見《み》かけても、興味本位《きょうみほんい》で門《もん》をくぐらないほうがよさそうである。

霊魂《れいこん》が舞《ま》う、どんづるぼう

◆香芝市《かしばし》◆

ごつごつとした真《ま》っ白《しろ》な岩肌《いわはだ》が一面《めん》に広《ひろ》がる「どんづるぼう」は、香芝市《かしばし》の観光《かんこう》スポットとして知《し》られる。数千万年前《すうせんまんねんまえ》に二上山《にじょうざん》がふん火《か》したときに流《なが》れ出《で》た火《か》さい流《りゅう》が変化《へんか》したもので、波《なみ》が打《う》ったような姿《すがた》は実《じつ》にしんぴ的《てき》だ。晴《は》れた日《ひ》の景色《けしき》はバツグンで、ハイキングを楽《たの》しむ人《ひと》もいるという。

しかし……。地元《じもと》の人《ひと》たちにとっては、"心霊《しんれい》スポット"としてのほうが有名《ゆうめい》な場所《ばしょ》のようだ。

実《じつ》は、この「どんづるぼう」は戦時中《せんじちゅう》、防空《ぼうくう》ごうとして使《つか》われていた。鉄格子《てつごうし》で囲《かこ》まれているため、内部《ないぶ》は見《み》えないが、そのままの姿《すがた》で残《のこ》されている。

そのためだろうか、深夜《しんや》にこの防空《ぼうくう》ごうの近《ちか》くに来《く》ると、空《そら》いっぱいに白《しろ》い顔《かお》や苦痛《くつう》にゆがんだ顔《かお》が飛《と》び回《まわ》っているのが見《み》えたり、人魂《ひとだま》が浮《う》かぶのが見《み》えたりするそうだ。

こんな話《はなし》がある。

二〇〇九年《ねん》二月《がつ》の深夜《しんや》三時《じ》ごろ、ある男《だん》性《せい》がどんづるぼうの近《ちか》くを車《くるま》で通《とお》った。どんづるぼうの五〇〇メートルほど手前《てまえ》まで近付《ちかづ》いたとき、急《きゅう》に道路《どうろ》が濃《こ》い霧《きり》におおわれ、視界《しかい》が一メートル先《さき》も見《み》えなくなったのだそうだ。

安全《あんぜん》のためにゆっくりと運転《うんてん》をし、どんづるぼうを五〇〇メートルほど過《す》ぎたころだろうか。突然霧《とつぜんきり》が晴《は》れたという。あまりにも急《きゅう》げきに目《め》の前《まえ》がクリアになったので、不思議《ふしぎ》に思《おも》った男性《だんせい》がバックミラーをのぞくと、背後《はいご》にはさっきと同《おな》じ濃《こ》い霧《きり》が見《み》える。

不思議《ふしぎ》だなと思《おも》い、車《くるま》を止《と》めて外《そと》に出《で》ると……なんとどんづるぼうを中心《ちゅうしん》に半《はん》径《けい》五〇〇メートルほどの範囲《はんい》にだけ、**ぐるぐるとうず巻《ま》くように不気味《ぶきみ》な"霧《きり》"がわいていた**という。

これが霊《れい》のいたずらなのかどうか、いまだに判明《はんめい》していない。しかし、どんづるぼうは**"異界《いかい》への入《い》り口《ぐち》"**といううわさもあるのだそうだ。

関係者《かんけいしゃ》が死《し》ぬ古墳《こふん》の呪《のろ》い

明日香村《あすかむら》

一九七二年《ねん》三月《がつ》二一日《にち》、明日香村《あすかむら》で、「戦後最大《せんごさいだい》の発見《はっけん》」と言《い》われた石室《せきしつ》が見《み》つかった。「高松塚古墳《たかまつづかこふん》」と名付《なづ》けられた古《こ》墳《ふん》のもので、大《おお》きさは、高《たか》さが一一三センチ、南北《なんぼく》二六五センチ、東西《とうざい》一〇三センチ。中《なか》には、一体《たい》の人《ひと》の骨《ほね》と、十六の人物像《じんぶつぞう》、そして四方神《しほうじん》のうちの青龍《せいりゅう》・白虎《びゃっこ》・玄武《げんぶ》が鮮《あざ》やかな色合《いろあ》いで描《えが》かれた壁画《へきが》が眠《ねむ》っていたのだ。特《とく》に赤《あか》、黄《き》、緑《みどり》を基本《きほん》に描《えが》かれた夫人像《ふじんぞう》は評判《ひょうばん》になった。

この高松塚古墳《たかまつづかこふん》に関《かん》してだが、あまり知《し》られていない話《はなし》がある。それは、〝日本《にほん》版《ばん》ファラオの呪《のろ》い〟と呼《よ》ばれる、死亡《しぼう》事件《じけん》だ。なんと、この古墳《こふん》の発見《はっけん》に関《かか》わった人《ひと》たちが、短期間《たんきかん》の間《あいだ》に次々《つぎつぎ》に死《し》んでしまったのだ。

最初《さいしょ》の犠牲《ぎせい》になったのは、当時《とうじ》の明日香《あすか》村《むら》の観光課長《かんこうかちょう》だった。この課長《かちょう》はこの発掘《はっくつ》にせっきょく的《てき》にかかわり、発掘《はっくつ》のための予算《よさん》を集《あつ》めていた。

課長《かちょう》が亡《な》くなったのは、古墳《こふん》の発見《はっけん》からたった二カ月後《げつご》の五月《がつ》二一日《にち》だった。死因《しいん》は忙《いそが》しさによって進行《しんこう》した、肺《はい》ガンだったという。しかし、とつ然《ぜん》の出来事《できごと》に課長《かちょう》の家族《かぞく》も不思議《ふしぎ》に思《おも》ったのだろう。こんなことを話《はな》している。

「古墳発見《こふんはっけん》のころから、毎夜《まいよ》、寝《ね》ているときにうなされるようになったんです」

課長《かちょう》の死《し》が古墳《こふん》にかかわった人々《ひとびと》の間《あいだ》に知《し》れわたると、多《おお》くの人《ひと》が

「高松塚《たかまつづか》の呪《のろ》いじゃないか」

とささやきはじめた。そんなとき、第《だい》二の犠牲者《ぎせいしゃ》が出《で》た。

三カ月後《げつご》の八月《がつ》二三日《にち》、今度《こんど》は、発掘作業《はっくつさぎょう》を手伝《てつだ》った女性《じょせい》が亡《な》くなったのである。この女性《じょせい》は、二日前《かまえ》の二一日《にち》に、突然《とつぜん》、体《からだ》がだるいと言《い》いだして寝込《ねこ》んだ。するとすぐに全身《ぜんしん》が紫色《むらさきいろ》にふくれあがり、苦《くる》しみだした。そして数時間苦《すうじかんくる》しみ、暴《あば》れた後《あと》、死《し》んでしまったのだ。

不幸《ふこう》はまだ続《つづ》いた。

今度《こんど》は一年後《ねんご》の八月《がつ》二一日《にち》、古墳《こふん》がある平田地区《ひらたちく》の総代《そうだい》が車《くるま》にはねられて亡《な》くなった。そして……壁画《へきが》の修復《しゅうふく》を担当《たんとう》した画家《がか》も、また同《おな》じ二一日《にち》に、交通事故死《こうつうじこし》したのである。

もうお気《き》づきかと思《おも》うが、不幸《ふこう》はすべて二一日《にち》に起《お》きている。二一日《にち》は、古墳《こふん》の発《はっ》見《けん》と同《おな》じ日《ひ》だ。明日香村《あすかむら》では、

「毎月《まいつき》二一日《にち》は、〃高松塚《たかまつづか》の怨霊《おんりょう》〃が、新《あたら》しい犠牲者《ぎせいしゃ》を求《もと》めて動《うご》きまわる、危険《きけん》な日《ひ》なのだ」

と大騒《おおさわ》ぎになった。

二一日《にち》の不幸《ふこう》は、さらに続《つづ》いた。

今度《こんど》は、古墳《こふん》に最初《さいしょ》にくわを入《い》れた男性《だんせい》が、自宅《じたく》の納屋《なや》で自殺《じさつ》したのだ。この男性《だんせい》は納屋《なや》に向《む》かう直前《ちょくぜん》まで、家族《かぞく》と楽《たの》しそうにテレビを見《み》ていたという。それが、突《とつ》然《ぜん》、ふっと立《た》ったかと思《おも》うと姿《すがた》を消《け》してしまったのだ。

約《やく》一時間後《じかんご》、不審《ふしん》に思《おも》った家族《かぞく》が手分《てわ》けして男性《だんせい》を捜《さが》したところ、納屋《なや》で農薬《のうやく》を飲《の》んで自殺《じさつ》していたのである。

古墳《こふん》の発見《はっけん》からわずか二年《ねん》の間《あいだ》に、次々《つぎつぎ》と関係者《かんけいしゃ》が命《いのち》を落《お》としている。それもなぜか二一日《にち》に……。

やはり、いくら学術調査《がくじゅつちょうさ》とはいえ、古墳《こふん》をあばくことは、この古墳《こふん》に埋《う》められた死《し》者《しゃ》に対《たい》して失礼《しつれい》にあたったのだろうか。もちろん、発掘調査《はっくつちょうさ》を進《すす》める前《まえ》には、おはらいをして安全祈願《あんぜんきがん》をしている。それでも、恨《うら》みを持《も》つのか？

調査団《ちょうさだん》は、高松塚古墳《たかまつづかこふん》についてもう一度《ど》ていねいに調《しら》べた。すると、高松塚古墳《たかまつづかこふん》のある場所《ばしょ》は、地元《じもと》では古代《こだい》から〝忌《い》まわしい〟とされた土地《とち》で、古墳《こふん》が発掘《はっくつ》される前《まえ》から、〝近寄《ちかよ》ったら悪《わる》いことが起《お》きる〟とうわさされていたことがわかった。そしてだ。高松塚古墳《たかまつづかこふん》のある場所《ばしょ》の番地《ばんち》が、なんと「奈良県高市郡明日香村大字平田字高《ならけんたかいちぐんあすかむらおおあざひらたあざたか》松《まつ》四四四番地《ばんち》」だったのである。

「四四四番地《ばんち》」とは、「死《し》、死《し》、死番地《しばんち》」とも読《よ》める。やはり、あいつぐ〝死《し》〟は単《たん》なる偶然《ぐうぜん》ではなく、〝高松塚《たかまつづか》の呪《のろ》い〟だったのかもしれない。そして古墳《こふん》が発掘《はっくつ》された二一日《にち》は、呪《のろ》いの封印《ふういん》が解《と》かれた日《ひ》だったのかも……。

夜《よる》、動《うご》く人形《にんぎょう》がいる神社《じんじゃ》

◆和歌山市《わかやまし》◆

▲びっしりとたくさんの人形《にんぎょう》が並《なら》ぶ姿《すがた》を見《み》て、怖《こわ》がる人《ひと》もいる。しかし、一体《たい》一体《たい》の人形《にんぎょう》をきちんと見《み》ると、とても愛《あい》らしい。

和歌山市加太《わかやましかだ》にある「淡嶋神社《あわしまじんじゃ》」は、おひな祭《まつ》り発祥《はっしょう》の地《ち》、また人形供養発祥《にんぎょうくようはっしょう》の神《じん》社《じゃ》として有名《ゆうめい》だ。そのため、全国《ぜんこく》から毎年《まいとし》**三〇万体《まんたい》**もの人形《にんぎょう》が奉納《ほうのう》されるそうで、境《けい》内《だい》は**約《やく》二万体《まんたい》の人形《にんぎょう》でびっしりと埋《う》め尽《つ》くされている。**

その様子《ようす》はなかなか圧巻《あっかん》で、かなり不気《ぶき》味《み》にも感《かん》じられる。しかし、さらに恐《おそ》ろしいのは宝物殿《ほうもつでん》の地下倉庫《ちかそうこ》だ。

のぞくと「髪《かみ》がのびる人形《にんぎょう》」や「表情《ひょうじょう》が変《か》わっていく人形《にんぎょう》」「夜《よる》、動《うご》き出《だ》す人形《にんぎょう》」「泣《な》く人形《にんぎょう》」など、いわくつきの不思議《ふしぎ》な人形《にんぎょう》ばかりがずらりと並《なら》んでいるのだそうだ。

そのため、この神社《じんじゃ》を「心霊《しんれい》スポットだ」と、さわぐ人《ひと》も多《おお》いようだが、そうではないと、宮司《ぐうじ》さんはいう。

というのも、人形《にんぎょう》はかわいらしい姿《すがた》を楽《たの》しんでもらったり、遊《あそ》んでもらったりするために生《う》まれてきた存在《そんざい》なのだそうだ。そのため、たまに不思議《ふしぎ》な現象《げんしょう》を起《お》こしたりしても、それは〝相手《あいて》をしてほしい〟という思《おも》いからの行動《こうどう》で、悪《わる》さをするつもりはないのだそうだ。

それでも、やはり人形《にんぎょう》たちがえんえんと並《なら》ぶ姿《すがた》は少《すこ》し恐《おそ》ろしい気《き》もする。手元《てもと》に〝怖《こわ》い〟と感《かん》じる人形《にんぎょう》があるのだとしたら……この淡嶋神社《あわしまじんじゃ》に相談《そうだん》をしてみるのもいいかもしれない。

黄泉《よみ》の入《い》り口《ぐち》、熊野古道《くまのこどう》

田辺市《たなべし》

熊野古道《くまのこどう》では、

「不思議《ふしぎ》な体験《たいけん》をした」

「ミステリー現象《げんしょう》を目撃《もくげき》した」

という話《はなし》が、ときおり話題《わだい》になる。

昔《むかし》から熊野《くまの》は、〝死者《ししゃ》がすむ黄泉《よみ》の国《くに》の入《い》り口《ぐち》〟と伝《つた》えられてきた。そのため、そもそも死者《ししゃ》との距離《きょり》がとても近《ちか》いのだそうだ。


大阪市内《おおさかしない》に住《す》む会社員《かいしゃいん》のAさんが熊野古道《くまのこどう》を一人《ひとり》で歩《ある》いていたところ、猪《いの》鼻王子《はなおうじ》と湯川王子間《ゆかわおうじかん》で、雨《あめ》が降《ふ》り出《だ》した。

すると、すぐそばのボロボロになった家《いえ》から一人《ひとり》の老婆《ろうば》が出《で》てきて、

「どうぞ休《やす》んでいってください」

とすすめてきた。腰《こし》を下《お》ろして、老婆《ろうば》から出《だ》されたお茶《ちゃ》を飲《の》んでいると、後《うし》ろの障子《しょうじ》から女性《じょせい》の泣《な》き声《ごえ》がする。

気味悪《きみわる》く思《おも》って立《た》ち上《あ》がると、なんとさっきまでいた老婆《ろうば》の姿《すがた》が、**ふっと消《き》えてしまったのだ。**Aさんはびっくりして、必死《ひっし》で逃《に》げたという。

一方《いっぽう》、兵庫県《ひょうごけん》から訪《おとず》れた男性《だんせい》は、二八人《にん》のグループで来《き》ていたのだが、歩《ある》いているうちに疲《つか》れてしまい、一人《ひとり》、一番後《ばんうし》ろを歩《ある》いていた。

すると、後方《こうほう》から

『オーイ、オーイ』

と呼《よ》ぶ声《こえ》がする。ふり返《かえ》ると、かすりの着物《きもの》を

着《き》た子《こ》どもが無言《むごん》で手招《てまね》きをしていたのだ。まるで、タイムスリップしたような光景《こうけい》に、ぞっとして男性《だんせい》は一行《いっこう》を追《お》ったという。また、

「人魂《ひとだま》を見《み》た」

「心霊写真《しんれいしゃしん》が撮《と》れた」

などといった声《こえ》も多《おお》く聞《き》かれる。さらには、無数《むすう》の白《しろ》い行列《ぎょうれつ》を見《み》た人《ひと》もいるのだそうだ。

悪《わる》い気《き》をはらう！

自分《じぶん》でできるおはらい方法《ほうほう》

霊《れい》を感《かん》じたり、恐怖《きょうふ》を感《かん》じる体験《たいけん》をしたときは、あわてずに深呼吸《しんこきゅう》して、おはらいをしてみよう。

部屋《へや》に霊《れい》の気配《けはい》を感《かん》じたら

1 塩《しお》を用意《ようい》する

塩《しお》には悪《わる》い気《き》をはらう力《ちから》があるよ。小皿《こざら》に塩《しお》（自然《しぜん》塩《えん》・天然塩《てんねんえん》）を盛《も》って、部《へ》屋《や》に置《お》いておこう。塩《しお》は、大丈夫《だいじょうぶ》だと思《おも》うまで、毎日《まいにち》交換《こうかん》してね。

2 窓《まど》をあける

部屋《へや》の窓《まど》を全《すべ》て開《あ》けて、空気《くうき》を入《い》れ替《か》えよう。よどんだ空気《くうき》と一緒《いっしょ》に、霊《れい》が出《で》て行《い》くよ。夜《よる》ならば、電気《でんき》もつけてね。

3 好《す》きな音楽《おんがく》をかける

自分《じぶん》が好《す》きな音楽《おんがく》、心地《ここち》いいと思《おも》う音楽《おんがく》をかけよう。好《す》きな音《おん》楽《がく》を聞《き》くことで、気持《きも》ちが落《お》ち着《つ》くし、プラスの気《き》が集《あつ》まって、霊《れい》も逃《に》げていくはず。

4 北《きた》まくらで寝《ね》る

「北《きた》まくらは、死《し》んだ人《ひと》を寝《ね》かせる方向《ほうこう》だから縁起《えんぎ》が悪《わる》い」と言《い》われるけど、それは迷信《めいしん》。気《き》は南《みなみ》から北《きた》に抜《ぬ》けていくから、悪《わる》い気《き》が出《で》ていきやすいんだ。

5 好《す》きな香《かお》りを用意《ようい》する

アロマやお香《こう》、コロン、ポプリなど、自分《じぶん》が好《す》きな香《かお》りで部屋《へや》を満《み》たしてあげよう。いい香《かお》りは悪《わる》い気《き》をはらって、あなたを守《まも》ってくれるよ。

6 そうじをする

霊《れい》や悪《わる》い気《き》は、ほこりやゴミがたまっていて、汚《きたな》い場所《ばしょ》やじめじめした場所《ばしょ》が大好《だいす》き。部屋《へや》は毎日《まいにち》そうじをして、きれいにしておこうね。

外《そと》で霊《れい》の気配《けはい》を感《かん》じたら

1 静電気《せいでんき》スプレーをかける

霊《れい》は電気《でんき》をおびたエネルギーだと言《い》われているよ。嫌《いや》な気《き》のところを通《とお》るときは、静電気防止《せいでんきぼうし》スプレーをシュッとひとふきすれば安心《あんしん》。霊《れい》を遠《とお》ざけてくれるよ。

2 お参《まい》りをする

きちんと手入《てい》れをされている神社《じんじゃ》やお寺《てら》などは、プラスの気《き》にあふれているパワースポット。心《こころ》を込《こ》めてお参《まい》りをすることで、あなたを守《まも》ってくれるはず。

3 体《からだ》をはらう

体《からだ》が重《おも》いな……と思《おも》ったら、手《て》でさささっと、体《からだ》をはらってみて。まとわりついている悪《わる》い気《き》をはらうことができるよ。

4 鈴《すず》をならす

鈴《すず》の音《ね》には、悪《わる》い気《き》をはらって、神様《かみさま》に知《し》らせる効果《こうか》があるよ。小《ちい》さな鈴《すず》を持《も》ち歩《ある》いて、悪《わる》い気《き》を感《かん》じる場所《ばしょ》で鳴《な》らしてみよう。

5 すぐに立《た》ち去《さ》る

悪《わる》い気《き》の場所《ばしょ》や霊《れい》に出会《であ》ってしまったら、あわてずに、すぐにその場所《ばしょ》を立《た》ち去《さ》ろう。「怖《こわ》い」という気持《きも》ちで、ずっとその場所《ばしょ》にいると、霊《れい》が寄《よ》ってくるよ。

6 太陽《たいよう》の光《ひかり》をあびる

霊《れい》や悪《わる》い気《き》は、太陽《たいよう》が苦手《にがて》。寄《よ》せ付《つ》けないためにも、太陽《たいよう》の光《ひかり》をたくさんあびよう。あなたの中《なか》の悪《わる》いエネルギーをいいエネルギーに変《か》えてくれるよ。

7 パン！と手《て》を打《う》つ

嫌《いや》な気《き》を感《かん》じたら、パンパン！と手《て》を打《う》とう。大《おお》きな音《おと》で響《ひび》くように打《う》つのが効果的《こうかてき》だよ。

8 鏡《かがみ》を向《む》ける

鏡《かがみ》は、悪《わる》い気《き》をはねつけることができるよ。昔《むかし》から、占《うらな》いやお祈《いの》りでも使《つか》われてきた、強力《きょうりょく》なアイテムなんだ。

鳥取砂丘《とっとりさきゅう》の下《した》には……

◆鳥取市《とっとりし》◆

「鳥取県《とっとりけん》といえば鳥取砂丘《とっとりさきゅう》」と言《い》われるくらい、鳥取砂丘《とっとりさきゅう》は鳥取《とっとり》を代表《だいひょう》する観光名所《かんこうめいしょ》。日本海海岸《にほんかいかいがん》に広《ひろ》がる広大《こうだい》な〝砂浜《すなはま》〟で、日本最大《にほんさいだい》の砂丘《さきゅう》といってもいいだろう。その広《ひろ》さは南北《なんぼく》二・四キロ、東西《とうざい》一六キロにもおよび、観光《かんこう》シーズンにはラクダに乗《の》って景観《けいかん》を楽《たの》しむこともできる。

そんな鳥取砂丘《とっとりさきゅう》だが、

「幽霊《ゆうれい》が出《で》る」

といううわさがある。観光客《かんこうきゃく》などからよく聞《き》かれるのは、

「夜中《よなか》に鳥取砂丘《とっとりさきゅう》を歩《ある》いていると、足《あし》に何《なに》かがひっかかって、ころびそうになった。よく見《み》ると、**人間《にんげん》の手《て》**だった。おどろいて逃《に》げだした後《あと》、もう一度《ど》見《み》に行《い》くと消《き》えていた」

というものだ。この**〝手《て》を見《み》た〟**という目撃談《もくげきだん》は、かなりの数《かず》が聞《き》かれ、鳥取砂丘《とっとりさきゅう》でも有名《ゆうめい》な〝怪談話《かいだんばなし》〟として知《し》られていた。

そんな時《とき》、しょうげき的《てき》なニュースが報《ほう》

道《どう》された。二〇一一年《ねん》（平成《へいせい》二三年《ねん》）六月《がつ》三〇日《にち》、鳥取砂丘《とっとりさきゅう》の西側《にしがわ》で、植物《しょくぶつ》の観察《かんさつ》をしていた人《ひと》が、**〝人《ひと》の腕《うで》のようなものを見《み》つけた〟**といって、警察《けいさつ》に通報《つうほう》したのだ。

警察《けいさつ》が現場《げんば》を捜索《そうさく》すると……なんと、深《ふか》さ三〇センチから四〇センチのところに、**四体《たい》もの人骨《じんこつ》**が見《み》つかったのである。

人骨《じんこつ》はすぐ、鳥取大学《とっとりだいがく》の医学部《いがくぶ》で鑑定《かんてい》された。その結果《けっか》、江戸時代後期《えどじだいこうき》から明治時《めいじじ》代初期《だいしょき》に埋葬《まいそう》されたものだということがわかった。

つまり、実際《じっさい》に砂丘《さきゅう》の砂《すな》の中《なか》には死体《したい》が埋《う》められていたのである。しかも、この死《し》体《たい》が見《み》つかった場所《ばしょ》は、**〝手《て》を見《み》た〟**といううわさのあった場所《ばしょ》と一致《いっち》していた。ということは……ひょっとしたら、死者《ししゃ》たちは自分《じぶん》たちを見《み》つけてほしくて霊《れい》となり、**砂《すな》の中《なか》から手《て》を伸《の》ばしていたのかもしれない。**

見《み》つかった人骨《じんこつ》は、その後《ご》ていねいに供《く》養《よう》されたそうだが、今《いま》でも

「夜《よる》、砂丘《さきゅう》を歩《ある》いていたら、砂《すな》から手《て》が出《で》ているのを見《み》た」

という目撃談《もくげきだん》はあとをたたない。ひょっとしたら、砂丘《さきゅう》の中《なか》に埋《う》められた死体《したい》はまだまだたくさんあるのかもしれない。

魔法《まほう》でできたようなお堂《どう》

◆三朝町《みささちょう》◆

▲どうやって作《つく》られたのか、いまだわかっていない「投入堂《なげいれどう》」。見《み》に行《い》くことさえ難《むずか》しく、〝日本一危《にっぽんいちあぶ》ない国宝鑑賞《こくほうかんしょう》〟とも言《い》われている。

温泉地《おんせんち》としても有名《ゆうめい》な三朝町《みささちょう》で、二〇〇一年《ねん》ごろから〝世界遺産《せかいいさん》に推《すい》せんしたい〟と盛《も》り上《あ》がりを見《み》せているお堂《どう》がある。七〇六年《ねん》（慶雲三年《けいうんねん》）、役小角《えんのおづの》という修験者《しゅげんじゃ》によって建《た》てられた「三徳山三佛寺《みとくさんさんぶつじ》（投入堂《なげいれどう》）」だ。

言《い》い伝《つた》えによると、役小角《えんのおづの》はこの投入堂《なげいれどう》のある三徳山《みとくさん》に来《き》て、山《やま》ごもりをし、厳《きび》しい修行《しゅぎょう》をしていた。そしてこの修行《しゅぎょう》の中《なか》で、金剛蔵王《こんごうざおう》の像《ぞう》を刻《きざ》み、蔵王堂《ざおうどう》を作《つく》りあげた。

それればかりでなく、なんと念力《ねんりき》を使《つか》って、〝えいっ〟と蔵王堂《ざおうどう》を岩肌《いわはだ》へ投《な》げ入《い》れたのだそうだ。「投入堂《なげいれどう》」という名前《なまえ》は、そんな役小角《えんのおづの》の行動《こうどう》がもとになっているという。写真《しゃしん》を見《み》てもわかるとおり、人間《にんげん》がこの険《けわ》しい岸壁《がんぺき》を登《のぼ》り、建《た》てたとはとうてい思《おも》えない場所《ばしょ》にある。

そもそもこの投入堂《なげいれどう》を見《み》るだけでも難《むずか》しい。あくまでも〝修行《しゅぎょう》の一つ〟だとされているため、ふもとの三佛寺《さんぶつじ》で必《かなら》ず入山《にゅうざん》の受付《うけつけ》をしなくてはいけない。服装《ふくそう》もチェックされる。スカートなど山登《やまのぼ》りに向《む》いていない格好《かっこう》をしていると、入山《にゅうざん》を拒否《きょひ》されることもある。なぜなら、道《みち》が整《ととの》えられていないため、岩《いわ》や木《き》の根《ね》っこをつかんだり、足場《あしば》にしながら登《のぼ》らなくてはいけないからだ。ところどころにくさりが備《そな》え付《つ》けられており、安全《あんぜん》に登《のぼ》れるのだそうだが、それでも大《だい》の大人《おとな》が〝ハードだ〟と音《ね》をあげるほどなのだ。

いざ、投入堂《なげいれどう》を見《み》ることができても、中《なか》に入《はい》ることはできない。この場所《ばしょ》に行《い》くことが危険《きけん》きわまりないうえ、入《い》り口《ぐち》がない。

そのため、床下《ゆかした》を通《とお》ってはい上《あ》がるしかないのだ。

見《み》るからに不思議《ふしぎ》な建物《たてもの》だが、実《じつ》は、役《えんの》小角《おづの》は「**超能力者**《ちょうのうりょくしゃ》」として有名《ゆうめい》だった。その呪術《じゅじゅつ》の能力《のうりょく》があまりにも強《つよ》すぎて、都《みやこ》の人《ひと》たちが怖《こわ》がるほどだった。そしてついに、伊豆《いず》へ流《なが》されてしまう。

しかし、伊豆《いず》に流《なが》された後《あと》も、役小角《えんのおづの》は空《そら》を飛《と》んでさまざまな霊山《れいざん》をめぐったという。そんな伝説《でんせつ》も〝**実際**《じっさい》**にあったかもしれない**〟と思《おも》わせられるような建物《たてもの》だ。

某所《ぼうしょ》 呪《のろ》いの「コトリバコ」

インターネットの掲示板《けいじばん》に書《か》き込《こ》まれ、たちまち有名都市伝説《ゆうめいとしでんせつ》の仲間入《なかまい》りをした話《はなし》がある。その名《な》も『コトリバコ』。漢字《かんじ》で"子取《こと》り箱《ばこ》"と書《か》くというこの箱《はこ》には、"子孫《しそん》をたやす"という意味《いみ》があり、子《こ》どもや子《こ》どもを産《う》む女性《じょせい》を呪《のろ》い殺《ころ》す効《き》き目《め》があるのだそうだ。

人《ひと》に呪《のろ》いをかけるといえば、「丑《うし》の刻参《こくまい》り」のわら人形《にんぎょう》が有名《ゆうめい》だが、コトリバコの"呪《のろ》いのパワー"は比《くら》べものにならない。呪《のろ》いが消《き》えるまで、一〇〇年《ねん》から二〇〇年《ねん》はかかると言《い》われるほど、強《きょう》力《りょく》だというのだ。

コトリバコの呪《のろ》いとはどんなものなのか、ネット上《じょう》で書《か》き込《こ》まれた話《はなし》と、筆者自《ひっしゃじ》身《しん》が知人《ちじん》から聞《き》いた話《はなし》をからめて、ざっと記《しる》してみよう。

コトリバコは、きびしい差別《さべつ》を受《う》けていた山陰地方《さんいんちほう》の貧《まず》しい農村《のうそん》の人々《ひとびと》が、庄屋《しょうや》に復《ふく》しゅうするために作《つく》り出《だ》したのだそうだ。主《おも》に使《つか》われたのは一八六〇年代以降《ねんだいいこう》の十数年間《すうねんかん》だというが、問題《もんだい》は箱《はこ》の中身《なかみ》だ。

なんと、**女性《じょせい》の血《ち》、無理矢理殺《むりやりころ》した赤《あか》ちゃんの内臓《ないぞう》とへその緒《お》、人差《ひとさ》し指《ゆび》**などを入《い》れるのだ。指《ゆび》の数《かず》や赤子《あかご》の多《おお》さに比例《ひれい》して強《つよ》さと効《き》き目《め》の長《なが》さが増《ま》すというから、まさしく呪《のろ》いを叶《かな》えるための生《い》けにえである。箱《はこ》の中身《なかみ》を見《み》ると、とにかく赤黒《あかぐろ》く、血《ち》なまぐさいのだそうだ。

その呪《のろ》いのターゲットは女性《じょせい》や子《こ》どもだ。というのも、女性《じょせい》や子《こ》どもが死《し》ぬと、後《あと》つぎがいなくなり、その一族《いちぞく》はほろんでしまうからだ。

〝コトリバコ〟を作《つく》った人々《ひとびと》は、呪《のろ》いたい人《ひと》のところにこの箱《はこ》を持《も》って行《い》く。〝箱《はこ》の中身《なかみ》は何《なに》だろう?〟と、開《あ》けると、その家《いえ》の女性《じょせい》や子《こ》どもが、血《ち》を吐《は》く。これは内《ない》臓《ぞう》が千切《ちぎ》れてしまうためで、女性《じょせい》や子《こ》どもたちは**もだえ苦《くる》しみながら死《し》んでしまう**のだ。

この箱《はこ》は今《いま》も山陰地方《さんいんちほう》、おそらく島根県《しまねけん》の某集落《ぼうしゅうらく》にあるという。その集落《しゅうらく》の人々《ひとびと》は持《も》ち回《まわ》りで箱《はこ》を保管《ほかん》し、時間《じかん》をかけて呪《のろ》いの力《ちから》を弱《よわ》め、おはらいしているのだそうだ。

また、コトリバコは何箱《なんばこ》もあり、周辺《しゅうへん》の地域《ちいき》にひっそりと封印《ふういん》されているとも言《い》われている。

本当《ほんとう》にこのような箱《はこ》はあるのだろうか。

あるルポライターによると、実《じつ》は「後悔箱《こうかいばこ》」、「外方箱《げほうばこ》」、「畜生箱《ちくしょうばこ》」、「四分箱《しぶんばこ》」、「狐酉箱《ことりばこ》」、「六人箱《にんばこ》」、「たたりばこ」、「児我箱《じがばこ》」、「物部箱《ものべばこ》」などなど、数《かぞ》えきれないくらいの箱《はこ》の話《はなし》が日本《にほん》にはあるのだそうだ。

また別《べつ》のライターが、山陰地方《さんいんちほう》のある村《むら》で数週間《すうしゅうかん》にわたる取材《しゅざい》をしたときのこと。

その村《むら》の村長《そんちょう》が

『この村《むら》には八〇年前《ねんまえ》から、近《ちか》づいてはいけない滝《たき》があり、そこには箱《はこ》がある』

と明《あ》かしてくれたのだという。実際《じっさい》にその滝《たき》に行《い》ってみると、確《たし》かに箱《はこ》があり、そのライターも、遠《とお》くからではあるが確認《かくにん》したのだそうだ。

怒《おこ》らせてはいけない狐《きつね》持《も》ち

◆某所《ぼうしょ》◆

島根県《しまねけん》には、『狐《きつね》持《も》ち』と呼《よ》ばれる家《いえ》があると言《い》われている。〝狐《きつね》〟といっても、動物《どうぶつ》の狐《きつね》とはすこし姿形《すがたかたち》がちがう。狐《きつね》よりも小《ちい》さく、いたちのようなすらっとした体型《たいけい》をしているのだそうだ。

そして、家《いえ》の中《なか》に場所《ばしょ》を作《つく》ってこの狐《きつね》をまつると、その家《いえ》を栄《さか》えさせてくれるのだそうだ。

またこの狐《きつね》は、自分《じぶん》の〝ご主人《しゅじん》さま〟を守《まも》るのだとも言《い》われている。そのため、「狐持《きつねも》ち」にうらまれると、うらまれた人《ひと》の手足《てあし》の爪《つめ》の先《さき》から狐《きつね》が入《はい》り込《こ》み、病気《びょうき》になってしまう。

「狐持《きつねも》ちを怒《おこ》らせてはいけない」と言《い》われるのはそのためだ。「狐持《きつねも》ち」の家《いえ》の人《ひと》もそういった〝特別《とくべつ》な目《め》〟で見《み》られることをさけて、自分《じぶん》たちが「狐持《きつねも》ち」だということを秘密《ひみつ》にしているという。現在《げんざい》ではそういった家系《かけい》はめっきり減《へ》ったというが、〝一部《ぶ》の地域《ちいき》に残《のこ》っている〟とも、うわさされている。

中国地方
岡山県

がい骨《こつ》のいる料金所《りょうきんじょ》

◆倉敷市《くらしきし》◆

瀬戸大橋《せとおおはし》の入《い》り口《ぐち》のほど近《ちか》くに、「鷲羽山《わしゅうざん》スカイライン」と呼《よ》ばれる道路《どうろ》がある。現在《げんざい》では無料《むりょう》で通《とお》れるが、昔《むかし》は有料道路《ゆうりょうどうろ》だった。そのため、料金所《りょうきんじょ》が設置《せっち》されていて、係員《かかりいん》がドライバーから通行料《つうこうりょう》を受《う》け取《と》っていた。

道路《どうろ》が無料《むりょう》になった当初《とうしょ》は、料金所《りょうきんじょ》はそのまま放《ほう》っておかれていたのだが、なんとこの中《なか》に

「がい骨《こつ》の姿《すがた》をした幽霊《ゆうれい》がいた」

といううわさがあったのだという。それも何人《なんにん》もの人《ひと》が目《め》にしているという。特《とく》にこの場所《ばしょ》で、誰《だれ》かが亡《な》くなったという事実《じじつ》はないようだ。しかしもともと、鷲羽山《わしゅうざん》は**心霊《しんれい》スポット**として、地元《じもと》の人々《ひとびと》の間《あいだ》では有名《ゆうめい》な場所《ばしょ》だった。

ひょっとしたら〝居心地《いごこち》がいい〟と、霊《れい》がこの場所《ばしょ》に居《い》ついていたのかもしれない。しかし、あまりにも〝白骨《はっこつ》の霊《れい》〟の目撃情報《もくげきじょうほう》が多《おお》いので、ほどなくして料金《りょうきん》所《じょ》は取《と》りこわされてしまった。

しかし、この鷲羽山《わしゅうざん》スカイラインには今《いま》でも、

「かなり速《はや》いスピードを出《だ》して車《くるま》を走《はし》らせるドライバーの霊《れい》が出《で》る」

といった、幽霊《ゆうれい》の目撃談《もくげきだん》がたえない。また、鷲羽山《わしゅうざん》ハイランドの近《ちか》くにある廃《はい》ホテルも、〝幽霊《ゆうれい》が出《で》る〟といううわさがあるという。

昭和史《しょうわし》に残《のこ》る惨殺事件《ざんさつじけん》

◆津山市《つやまし》◆

心霊《しんれい》スポットを語《かた》るとき、

「村《むら》に住《す》む人《ひと》たち全員《ぜんいん》が殺《ころ》された」

「一家《いっか》が惨殺《ざんさつ》された」

というエピソードがよく用《もち》いられる。しかし、そのほとんどはたんなる〝作《つく》り話《ばなし》〟だったり、話《はなし》が大《おお》きくふくらんだものだという。


しかし、実際《じっさい》に新聞《しんぶん》にのり、世間《せけん》をあっと言《い》わせた大量殺人事件《たいりょうさつじんじけん》もある。それが、「津山《つやま》三〇人殺《にんごろ》し」と言《い》われる、大事件《だいじけん》だ。


事件《じけん》が起《お》きたのは一九三八年《ねん》（昭和《しょうわ》一三年《ねん》）五月《がつ》二一日《にち》。結核《けっかく》という、当時《とうじ》は治《なお》らないとされた病気《びょうき》にかかってしまった男《おとこ》が、

「村人《むらびと》たちからさけられている」

と思《おも》い込《こ》み、怒《いか》りとにくしみから、次々《つぎつぎ》に村人《むらびと》たちをおそい、殺《ころ》したのだ。


犯人《はんにん》はまず村《むら》の電線《でんせん》と電話線《でんわせん》を切《き》り、近所《きんじょ》で何《なに》が起《お》きているかわからないようにした。そして……

二本《ほん》の懐中電灯《かいちゅうでんとう》を頭《あたま》に巻《ま》き、右手《みぎて》に日本《にほん》刀《とう》、左手《ひだりて》に猟銃《りょうじゅう》、そしてベルトにも刃物《はもの》を入《い》れ、〝出陣《しゅつじん》〟をしたのだ。

暗《くら》やみのうえ、寝《ね》ているところにとつ然《ぜん》現《あらわ》れた犯人《はんにん》に、村人《むらびと》たちはまったく抵抗《ていこう》ができなかった。それぱかりか、隣《となり》に住《す》む住《じゅう》民《みん》に〝何《なに》が起《お》きているか〟を伝《つた》えることすらできなかった。

そして……なんと二時間《じかん》足《た》らずの間《あいだ》に、三〇人《にん》もの命《いのち》が失《うしな》われてしまったのだ。

その後犯人《ごはんにん》は、遺書《いしょ》をしたため、猟銃《りょうじゅう》で自《じ》殺《さつ》をした。

現在《げんざい》でも村《むら》は存在《そんざい》し、住民《じゅうみん》たちがひっそりと暮《く》らしている。当時《とうじ》は怪奇現象《かいきげんしょう》がひんぱんにうわさされたが、今《いま》は村人《むらびと》たちの祈《いの》りのおかげで成仏《じょうぶつ》したのか、ほとんど聞《き》かれないのだそうだ。

中国地方
岡山県

首《くび》なし赤《あか》ちゃんの霊《れい》が出《で》る峠《とうげ》

◆真庭市《まにわし》◆

「昔《むかし》、処刑場《しょけいじょう》があった」

といういわくを持《も》つ心霊《しんれい》スポットは多《おお》い。この「首切峠《くびきりとうげ》」もその名《な》のとおり、「昔《むかし》、ここに処刑場《しょけいじょう》があり、多《おお》くの人《ひと》の首《くび》がさらされていた」

「農民一揆《のうみんいっき》でつかまった人《ひと》たちがこの地《ち》で首《くび》を切《き》られて処刑《しょけい》された」

という話《はなし》が残《のこ》されている心霊《しんれい》スポットだ。この「首切峠《くびきりとうげ》」で霊《れい》が出《で》ると言《い》われているのは、旧道《きゅうどう》だ。車《くるま》が一台通《だいとお》るのもギリギリの山道《やまみち》で、生《お》い茂《しげ》る木々《きぎ》に囲《かこ》まれているため、昼間《ひるま》でもうす暗《くら》い。

ここでは、

「首《くび》のない赤《あか》ちゃんを抱《だ》いた女《おんな》の人《ひと》の幽霊《ゆうれい》が出《で》る」

と、うわさされている。その赤《あか》ちゃんは**血《ち》まみれ**だという。そのため、突《とつ》じょ現《あらわ》れる親子《おやこ》の異様《いよう》な姿《すがた》におどろいて、車《くるま》のハンドルを切《き》りそこね、事故《じこ》を起《お》こすケースが多《おお》いのだそうだ。

広島市《ひろしまし》 己斐峠《こいとうげ》に出《で》る幽霊《ゆうれい》

広島市西区《ひろしましにしく》にある己斐峠《こいとうげ》は、別名《べつめい》「魔《ま》の己斐峠《こいとうげ》」と呼《よ》ばれるくらい、怪奇現象《かいきげんしょう》が多《おお》い場所《ばしょ》だ。急《きゅう》カーブが続《つづ》くため、事故《じこ》が起《お》きやすいこともあるだろうが、心霊《しんれい》スポットとして、たくさんのうわさも持《も》っている。

もっとも知《し》られているのは、「中村家《なかむらけ》」と呼《よ》ばれる、無人《むじん》になってしまった家《いえ》のうわさだろう。

昔《むかし》、この家《いえ》には四人家族《にんかぞく》が住《す》んでいた。仲《なか》のいい一家《いっか》だったが、ある日《ひ》精神《せいしん》を病《や》んだ男性《だんせい》が家《いえ》に入《はい》り込《こ》み、オノを使《つか》って家族《かぞく》全員《ぜんいん》を殺《ころ》してしまったのだそうだ。

それ以来《いらい》、一階《かい》には殺《ころ》された老婆《ろうば》と少女《しょうじょ》が、二階《かい》には夫婦《ふうふ》の霊《れい》が出《で》ると言《い》われている。とはいえ、あくまでもうわさだ。また

〝無理心中《むりしんじゅう》をはかろうとして父親《ちちおや》が全員《ぜんいん》を殺《ころ》した〟という説《せつ》や〝殺《ころ》されたのは四人《にん》ではなく三人《にん》だ〟という話《はなし》、〝もともとそんな事件《じけん》すら起《お》きていない〟という話《はなし》もあるのだそうだ。

いずれにせよ、この場所《ばしょ》は「幽霊《ゆうれい》が出《で》る」として、地元《じもと》の人々《ひとびと》から恐《おそ》れられている。

さらに、こんな話《はなし》もある。この峠《とうげ》には全部《ぜんぶ》で七体《たい》のお地蔵《じぞう》さまが置《お》かれていて、このお地蔵《じぞう》さまをすべて見《み》つけると呪《のろ》われるというのだ。

また、お地蔵《じぞう》さまにまつわるこんな話《はなし》もある。

この峠《とうげ》を、ある女性《じょせい》が車《くるま》で通《とお》っていた。お地蔵《じぞう》さまの前《まえ》を通《とお》りかかると、いきなり前方《ぜんぽう》に老婆《ろうば》が飛《と》び出《だ》してきた。

『キャー』

と叫《さけ》びながら、女性《じょせい》は急《きゅう》ブレーキをふん

だ。おそるおそる車《くるま》の外《そと》を見《み》ると、老婆《ろうば》は消《き》えていた。もし、ハンドルを左右《さゆう》のどちらかに切《き》っていたら、大事故《だいじこ》になるところだ。女性《じょせい》は車《くるま》を降《お》り、老婆《ろうば》がいないことを確《たし》かめると、お地蔵《じぞう》さまのところに向《む》かった。そして、

「おかげさまで事故《じこ》にあわずにすみました。ありがとうございます」

と、告《つ》げ、そっと手《て》を合《あ》わせた。すると……。お地蔵《じぞう》さまの後《うし》ろから、老婆《ろうば》のような声《こえ》で、こんな言葉《ことば》が聞《き》こえてきたという。

「死《し》ねばよかったのに」

竹原市《たけはらし》
化学兵器《かがくへいき》でおかされた島《しま》

瀬戸内海《せとないかい》に浮《う》かぶ「大久野島《おおくのしま》」は、周囲《しゅうい》約《やく》四キロ、多数《たすう》の野《の》ウサギが生息《せいそく》しウサギ島《じま》とも呼《よ》ばれる平和《へいわ》な島《しま》だ。しかしこの島《しま》には別《べつ》の呼《よ》び名《な》がある。それは

「地図《ちず》から消《き》えた島《しま》」
「毒《どく》ガス島《じま》」

という名《な》だ。なぜか。

太平洋戦争《たいへいようせんそう》の頃《ころ》、この島《しま》では毒《どく》ガスが大量《たいりょう》に作《つく》られていた。それを隠《かく》すため、戦時中《せんじちゅう》に地図《ちず》から一時《いちじ》、消《け》されたのだ。資料《しりょう》によると、当時《とうじ》の島《しま》には毒《どく》ガス製造工場《せいぞうこうじょう》のほか、毒《どく》ガスの研究所《けんきゅうじょ》や毒《どく》ガスをしまっておく倉庫《そうこ》などがたくさん存在《そんざい》した。またひどいことに、人体実験《じんたいじっけん》までもがおこなわれていたという話《はなし》もある。

太平洋戦争《たいへいようせんそう》が終《お》わると、島《しま》から毒《どく》ガスを取《と》り除《のぞ》く作業《さぎょう》がおこなわれた。残《のこ》っていた

毒《どく》ガスのなかで、焼《や》いてもいいものは焼《や》かれ、残《のこ》りは運《はこ》び出《だ》された。毒素《どくそ》を消《け》して、海《うみ》に捨《す》てられたものもあった。もちろん島《しま》の土《つち》から毒《どく》を取《と》り除《のぞ》く作業《さぎょう》もおこなわれた。

しかし、それでも十分《じゅうぶん》ではなかったのか、現在《げんざい》でも島《しま》の地面《じめん》を四～五メートルほど掘《ほ》ると、土《つち》の中《なか》からのう度《ど》が高《たか》いヒ素《そ》が検《けん》出《しゅつ》されるのだという。

悲《かな》しいことに、島《しま》で働《はたら》いていた人《ひと》たちは無事《ぶじ》ではなかった。戦前《せんぜん》にこの島《しま》で働《はたら》いていた職員《しょくいん》はもちろん、戦争後《せんそうご》に除去作業《じょきょさぎょう》にあたった作業員《さぎょういん》らも毒《どく》ガスにやられ、大勢《おおぜい》の人《ひと》が病気《びょうき》になったという。しかし当時《とうじ》はそれを治《なお》す方法《ほうほう》がなく、死《し》を見守《みまも》るしかなかったのだそうだ。

そのためか、この島《しま》を訪《おとず》れた人《ひと》は、

「どこからかうめき声《ごえ》が聞《き》こえた」

「焼《や》けこげた施設《しせつ》の中《なか》で兵隊《へいたい》の足音《あしおと》が聞《き》こえる」

「無数《むすう》の人《ひと》の手《て》が写真《しゃしん》に写《うつ》る」

と口々《くちぐち》に話《はな》しており、今《いま》でもそういったうわさはあとをたたない。

ちなみに今《いま》でもこの島《しま》では施設《しせつ》の一部《ぶ》が残《のこ》っており、保存《ほぞん》・公開《こうかい》されている。

海《うみ》に沈《しず》んだ平家《へいけ》の怨念《おんねん》

下関市《しものせきし》

本州《ほんしゅう》と九州《きゅうしゅう》を分《わ》ける壇《だん》ノ浦《うら》は、海《うみ》の幅《はば》がわずか二キロほどしかないため、潮《しお》の流《なが》れが急《きゅう》なうえに、ふくざつなことで知《し》られる。この場所《ばしょ》は平安時代《へいあんじだい》の終《お》わりごろに起《お》きた、歴史《れきし》に名高《なだか》い、「源平《げんぺい》の戦《たたか》い」でも有名《ゆうめい》だ。

平安時代末期《へいあんじだいまっき》の日本《にほん》は、天皇家《てんのうけ》との深《ふか》い関《かか》わりをもった、「平家《へいけ》」という一族《いちぞく》が政《せい》権《けん》をにぎっていた。しかし、一族《いちぞく》のトップにいた平清盛《たいらのきよもり》が死《し》んでしまうと、ライバルの「源家《みなもとけ》」の人《ひと》たちにおされるようになってしまう。

源氏《げんじ》は、自分《じぶん》たちこそ、日本《にほん》の中心《ちゅうしん》になる一族《いちぞく》だと、平家《へいけ》の人々《ひとびと》に戦《たたか》いをいどむ。そしてむかえたのが壇《だん》ノ浦《うら》の決戦《けっせん》だ。

この戦《たたか》いの源氏側《げんじがわ》の大将《たいしょう》、源義経《みなもとのよしつね》は壇《だん》ノ浦《うら》のふくざつな潮《しお》の流《なが》れをよみ、平家《へいけ》を追《お》いつめた。そしてとうとう、平家《へいけ》を倒《たお》すことに成功《せいこう》したのだ。

追《お》いつめられた平家《へいけ》の人々《ひとびと》の中《なか》には、清《きよ》盛《もり》の孫《まご》で、第《だい》八一代天皇《だいてんのう》に即位《そくい》したばかりの安徳天皇《あんとくてんのう》もいた。源氏《げんじ》につかまえられれば、どんな目《め》にあうかわからない。

「もはや、ここまで」

とかくごをした清盛《きよもり》の妻《つま》であり、安徳天《あんとくてん》皇《のう》の祖母《そぼ》にあたる時子《ときこ》は、

『海《うみ》の底《そこ》にも都《みやこ》はありましょう』

と言《い》い、幼《おさな》い安徳天皇《あんとくてんのう》を抱《だ》きかかえて、海《うみ》の中《なか》へ飛《と》び込《こ》んだ。

これは大変無念《たいへんむねん》なことだったのだろう。以来《いらい》、壇《だん》ノ浦《うら》の海《うみ》はさらに荒《あ》れることが多《おお》くなったのだそうだ。

大波《おおなみ》にのまれる漁船《ぎょせん》のそうなんがあまりにも相次《あいつ》ぎ、さらには、

「成仏《じょうぶつ》できない平家《へいけ》の武将《ぶしょう》や、女性《じょせい》たちの幽霊《ゆうれい》を見《み》た」

という目撃情報《もくげきじょうほう》が相次《あいつ》いだため、壇《だん》ノ浦《うら》からほど近《ちか》い「赤間神宮《あかまじんぐう》」の境内《けいだい》に、「七《なな》盛塚《もりづか》」と呼《よ》ばれる塔《とう》が建《た》てられた。これは壇《だん》ノ浦《うら》の戦《たたか》いで死《し》んだ、平家《へいけ》の武将《ぶしょう》たちを供養《くよう》するためのものだ。人々《ひとびと》の祈《いの》りが届《とど》いたのか、塔《とう》が建《た》てられてからは、ピタリと船《ふね》がそうなんすることはなくなったのだそうだ。

とはいえ、この「七盛塚《ななもりづか》」で、平家一族《へいけいちぞく》のすべての霊《れい》が供養《くよう》されたわけではなさそうだ。

たとえば、平時子《たいらのときこ》たちのなきがらは、広《ひろ》島《しま》の宮島《みやじま》の尼《あま》の洲《す》と呼《よ》ばれる海岸《かいがん》に流《なが》れ着《つ》いたと言《い》われている。それからというもの、

「白《しろ》い影《かげ》を見《み》た」

という者《もの》が続出《ぞくしゅつ》したためここでも「二位《にい》殿灯篭《どのとうろう》」という供養《くよう》の塔《とう》が建《た》てられ、その霊《れい》をなぐさめている。

また、この地《ち》には甲羅《こうら》が無念《むねん》の武士《ぶし》の顔《かお》に見《み》える「平家《へいけ》ガニ」もよく見《み》られる。このカニもまた、平家《へいけ》の怨念《おんねん》を今《いま》に伝《つた》える生《い》き証人《しょうにん》なのだ。

関門《かんもん》トンネルの赤《あか》ん坊《ぼう》の霊《れい》

◆下関市《しものせきし》◆

山口県《やまぐちけん》と福岡県《ふくおかけん》を結《むす》ぶ「関門《かんもん》トンネル」には、

『赤《あか》ん坊《ぼう》の幽霊《ゆうれい》が出《で》る』

といううわさがある。なんと、トンネルの中《なか》を、生後《せいご》一年《ねん》くらいの赤《あか》ん坊《ぼう》の幽霊《ゆうれい》が、ハイハイをして動《うご》きまわっているのだそうだ。

時刻《じこく》は決《き》まって深夜《しんや》二時《じ》から四時《じ》にかけて。〝赤《あか》ん坊《ぼう》が一人《ひとり》でいるはずがない場所《ばしょ》〟で〝赤《あか》ん坊《ぼう》が寝《ね》ているはずの時間《じかん》〟に見《み》ることもあって、ドライバーたちは大変《たいへん》びっくりするという。

霊感《れいかん》の強《つよ》い人《ひと》になると、

「トンネルに入《はい》った直後《ちょくご》に頭《あたま》と下腹部《かふくぶ》が割《わ》れそうになるくらい痛《いた》くなり、吐《は》き気《け》がこみあげてきた」

という人《ひと》もいるのだという。そして、「CDの音楽《おんがく》を聞《き》いていたら、急《きゅう》にラジオに切《き》りかわり、**『アんんんん』**という、赤《あか》ん坊《ぼう》の笑《わら》い声《ごえ》が聞《き》こえてきた」

「車《くるま》の中《なか》にいるにもかかわらず、

『おぎゃー。おぎゃー』


という赤《あか》ん坊《ぼう》の泣《な》き声《ごえ》を耳元《みみもと》で聞《き》いた」

という経験《けいけん》をする人《ひと》も多《おお》く、

「トンネルを通《とお》っていたら、赤《あか》ん坊《ぼう》が道《みち》いっぱいに広《ひろ》がって遊《あそ》んでいたのが見《み》えた。あわててブレーキをふんだが、赤《あか》ん坊《ぼう》に突進《とっしん》してしまった。〝赤《あか》ん坊《ぼう》をひいてしまった〟と思《おも》い、車《くるま》の外《そと》に出《で》たら、何《なに》もいなかった」

という体験談《たいけんだん》もある。実《じつ》は、この場所《ばしょ》には水子《みずこ》（生《う》まれる前《まえ》に死《し》んだ赤《あか》ん坊《ぼう》）や子《こ》どもの霊《れい》がたくさん集《あつ》まっているという。

その理由《りゆう》はわかっていない。

しかし、おそらく今日《きょう》も、トンネル内《ない》には幼子《おさなご》の霊《れい》が楽《たの》しく遊《あそ》んでいる……。

まだまだある……

いわくつきスポットマップ

全国《ぜんこく》には、怪奇現象《かいきげんしょう》が起《お》こり、霊《れい》がただよう……いわくつきスポットがまだまだあるよ。もしかしたら、あなたの家《いえ》のすぐそばにも……。

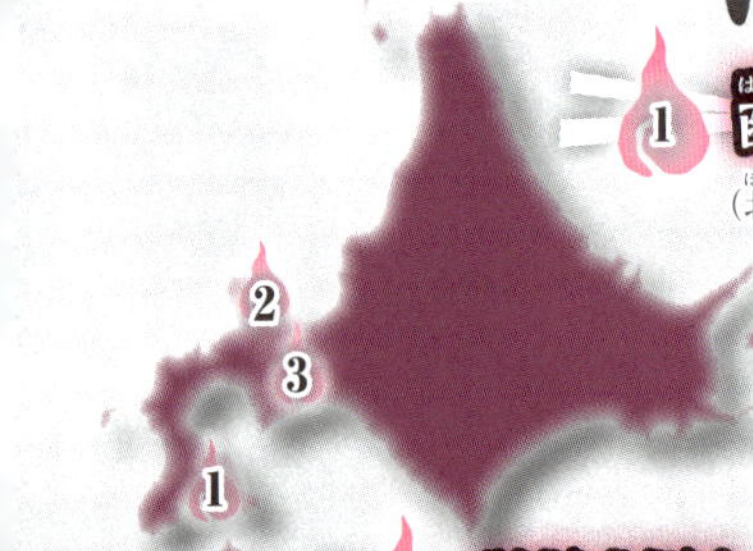

1 函館山《はこだてやま》

(北海道函館市《ほっかいどうはこだてし》)

突然《とつぜん》「立《た》ち入《い》り禁止《きんし》」の看板《かんばん》があり、入《はい》ると呪《のろ》われる拷問部屋《ごうもんべや》がある。

2 豊浜《とよはま》トンネル

(北海道余市郡《ほっかいどうよいちぐん》)

大《おお》きな事故《じこ》で、多《おお》くの人《ひと》が亡《な》くなった場所《ばしょ》。事故《じこ》の直前《ちょくぜん》には、女性《じょせい》の霊《れい》が目撃《もくげき》されたという。

3 支笏湖《しこつこ》

(北海道千歳市《ほっかいどうちとせし》)

「ここで死《し》ぬと、湖《みずうみ》の中《なか》の木《き》や藻《も》に引《ひ》っかかって、遺体《いたい》が二度《ど》と上《あ》がってくることがない」と語《かた》られている湖《みずうみ》。ここで写真《しゃしん》を撮《と》ると、水面《すいめん》から出《で》た数《かぞ》えきれないほどの手《て》が写《うつ》るという。100キロ以上《いじょう》のスピードで車《くるま》を追《お》いかける、「100キロばあさん」という霊《れい》もいる。

4 八王子城址《はちおうじじょうし》

(東京都八王子市《とうきょうとはちおうじし》)

城主《じょうしゅ》がいない間《あいだ》に1000人以上《にんいじょう》が殺《ころ》された場所《ばしょ》がある。そのため、今《いま》でも浮《う》かばれない霊《れい》が……。

5 新府城跡《しんぷじょうあと》

(山梨県韮崎市《やまなしけんにらさきし》)

武田勝頼《たけだかつより》が建《た》てた城《しろ》。夜《よる》になると、落《おち》武者《むしゃ》の霊《れい》や人魂《ひとだま》が出《で》るという。入口《いりぐち》の石段《いしだん》の十三段目《だんめ》で振《ふ》り返《かえ》ると、落武者《おちむしゃ》に追《お》いかけられるとか……。

6 神流湖《かんなこ》・下久保《しもくぼ》ダム

(埼玉県児玉郡《さいたまけんこだまぐん》)

ダム建設中《けんせつちゅう》の事故《じこ》で亡《な》くなった男性《だんせい》の霊《れい》がとつ然現《ぜんあらわ》れるという。

こんな場所《ばしょ》が危《あぶ》ない……

◆墓地《ぼち》
死《し》んだ人《ひと》の骨《ほね》があるため、霊《れい》が集《あつ》まる。

◆水辺《みずべ》
成仏《じょうぶつ》できない霊《れい》が集《あつ》まりやすい場所《ばしょ》。

◆トンネル・洞穴《どうくつ》
霊《れい》は暗《くら》くてじめじめした場所《ばしょ》が好《す》き。

◆事故《じこ》があった場所《ばしょ》
うらみを残《のこ》して死《し》んだ霊《れい》が現《あらわ》れやすい。

◆三角《さんかく》ゾーン
三角地帯《さんかくちたい》は霊《れい》が集《あつ》まりやすい。

◆汚《よご》れた場所《ばしょ》
霊《れい》は汚《よご》れてほこりっぽい場所《ばしょ》が大好《だいす》き。

7 深泥池《みどろがいけ》（京都府京都市《きょうとふきょうとし》）

周囲《しゅうい》が約《やく》1.5キロとこじんまりしているが、昼間《ひるま》でもうす暗《ぐら》く不気味《ぶきみ》な池《いけ》。「近《ちか》くの病院《びょういん》で女《おんな》を乗《の》せたが、『深泥池《みどろがいけ》まで』と言《い》ったきりうつむいている。『着《つ》きましたよ』と振《ふ》り返《かえ》ると誰《だれ》もおらず、シートがぐっしょりとぬれていた」という怪談話《かいだんばなし》で有名《ゆうめい》な場所《ばしょ》だ。

8 清滝《きよたき》トンネル（京都府京都市《きょうとふきょうとし》）

トンネル工事中《こうじちゅう》に多《おお》くの人《ひと》が亡《な》くなり、それ以来《いらい》、事故《じこ》がたえないという。

9 21世紀《せいき》の森《もり》（山口県山口市《やまぐちけんやまぐちし》）

「山口県《やまぐちけん》21世紀《せいき》の森《もり》」の駐車場《ちゅうしゃじょう》には、不自然《ふしぜん》な駐車禁止《ちゅうしゃきんし》スペースがある。実《じつ》は、以前《いぜん》ここで、車《くるま》の中《なか》で焼身自殺《しょうしんじさつ》をした女性《じょせい》がいたのだという。事件以来《じけんいらい》、この場所《ばしょ》に車《くるま》をとめると怪奇現象《かいきげんしょう》が起《お》き、公園《こうえん》の中《なか》でも多《おお》くの霊現象《れいげんしょう》があるという。

10 足摺岬《あしずりみさき》（高知県土佐清水市《こうちけんとさしみずし》）

四国《しこく》ナンバー1の自殺岬《じさつみさき》。岬《みさき》の先端《せんたん》から海面《かいめん》までは80メートルもあり、“確実《かくじつ》に死《し》ねる”という。夜中《よなか》に訪《おとず》れると、血《ち》だらけの男性《だんせい》や白《しろ》い服《ふく》を着《き》た女性《じょせい》の幽霊《ゆうれい》に出会《であ》うという。

11 三坂峠《みさかとうげ》（愛媛県松山市《えひめけんまつやまし》）

昼間《ひるま》でもうす暗《ぐら》く、見通《みとお》しの悪《わる》い場所《ばしょ》で、事故《じこ》がたえないのだという。ここを車《くるま》で通《とお》ると、後《うし》ろの座席《ざせき》に女《おんな》の人《ひと》が現《あらわ》れるのだとか……。

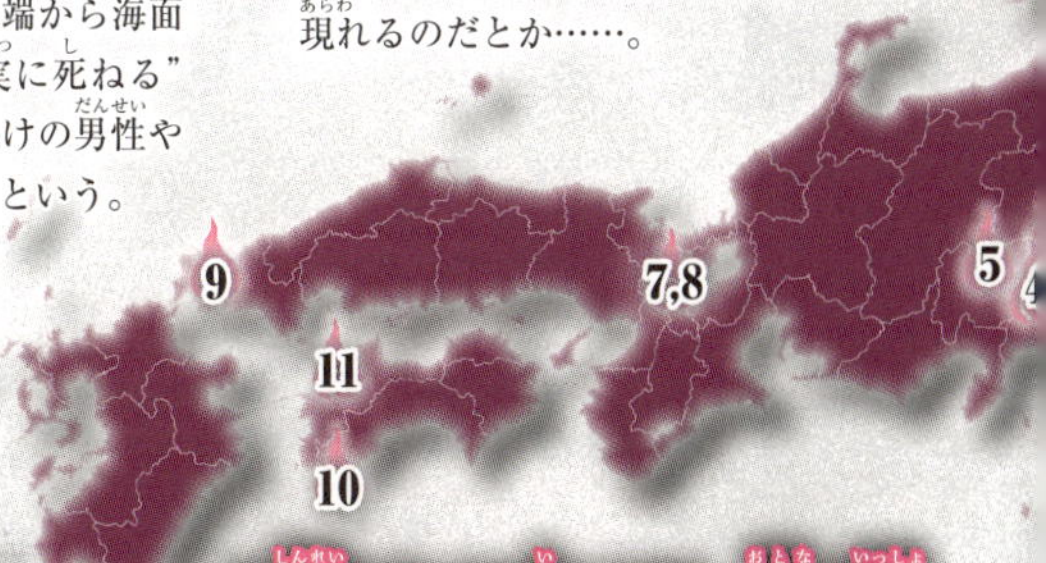

※心霊《しんれい》スポットに行《い》くときは、大人《おとな》と一緒《いっしょ》に行《い》くこと。危《あぶ》ないと思《おも》ったらやめようね。

死者《ししゃ》が集《つど》う山《やま》、弥谷山《いやだにやま》

三豊市《みとよし》

今《いま》から一二〇〇年《ねん》ほど前《まえ》に、弘法大《こうぼうだい》師《し》が四国《しこく》で開《ひら》いたお寺《てら》をめぐる、「四国《しこく》八十八ヶ所《しょ》」めぐり。この中《なか》には、「死霊《しりょう》が帰《かえ》ってくる」と言《い》われるお寺《てら》がいくつかある。中《なか》でも有名《ゆうめい》なのが七一番札所《ばんふだしょ》の「剣《けん》五山《ござん》千手院《せんじゅいん》弥谷寺《いやだにじ》」だろう。

この弥谷寺《いやだにじ》が建《た》つ弥谷山《いやだにやま》は、弘法大師《こうぼうだいし》が訪《おとず》れるずっと前《まえ》から、〝神《かみ》さまが宿《やど》り、亡《な》くなった人《ひと》の霊《れい》が住《す》む場所《ばしょ》〟として、地元《じもと》の人《ひと》たちからあがめられてきた。

そもそも弥谷寺《いやだにじ》の〝イヤ〟という音《おと》の中《なか》には、〝おそれ、つつしむ〟という意味《いみ》があるのだそうだ。徳島県《とくしまけん》にも「祖谷山《いややま》」という名前《なまえ》の山《やま》があるが、ここもやはり〝死《し》者《しゃ》が集《あつ》まる、おそれ、つつしむべき場所《ばしょ》〟という意味《いみ》でつけられたのだという。

さて、弥谷寺《いやだにじ》に実際《じっさい》に行《い》ってみればわかるが、他《ほか》の寺《てら》とは明《あき》らかにちがう。寺《てら》に向《む》かう途中《とちゅう》には、赤《あか》い前《まえ》かけをかけたたくさんのお地蔵《じぞう》さまが座《すわ》っている。ところどころにある休憩所《きゅうけいじょ》にもお札《ふだ》が貼《は》られていて、〝霊《れい》〟の存在《そんざい》があちこちで感《かん》じられる。

そのためか、弥谷寺《いやだにじ》を参拝《さんぱい》するときは、

「偶数《ぐうすう》で行《い》ってはいけない」

と、言《い》われているのだそうだ。なぜなら、

〝霊《れい》がついてきてしまうから〟だ。

一方《いっぽう》で、

「仁王門《におうもん》のそばにある茶店《ちゃみせ》でご飯《はん》を食《た》べてから、後《うし》ろを振《ふ》り向《む》かずに帰《かえ》ること」

とも、言《い》われている。これは、先《さき》ほどの話《はなし》とは逆《ぎゃく》で、何《なに》も食《た》べずに家《いえ》に帰《かえ》ったり、後《うし》ろを振《ふ》り向《む》いたりすると、二度《ど》と死者《ししゃ》に会《あ》えなくなるのだそうだ。

海《うみ》に引《ひ》きずりこまれる港《みなと》

✦坂出市《さかいでし》✦

坂出市《さかいでし》には、「人《ひと》を飲《の》み込《こ》む港《みなと》」として、恐《おそ》れられている心霊《しんれい》スポットがある。「坂出港《さかいでこう》」という小《ちい》さな漁港《ぎょこう》にある「林田《はやしだ》岸壁《がんぺき》」だ。

最初《さいしょ》の事件《じけん》が起《お》きたのは、二〇〇三年《ねん》の八月《がつ》だった。

「林田《はやしだ》に行《い》く」

というメモを残《のこ》して、坂出市内《さかいでしない》の男性《だんせい》が行方不明《ゆくえふめい》になってしまった。おどろいた家《か》族《ぞく》は、警察《けいさつ》に通報《つうほう》した。話《はなし》を聞《き》いた警察《けいさつ》は、すぐにそうさくを始《はじ》めた。

そして、林田岸壁付近《はやしだがんぺきふきん》の海《うみ》の中《なか》を、坂出《さかいで》海上保安署《かいじょうほあんしょ》とダイビング会社《がいしゃ》のスタッフが調《しら》べたところ、なんと五台《だい》の車《くるま》が沈《しず》んでいるのを見《み》つけたのだ。

さらに車《くるま》を調《しら》べると、なんと一台《だい》に一人《ひとり》ずつ人《ひと》が、つまり〝死体《したい》〟が乗《の》っていることがわかった。見《み》つかったのはすべて、

香川県内《かがわけんない》の人《ひと》だった。

現場《げんば》は、潮《しお》の流《なが》れがおだやかで、他《ほか》から流《なが》されてきたとは考《かんが》えにくい。ということは、五人《にん》ともがこの場所《ばしょ》から、車《くるま》で海《うみ》へ向《む》かってダイブしたことになる。

車《くるま》の五人《にん》に接点《せってん》はなく、いずれも〝自《じ》殺《さつ》〟として片《かた》づけられた。ちなみに、「林田《はやしだ》に行《い》く」と、行方不明《ゆくえふめい》になった男性《だんせい》は、この五人《にん》の中《なか》にはいなかった。男性《だんせい》は、いまだ見《み》つかっていないのだという。

林田港《はやしだこう》は小《ち》さい港《みなと》でありながら、ひんぱんに事故《じこ》が報告《ほうこく》される港《みなと》だ。なぜか、わざわざ県外《けんがい》から〝身投《みな》げ〟に来《く》る人《ひと》も少《すく》ないという。だからだろうか。

『幽霊《ゆうれい》を見《み》た』

といううわさがたえないのだそうだ。また、こんな話《はなし》がある。

夜《よる》、このあたりで釣《つ》りを楽《たの》しんだAさんは、車《くるま》の中《なか》で少《すこ》し寝《ね》ようとして、シートを倒《たお》した。うとうとしかけたころだ。

「ギギギー」

という音《おと》がした気《き》がした。

おどろいたAさんが起《お》きて外《そと》を見《み》ると、
なんと車《くるま》がバックしている。
〝ブレーキをきちんとかけていたはずなのに……〟。

Aさんが慌《あわ》ててブレーキを踏《ふ》み、後《うし》ろをふりかえると、後部座席《こうぶざせき》に女性《じょせい》の幽霊《ゆうれい》が座《すわ》っていた。そして笑《わら》いながら、後《うし》ろからガバッとAさんに抱《だ》きつくと、

「いっしょに来《き》てくれないの？」

と、言《い》い、すうっと消《き》えたという。

カルテを探《さが》す病院《びょういん》

◆今治市《いまばりし》◆

すでに建物《たてもの》がとり壊《こわ》されてしまったにもかかわらず、愛媛《えひめ》には今《いま》でも〝心霊《しんれい》スポット〟として語《かた》られている病院《びょういん》がある。今《いま》治市《ばりし》にあった、河南病院《かなんびょういん》だ。

もともと、この建物《たてもの》は製糸工場《せいしこうじょう》として使《し》用《よう》されていたそうだ。それが、いつからか、「結核《けっかく》」という病気《びょうき》にかかった患者《かんじゃ》だけをしんさつする病院《びょういん》になった。

結核《けっかく》という病気《びょうき》は、今《いま》では病院《びょういん》に行《い》って、ちりょうを受《う》ければ治《なお》るが、昔《むかし》は治《なお》せない〝死《し》の病気《びょうき》〟と言《い》われていた。そのため、この病院《びょういん》に入院《にゅういん》する患者《かんじゃ》のほとんどは、〝死《し》ぬことがすでに決《き》まっている〟とされた人《ひと》たちだったという。

かつての河南病院《かなんびょういん》の敷地内《しきちない》には、大《おお》きなえんとつがあったが、これはこの病院《びょういん》で死《し》んでしまった患者《かんじゃ》の死体《したい》を焼《や》く、「火葬場《かそうば》のもの」とも言《い》われていた。

そんな、死《し》の空気《くうき》がただよう病院《びょういん》だ。

幽霊《ゆうれい》のうわさがないほうが不思議《ふしぎ》なのかもしれない。

さて、この病院《びょういん》にはこんなうわさがある。

中《なか》に入《はい》ると、床《ゆか》にメスや白衣《はくい》、カルテがたくさん散《ち》らばっているそうなのだが、このメスやカルテなどを持《も》ち帰《かえ》ると、

「河南病院《かなんびょういん》ですが、メスを病院《びょういん》に返《かえ》してください」

という、持《も》ち帰《かえ》ったものを〝返《かえ》してほしい〟という電話《でんわ》がかかってくるのだそうだ。

〝心霊《しんれい》スポットに落《お》ちていたものを持《も》って帰《かえ》るなんて、そんな恐《おそ》ろしいことをする人《ひと》なんていないよ〟と、思《おも》う人《ひと》もいるだろう。

しかし、中《なか》には面白《おもしろ》がってわざわざ探《さが》して、持《も》ち去《さ》る若者《わかもの》もいた。すると、電話《でんわ》がかかってくる。

もし返《かえ》さないと、カルテなら

「持《も》ち帰《かえ》ったカルテに書《か》かれている、体《からだ》の部位《ぶい》が病気《びょうき》になる」

だとか、

「幽霊《ゆうれい》が家《いえ》にまで取《と》りに来《き》て、発狂《はっきょう》してしまう人《ひと》もいる」

のだそうだ。もちろん、病院内《びょういんない》を歩《ある》いていても異変《いへん》はある。どこからともなく足音《あしおと》が聞《き》こえてきたり、病院《びょういん》の窓《まど》から患者《かんじゃ》が

〝おいで、おいで〟

と手招《てまね》きをする姿《すがた》が

見《み》えたりするという。また、

「ひやりとした手《て》に足《あし》をつかまれた」

「背中《せなか》に、重《おも》い空気《くうき》が抱《だ》きつくようにしておおいかぶさってきた」

という人《ひと》もいる。そして、

「急《いそ》いで帰《かえ》ろうと車《くるま》のエンジンをかけようとしても、なかなかかからなかった」

という、恐怖体験《きょうふたいけん》をした人《ひと》も多《おお》いのだそうだ。

ところで、この河南病院《かなんびょういん》をとり壊《こわ》すときも大変《たいへん》だったという。担当《たんとう》していた建築会《けんちくがい》社《しゃ》の社長《しゃちょう》が急《きゅう》に死《し》んでしまったり、通常《つうじょう》では起《お》こりえない事故《じこ》が何度《なんど》も起《お》きたのだそうだ。中《なか》には、恐怖体験《きょうふたいけん》のあまりの多《おお》さに発狂《はっきょう》してしまった人《ひと》もいたそうだ。この奇《き》妙《みょう》なできごともまた、「河南病院恐怖伝《かなんびょういんきょうふでん》説《せつ》」の一つとして、語《かた》りつがれている。

四国地方
愛媛県

砥部町《とべちょう》
何人《なんにん》もの命《いのち》をのみこんだ原池《はらいけ》

伊予郡砥部町《いよぐんとべちょう》にある「原池《はらいけ》」は、地元《じもと》の人《ひと》で知《し》らない人間《にんげん》はいないくらい有名《ゆうめい》な心霊《しんれい》スポットだ。

なぜなら、ここ五〇年《ねん》ほどの間《あいだ》で、なんと二二人《にん》もの人《ひと》がこの池《いけ》でおぼれ死《し》んでいるからだ。ふつうは、近所《きんじょ》の池《いけ》で誰《だれ》かが〝おぼれ死《し》んだ〟という話《はなし》を聞《き》かされたら、その池《いけ》に対《たい》して注意《ちゅうい》しようと考《かんが》えるだろう。特別《とくべつ》な理由《りゆう》がなければ、なるべく近《ちか》づかないようにする、という人《ひと》も多《おお》いはずだ。

にもかかわらず、なぜこの場所《ばしょ》で多《おお》くの人《ひと》が命《いのち》を失《うしな》ったのか。なんと、この原池《はらいけ》のそばを通《とお》ると、

「もんぺをはいた知《し》らない人《ひと》に声《こえ》をかけられる。何《なに》だろうと話《はなし》を聞《き》いていると、いつの間《ま》にか池《いけ》の中《なか》に入《はい》っていて、気《き》づかないうちにおぼれ死《し》んでいる」

というのだ。他《ほか》にも、

「池《いけ》の中《なか》から奇《き》妙《みょう》な声《こえ》が聞《き》こえてきたので、"何《なに》かあったのかな"と近《ちか》づいてみた。ふと気《き》がつくと、なんと自《じ》分《ぶん》の体《からだ》が池《いけ》の中《なか》につかっていた」

という話《はなし》もある。原池《はらいけ》の近《ちか》くでは、たとえ名前《なまえ》を呼《よ》ばれたとしても、知《し》らないふりをしたほうがいいのかもしれない。

瀬《せ》戸《と》内《ない》海《かい》沿《えん》岸《がん》
フジツボの怪《かい》

　これは愛媛《えひめ》に限《かぎ》ったことではないが、瀬《せ》戸《と》内《ない》海《かい》の海岸《かいがん》沿《ぞ》いにはこんな都《と》市《し》伝説《でんせつ》がある。

　ある日《ひ》、海《うみ》で遊《あそ》んでいた少年《しょうねん》が、岩場《いわば》のところで転《ころ》んでしまった。その時《とき》少年《しょうねん》はフジツボでヒザを切《き》った。フジツボのごつごつしたカラのせいで、ものすごく血《ち》が出《で》たが、少年《しょうねん》は〝もうちょっと遊《あそ》びたい〟と思《おも》った。そこで、海水《かいすい》でヒザを洗《あら》ってハンカチをしっかりと巻《ま》くと、そのまま遊《あそ》び続《つづ》けてしまった。

　それから三カ月後《げつご》。少年《しょうねん》はひざが少《すこ》しおかしいな、と思《おも》ったが、ほうっておいた。そこからさらに三カ月《げつ》もたつと、ひざが痛《いた》くて痛《いた》くてたまらなくなってきた。

　やがて歩《ある》けないほどの痛《いた》みになったころ、ようやく少年《しょうねん》は母親《ははおや》にケガのことを話《はな》し、病院《びょういん》に連《つ》れて行《い》ってもらった。

「ひょっとしたら骨《ほね》にヒビが入《はい》っているの

かもしれない」
と、少年《しょうねん》は医者《いしゃ》にレントゲンをとってもらった。すると……医者《いしゃ》も少年《しょうねん》もおどろいた。なんと、ひざの皮膚《ひふ》の下《した》に、びっちりと小《ちい》さなフジツボが生《は》えていたからだ。

なんと、海《うみ》で転《ころ》んだ時《とき》、傷口《きずぐち》からフジツボの卵《たまご》が入《はい》り込《こ》んでしまったのが原因《げんいん》だったのだという。

この話《はなし》、都市伝説《としでんせつ》としてはポピュラーなのだが、〝作《つく》り話《ばなし》だろう〟と、あまり信《しん》じられてこなかった。

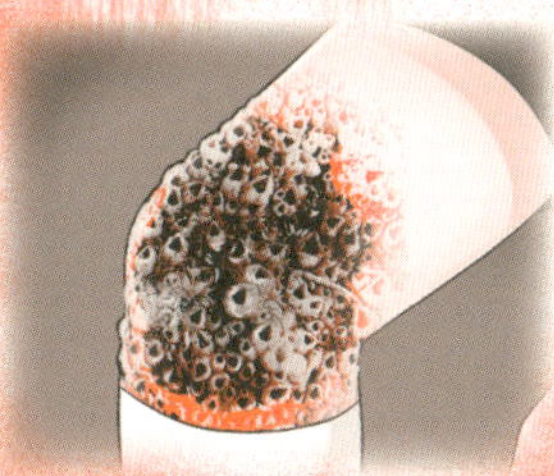

しかし二〇一三年《ねん》八月《がつ》二〇日《にち》、アメリカのテレビ局《きょく》CNNが、
「カリフォルニア州《しゅう》に住《す》む四歳《さい》の少年《しょうねん》の皮《ひ》膚《ふ》の下《した》で、巻《ま》き貝《がい》が育《そだ》った」
というしょうげき的《てき》なニュースを報《ほう》じた。理由《りゆう》は、先《さき》ほど紹介《しょうかい》した都市伝説《としでんせつ》のまんまだ。この四歳《さい》の少年《しょうねん》が海《うみ》で遊《あそ》んでいたところ、転《ころ》んですりむいてしまった。このケガをしたヒザから巻《ま》き貝《がい》の卵《たまご》が入《はい》ったのだという。つまり、フジツボの都市伝説《としでんせつ》は本当《ほんとう》に起《お》きる可能性《かのうせい》があるということだ。

海岸《かいがん》で遊《あそ》ぶときは、転《ころ》ばないように、十《じゅう》分気《ぶんき》をつけたほうがよさそうだ。

八十八カ所《しょ》参《まい》りの逆《さか》打《う》ち

◆四国全土《しこくぜんど》◆

「四国《しこく》は、〝死国《しこく》〟という文字《もじ》で表《あらわ》すことができる」

という言葉《ことば》を聞《き》いたことがあるだろうか。これはおそらく、大《だい》ヒットした坂東眞砂子《ばんどうまさこ》作《さく》の小説《しょうせつ》『死国《しこく》』の影響《えいきょう》だろう。この小説《しょうせつ》は映画化《えいがか》もされている。この物語《ものがたり》で話題《わだい》になったのは、四国《しこく》八十八カ所《しょ》を逆《ぎゃく》に回《まわ》る、「逆打《さかう》ち」と呼《よ》ばれる行為《こうい》だ。映画《えいが》の中《なか》では、

「祈《いの》りを込《こ》めて〝逆打《さかう》ち〟をすると、死者《ししゃ》がよみがえる」

と、くり返《かえ》し紹介《しょうかい》されたが、本当《ほんとう》に、八十八カ所《しょ》を逆《ぎゃく》に回《まわ》ると、死《し》んだ人《ひと》がよみがえるのだろうか。

答《こた》えはノーだ。

というのも、この「逆打《さかう》ち」は、昔《むかし》からおこなわれており、決《けっ》してめずらしいものではないのだ。しかし地元《じもと》の人《ひと》に

「逆打《さかう》ちをしている」

と、話《はな》すと、

「やめておいたほうがいい」

と止《と》められることがあるのだという。

というのも、八十八カ所《しょ》は、時計回《とけいまわ》りに一番札所《いちばんふだしょ》から順《じゅん》に回《まわ》る、「順打《じゅんう》ち」をするように配置《はいち》されている。案内板《あんないばん》も「順打《じゅんう》ち」用《よう》なため、逆回《ぎゃくまわ》りをすると、道《みち》に迷《まよ》いやすくなるのだ。また、一緒《いっしょ》に歩《ある》く人《ひと》が少《すく》ないことも、迷子《まいご》になりやすい原因《げんいん》になる。

八十八カ所《しょ》の順路《じゅんろ》となる道《みち》は、きれいにほそうされた道路《どうろ》ばかりではない。細《ほそ》い山《やま》道《みち》も多《おお》い。もし、倒《たお》れて誰《だれ》にも発見《はっけん》されなかったら……死者《ししゃ》をよみがえらせるどころか、**自分自身《じぶんじしん》が死者《ししゃ》になってしまう可能性《かのうせい》もある。**

とはいえ、弘法大師《こうぼうだいし》が順打《じゅんう》ちで回《まわ》っていたこともあり、

「〝逆打《さかう》ち〟のほうが大師《だいし》さまに会《あ》いやすい」

とも言《い》われている。そして、

「〝逆打《さかう》ち〟は〝順打《じゅんう》ち〟の四倍《ばい》のパワーがある」

とも……。もし、本当《ほんとう》に〝**死者《ししゃ》のよみがえり**〟を願《ねが》って、くるくると逆打《さかう》ちをしたら……。どうなるか、気《き》になるところではある。

剣山《つるぎさん》のソロモン王《おう》の秘宝《ひほう》

◆三好市《みよしし》◆

第《だい》二次《じ》世界《せかい》大戦《たいせん》が始《はじ》まる少《すこ》し前《まえ》、一九三〇年代《ねんだい》から一九五〇年代《ねんだい》にかけてのことだ。西日本《にしにほん》で二番目《ばんめ》の高《たか》さをほこる「剣山《つるぎさん》」で、奇妙《きみょう》な発掘《はっくつ》さわぎがもちあがった。なんと剣山《つるぎさん》の山頂《さんちょう》に、〝ソロモン王《おう》の秘宝《ひほう》〟がかくされているというのだ。

ソロモン王《おう》とは、約《やく》三〇〇〇年前《ねんまえ》に中東《ちゅうとう》に存在《そんざい》した、ユダヤ王国《おうこく》の大王《だいおう》である。王《おう》国《こく》はおおいに栄《さか》えたが、ソロモン王《おう》が死《し》ぬと、王国《おうこく》は分裂《ぶんれつ》。その時《とき》ユダヤの人々《ひとびと》は、世界中《せかいじゅう》に散《ち》らばり、財宝《ざいほう》を世界中《せかいじゅう》にかくしたと言《い》われている。

秘宝《ひほう》のなかには、ユダヤ人《じん》が特別《とくべつ》な力《ちから》がある〝三種《しゅ》の神器《じんぎ》〟とあおぐ、「モーゼの十戒石《じっかいせき》」、「アロンの杖《つえ》」、「マナの壺《つぼ》」をおさめた「契約《けいやく》の箱《はこ》」などが含《ふく》まれていたという。

その秘宝《ひほう》が、こともあろうに、徳島《とくしま》の剣《つるぎ》山《さん》に眠《ねむ》っているというのだ。

▲「どこかにソロモン王《おう》の秘宝《ひほう》がかくされている」とうわさされる剣山《つるぎさん》。「失《うしな》われた契約《けいやく》の聖《せい》ひつ（アーク）がある」とも言《い》われている。

このとほうもない説《せつ》をとなえたのは、世《せ》界的《かいてき》に知《し》られる聖書研究家《せいしょけんきゅうか》の高根正教氏《たかねまさのりし》である。高根氏《たかねし》は、『旧約聖書《きゅうやくせいしょ》』と『新約聖書《しんやくせいしょ》』、そして日本《にほん》の『古事記《こじき》』をくらべ、

「剣山《つるぎさん》に秘宝《ひほう》が埋《う》められている」

という説《せつ》を発表《はっぴょう》した。そして一九三六年《ねん》（昭和《しょうわ》一一年《ねん》）、仲間《なかま》といっしょに、剣山《つるぎさん》の山頂《さんちょう》を掘《ほ》り進《すす》んだ。すると、なんといわくありげなトンネル造《づく》りのアーチが見《み》つかった。さらに、地下《ちか》の宮殿《きゅうでん》と思《おも》われる施設《しせつ》まで掘《ほ》り当《あ》てたというのだ。

この発掘《はっくつ》は一九五二年《ねん》（昭和《しょうわ》二七年《ねん》）、元海軍大将《もとかいぐんたいしょう》・山本英輔《やまもとえいすけ》らのグループによってもおこなわれ、大理石《だいりせき》でできた階段《かいだん》や、**ミイラらしきものが一〇〇体《たい》**も発見《はっけん》され、『徳島日報《とくしまにっぽう》』で大々的《だいだいてき》にとりあげられたという。しかし、都合《つごう》が悪《わる》いことでもあったのか、すぐにこの記事《きじ》は消《け》されてしまったのだそうだ。

結局《けっきょく》、目指《めざ》す秘宝《ひほう》**『三種《しゅ》の神器《じんぎ》』**は見《み》つからず、現在《げんざい》にいたる。ちなみにこの宝物《たからもの》をお金《かね》に換《か》えると、当時《とうじ》の金額《きんがく》で八〇〇〇億円《おくえん》もの価値《かち》があったと言《い》われている。

その後《ご》の発掘《はっくつ》だが、昭和《しょうわ》三九年《ねん》に剣山一《つるぎさんいっ》帯《たい》が国定公園《こくていこうえん》に指定《してい》されたため、法律《ほうりつ》で**一《いっ》切禁止《さいきんし》**されてしまったそうだ。本当《ほんとう》に、何《なに》が眠《ねむ》っているか気《き》になるところではある。

高知市《こうちし》
小型《こがた》UFO生《い》け捕《ど》り事件《じけん》

一九七〇年代《ねんだい》は、日本列島《にっぽんれっとう》が、かつてないほど〝UFO目撃《もくげき》ラッシュ〟に見《み》まわれた時代《じだい》だ。日本全国《にっぽんぜんこく》のあちらこちらで「見《み》た」という声《こえ》が聞《き》かれ、証拠写真《しょうこしゃしん》や目《もく》撃《げき》イラストがいくつも雑誌《ざっし》やテレビなどで紹介《しょうかい》された。

この中《なか》でも研究家《けんきゅうか》たちの心《こころ》をつかんだのは、高知市《こうちし》の介良地区《けらちく》の事件《じけん》だろう。なんと、中学生《ちゅうがくせい》のグループが、小型《こがた》のUFOをつかまえたというのだ。

事件《じけん》は一九七二年《ねん》八月《がつ》二五日《にち》午後《ごご》三時《じ》すぎに起《お》きた。中学校《ちゅうがっこう》から帰宅途中《きたくとちゅう》のAくんが、田《た》んぼの上《うえ》を金属《きんぞく》のような物体《ぶったい》がコウモリのように飛《と》び回《まわ》っているのを目撃《もくげき》した。物体《ぶったい》は、パッ、パッと、空中《くうちゅう》を移動《いどう》している。不思議《ふしぎ》だな、と感《かん》じたAくんは、友人《ゆうじん》のBくん、Cくんに相談《そうだん》した。さらにCくんの兄《あに》のDくんも仲間《なかま》に加《くわ》わり、

「調《しら》べに行《い》こう」
ということになった。

「あっ、あそこにいるぞ」

午後《ごご》八時過《じす》ぎ、ピカピカ光《ひか》りながらその〝飛《と》ぶ物体《ぶったい》〟が田《た》んぼに着陸《ちゃくりく》した。物体《ぶったい》は銀色《ぎんいろ》にボーッと光《ひか》ったり消《き》えたりをくり返《かえ》している。

Aくんがそっと近《ちか》より、さわろうとした瞬間《しゅんかん》、物体《ぶったい》はパーッと明《あか》るく輝《かがや》き、青白《あおじろ》い色《いろ》に変化《へんか》した。びっくりしたAくんたちは一目散《いちもくさん》に逃《に》げた。

それから一週間以上《しゅうかんいじょう》がたった九月四日《がつか》、Aくんたちの仲間《なかま》は、再《ふた》びこの〝飛行物体《ひこうぶったい》〟を発見《はっけん》し、この時《とき》はカメラでの撮影《さつえい》にも成功《せいこう》している。

そしてその二日後《かご》の九月六日《がつか》、五人《にん》の仲間《なかま》を新《あら》たに加《くわ》えたAくんたち探査《たんさ》メンバーは、田《た》んぼに落《お》ちていたこの物体《ぶったい》を発見《はっけん》した。するとAくんはなんと素手《すで》でつかみ、家《いえ》へ持《も》ち帰《かえ》ったのだ。

物体《ぶったい》は大《おお》きな灰皿《はいざら》を逆《さか》さまにしたような形《かたち》をしていた。表面《ひょうめん》はにぶく光《ひか》る銀色《ぎんいろ》で、裏側《うらがわ》には波《なみ》と千鳥《ちどり》を描《えが》いたような奇妙《きみょう》なも

ようが浮《う》き出《で》ていた。ゆするとガチャガチャと音《おと》がした。

Aくんはその夜《よる》、ビニール袋《ぶくろ》に入《い》れて、ナップザックにしまったが、**朝《あさ》になると消《き》えてしまった**のだという。

しかし、Aくんはその後《ご》も何度《なんど》もこのUFOをつかまえた。しかし、何度《なんど》つかまえても**朝《あさ》になると消《き》えている。**

そういったことが五〜六回続《かいつづ》いたあるとき、A君《くん》は裏側《うらがわ》にある無数《むすう》の穴《あな》に、ジョウロで水《みず》を入《い》れてみた。すると、

「ジー、ジー」

というセミの鳴《な》き声《ごえ》のような音《おと》がし、物体《ぶったい》の内部《ないぶ》が輝《かがや》いた。Aくんはさらにその穴《あな》にエナメル線《せん》を通《とお》して手《て》で引《ひ》っぱってみた。フタが少《すこ》し開《ひら》いて、中《なか》にラジオ部品《ぶひん》のようなものが見《み》えた。

ちなみに物体《ぶったい》の大《おお》きさは高《たか》さ七七センチ、直径《ちょっけい》一八・二センチ。重《おも》さは一・二キロ。形《かたち》はつばの広《ひろ》い帽子《ぼうし》にそっくりだったという。この時《とき》も物体《ぶったい》は**朝《あさ》になると消《き》えた。**

九月《がつ》二二日《にち》の夜《よる》、Aくんはまたしても UFOをつかまえたが、自転車《じてんしゃ》の荷台《にだい》にくくりつけて運《はこ》ぶ途中《とちゅう》、消《き》えてしまった。それ以来《いらい》、この物体《ぶったい》は二度《ど》と姿《すがた》を現《あらわ》さなくなったのだそうだ。

高知県《こうちけん》では、他《ほか》にも同《おな》じような小型《こがた》UFOの目撃事件《もくげきじけん》が発生《はっせい》している。この介良《けら》事件《けん》を見《み》ても、当時《とうじ》、高知県《こうちけん》のあちこちに小《こ》型《がた》UFOが飛《と》び回《まわ》っていたという可能性《かのうせい》は、否定《ひてい》できなさそうだ。

▲少年《しょうねん》たちの証言《しょうげん》をもとにして作《つく》られた、実寸大《じっすんだい》のＵＦＯ模型《もけい》。
この大《おお》きさ、色《いろ》、形《かたち》をした円盤《えんばん》が、ふわふわと飛《と》んでいたという。

首《くび》が吹《ふ》き飛《と》ぶ少女《しょうじょ》の霊《れい》

◆南国市《なんこくし》◆

南国市《なんこくし》にある、とある神社《じんじゃ》にまつわる話《はなし》である。

ある日《ひ》、一人《ひとり》の若者《わかもの》が、神社《じんじゃ》の鳥居《とりい》の下《した》に小学生《しょうがくせい》くらいの少女《しょうじょ》が一人《ひとり》でポツンと立《た》っているのを見《み》つけた。何《なに》をしているんだろうと、目《め》を止《と》めた若者《わかもの》を見《み》て、少女《しょうじょ》はにっこりとほほえんだ。その瞬間《しゅんかん》、少女《しょうじょ》の首《くび》がポンと上《うえ》に吹《ふ》き飛《と》んだのだそうだ。おどろいた若者《わかもの》が腰《こし》を抜《ぬ》かしていると、若者《わかもの》を目《め》がけて少女《しょうじょ》の生首《なまくび》が飛《と》んできて、

『アハハハ』

と笑《わら》い、くるくる回《まわ》るとすうっと消《き》えてしまったという。

この神社《じんじゃ》、首《くび》のない少女《しょうじょ》にまつわるこういった怪談《かいだん》がよく聞《き》かれるのだそうだ。ある人《ひと》は、

「神社《じんじゃ》の境内《けいだい》を歩《ある》いていると、横《よこ》の木《き》の枝《えだ》に、**少女《しょうじょ》の生首《なまくび》**がつき刺《さ》さっていた」

と言《い》うし、ある人《ひと》は
「夜《よる》、神社《じんじゃ》の鳥居《とりい》のあたりでボールのようなものがはねているのでよく見《み》ると、**少女《しょうじょ》の生首《なまくび》**だった」

と言《い》う。なぜ、これほど〝少女《しょうじょ》の首《くび》〟にまつわる話《はなし》が聞《き》かれるのだろうか。

はっきりとした理由《りゆう》はわかっていないが、かつてこの神社《じんじゃ》でお祭《まつ》りをしているときに、一人《ひとり》の少女《しょうじょ》が行方不明《ゆくえふめい》になっているのだという。

この行方不明《ゆくえふめい》になった少女《しょうじょ》の〝首《くび》〟がどうなっているのか、ひょっとしたらそこに〝謎《なぞ》〟のヒントがかくされているのかもしれない。

あなたの学校《がっこう》にもかならずある……

学校《がっこう》の怪談《かいだん》・七不思議《ふしぎ》

いつもにぎやかな学校《がっこう》も、放課後《ほうかご》は霊《れい》や妖怪《ようかい》たちの場所《ばしょ》。
学校《がっこう》に遅《おそ》くまで残《のこ》っていると、出会《であ》えるかもしれないよ。
ほら、あなたの学校《がっこう》にも、必《かなら》ず七不思議《ふしぎ》や怪談《かいだん》が……。

学校《がっこう》の怪談《かいだん》　スポット1

怪談《かいだん》No.1スポット　トイレ

✦トイレの花子《はなこ》さん

女子《じょし》トイレのドアを、一番手前《ばんてまえ》から順番《じゅんばん》に3回《かい》ずつノックして「花《はな》子《こ》さんいらっしゃいますか？」と呼《よ》んでいくと、3番目《ばんめ》のトイレで、誰《だれ》もいないはずなのに「はい」とかすかに返事《へんじ》がする。ドアをあけると、おかっぱ頭《あたま》で赤《あか》いスカートをはいた女《おんな》の子《こ》がいて、トイレの中《なか》に引《ひ》きずりこまれるとか……。

✦赤《あか》い紙青《かみあお》い紙《かみ》

夕方《ゆうがた》トイレに入《はい》って紙《かみ》がないと、「赤《あか》い紙《かみ》が欲《ほ》しいか、青《あお》い紙《かみ》が欲《ほ》しいか」としわがれた声《こえ》がする。赤《あか》い紙《かみ》というと、身体中《からだじゅう》から血《ち》が噴《ふ》き出《だ》して死《し》んでしまう。青《あお》い紙《かみ》というと全身《ぜんしん》の血《ち》を抜《ぬ》き取《と》られ、やはり死《し》んでしまうそうだ。

スポット2

怪《あや》しさNo.1 理科室《りかしつ》

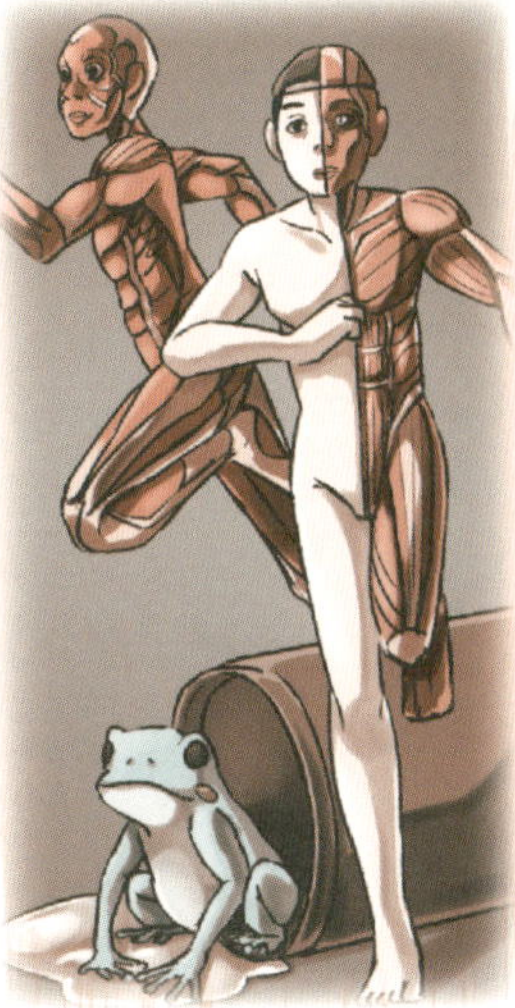

◆動《うご》く人体模型《じんたいもけい》

理科室《りかしつ》の人体模型《じんたいもけい》は、本物《ほんもの》の骨《ほね》がまざっているそうだ。夜《よる》になると動《うご》き出《だ》し、校舎《こうしゃ》を走《はし》り回《まわ》っているという。

◆暴《あば》れるホルマリン漬《づ》けの生《い》き物《もの》

ホルマリンに漬《つ》けてある生《い》き物《もの》たちは、夜中《よなか》になるとビンの中《なか》で暴《あば》れて飛《と》び出《だ》し、理科室《りかしつ》を動《うご》き回《まわ》るのだとか。

スポット3

夜中《よなか》に音《おと》が…… 音楽室《おんがくしつ》

◆光《ひか》る目玉《めだま》

音楽室《おんがくしつ》の壁《かべ》に貼《は》ってある有名《ゆうめい》な音楽家《おんがくか》たちの絵《え》。夜《よる》になると目《め》が光《ひか》りだすという。ふざけて画《が》びょうを目《め》にさすと、さした人《ひと》の目《め》がものもらいになる。

◆夜中《よなか》のピアノ

夜中《よなか》になると、音楽室《おんがくしつ》のピアノは勝手《かって》に演奏《えんそう》をするのだという。その演奏《えんそう》を4回聴《かいき》いたら死《し》んでしまうとか。

スポット4

ろう下《か》・階段《かいだん》

✦休日《きゅうじつ》のろう下《か》

休《やす》みの日《ひ》に学校《がっこう》に行《い》き、一人《ひとり》で誰《だれ》もいないろう下《か》を歩《ある》いていると、後《うし》ろから「ヒタ…ヒタ…」と足音《あしおと》がする。

✦恐怖《きょうふ》の13段《だん》……

放課後《ほうかご》、いつもは12段《だん》の非常階段《ひじょうかいだん》が13段《だん》になる。この13段目《だんめ》を踏《ふ》むと、異世界《いせかい》に引《ひ》きずり込《こ》まれてしまう。

スポット5

プール

✦真夜中《まよなか》のプール

真夜中《まよなか》にプールをのぞくと、水着《みずぎ》を着《き》た男《おとこ》の子《こ》の幽霊《ゆうれい》が泳《およ》いでいる。勝手《かって》に一人《ひとり》でプールに入《はい》ると、この男《おとこ》の子《こ》に足《あし》を引《ひ》っ張《ぱ》られておぼれてしまう。

✦恐怖《きょうふ》のシャワー

夜中《よなか》にシャワーをひねると、真《ま》っ赤《か》な血《ち》が出《で》てくる。この血《ち》をあびると死《し》んでしまうそうだ。

スポット6

校庭《こうてい》・体育館《たいいくかん》

✦生首《なまくび》のボール

夜中《よなか》に校庭《こうてい》へ行《い》くと、男の子《おとこのこ》が一人《ひとり》でサッカーをしている。よく見《み》ると、そのボールは自分《じぶん》の生首《なまくび》なのだとか。

✦異世界《いせかい》への入口《いりぐち》

放課後《ほうかご》、誰《だれ》もいない体育館《たいいくかん》の倉庫《そうこ》に一人《ひとり》で入《はい》ると、異世界《いせかい》に連《つ》れて行《い》かれるという……。

7つ目《め》を知《し》ると……

スポット7

図書室《としょしつ》・美術室《びじゅつしつ》

✦呪《のろ》われた本《ほん》

図書室《としょしつ》には、「呪《のろ》われた本《ほん》」が現《あらわ》れることがあるそうだ。この本《ほん》に出会《であ》うと、あの世《よ》に連《つ》れて行《い》かれるのだとか。

✦未完成《みかんせい》の絵《え》

美術室《びじゅつしつ》の奥《おく》には、死《し》んだ生徒《せいと》の未完成《みかんせい》の絵《え》が保管《ほかん》されている。絵《え》は毎日《まいにち》描《か》き足《た》され、完成《かんせい》に近《ちか》づいているそうだ。

九州地方
福岡県

幽霊《ゆうれい》にとりつかれる十三佛《ぶつ》

◆広川町《ひろかわまち》◆

九州自動車道《きゅうしゅうじどうしゃどう》の広川《ひろかわ》インターチェンジを出《で》て、少《すこ》し行《い》ったところにある大《おお》きな鳥居《とりい》をくぐると竹《たけ》やぶがある。そのやぶの中《なか》を続《つづ》く道《みち》をしばらく歩《ある》いていくと、防空《ぼうくう》ごうのような、せまくて暗《くら》い洞《どう》くつが見《み》えてくる。

このせまい洞《どう》くつの奥《おく》には、一三体《たい》のお地蔵《じぞう》さまが安置《あんち》されている。このお地蔵《じぞう》さまを地元《じもと》の人《ひと》たちは「十三佛《ぶつ》」と呼《よ》んでいるそうで、遊《あそ》び半分《はんぶん》で近《ちか》づくと、呪《のろ》われてしまうのだそうだ。

ここに伝《つた》わる話《はなし》で、こんな恐《おそ》ろしいものがある。

三〇年《ねん》ほど前《まえ》、おとなりの佐賀県《さがけん》から三人《にん》の若者《わかもの》が肝《きも》だめしをしに、この十三佛《ぶつ》にやってきた。

あまりの恐《おそ》ろしさにテンションがあがったのだろう。中《なか》の一人《ひとり》が悪《わる》ふざけでお地蔵《じぞう》さまの首《くび》を持《も》ち帰《かえ》ってしまった。

すると数日後《すうじつご》、その男性《だんせい》が交通事故《こうつうじこ》にあい、死《し》んでしまったのだ。

『お地蔵《じぞう》さまの祟《たた》りだ』

と、残《のこ》された二人《ふたり》の男性《だんせい》は、すぐさま十三佛《ぶつ》へお地蔵《じぞう》さまの首《くび》を返《かえ》しに行《い》った。

すると、一三体《たい》あったはずの地蔵《じぞう》がなぜか一二体《たい》になっている。二人《ふたり》は

「すみません、すみません」

と何度《なんど》もあやまり、首《くび》をその場《ば》に置《お》いて急《いそ》いで帰《かえ》ろうとした。すると、男性《だんせい》のうち一人《ひとり》が**白目《しろめ》をむいて意味不明《いみふめい》なことをつぶやき始《はじ》めた。**

もう一人《ひとり》の男性《だんせい》は、〝何者《なにもの》かにとりつかれたんだ〟と思《おも》い、引《ひ》っぱるようにして連《つ》れ帰《かえ》った。しかし、とりつかれた男性《だんせい》の精《せい》神《しん》は戻《もど》らず、一カ月後《げつご》に、**首《くび》を吊《つ》って自《じ》殺《さつ》してしまった。**

祟《たた》りのあまりの恐《おそ》ろしさに、生《い》き残《のこ》った男性《だんせい》は、再《ふたた》び十三佛《ぶつ》に行《い》き、あやまった。そのとき、なぜか地蔵《じぞう》はまた一三体《たい》に戻《もど》っていたという。

このような、十三佛《ぶつ》にいたずらをしたばかりに**〝命《いのち》を落《お》とした〟**という話《はなし》は多《おお》い。ここのお地蔵《じぞう》さまには何《なに》があってもさわらないほうがよさそうだ。

平安時代《へいあんじだい》の牛鬼《うしおに》のミイラ

久留米市《くるめし》

西日本《にしにほん》には、鬼《おに》の頭《あたま》に牛《うし》の体《からだ》を持《も》つ「牛鬼《うしおに》」と呼《よ》ばれる不思議《ふしぎ》な生物《せいぶつ》の伝説《でんせつ》が多《おお》く残《のこ》されている。

牛鬼《うしおに》が出没《しゅつぼつ》するのは主《おも》に水《みず》のあるところだ。昼間《ひるま》は海《うみ》や湖《みずうみ》の底《そこ》にひそんでいて、夜《よる》になると現《あらわ》れて、そのそばを歩《ある》く人間《にんげん》をおそい、ときには食《く》い殺《ころ》すこともあるという。

さて、この伝説《でんせつ》が聞《き》かれる場所《ばしょ》なのだが、主《おも》に西日本《にしにほん》、それも四国《しこく》と山陰地方《さんいんちほう》、そして北九州一帯《きたきゅうしゅういったい》なのだそうだ。

そして、この牛鬼《うしおに》がいたという証拠《しょうこ》が、福岡県久留米市田主丸町《ふくおかけんくるめしたぬしまるまち》の「石垣山観音寺《いしがきやまかんのんじ》」にある。

それは、長《なが》さ一五センチを超《こ》える左手《ひだりて》のミイラで、太《ふと》くて長《なが》い三本《ぼん》の指《ゆび》からは約《やく》三センチのがっしりとした立派《りっぱ》な爪《つめ》が生《は》えている。かつては立派《りっぱ》な指《ゆび》が五本《ほん》、生《は》えそろっていたというが、何《なん》らかのしょうげきで取《と》れてしまったのだろう。指《ゆび》がすべてそろったとしても、人間《にんげん》のものには見《み》えない。

寺《てら》に伝《つた》えられる伝説《でんせつ》によると、平安時代《へいあんじだい》の終《お》わりごろ、この村《むら》に牛鬼《うしおに》が現《あらわ》れた。村《むら》の人々《ひとびと》はなんとか退治《たいじ》しようとしたが、どうしてもかなわない。そこで、当時《とうじ》の観《かん》音寺《のんじ》の住職《じゅうしょく》・今光上人《こんこうしょうにん》にたのむことにした。上人《しょうにん》はいちげきで牛鬼《うしおに》を倒《たお》した。このときに**切《き》り落《お》とした左手《ひだりて》**が、このミイラなのだという。

とはいえ、ある鑑定《かんてい》によると、この手《て》の正体《しょうたい》は牛《うし》か馬《うま》のものではないかという。しかし、牛《うし》や馬《うま》の指《ゆび》は四本で、指《ゆび》が五本存在《ほんそんざい》したのは、はるか原始《げんし》のころのことだ。では、このミイラの正体《しょうたい》は何《なん》なのだろうか。

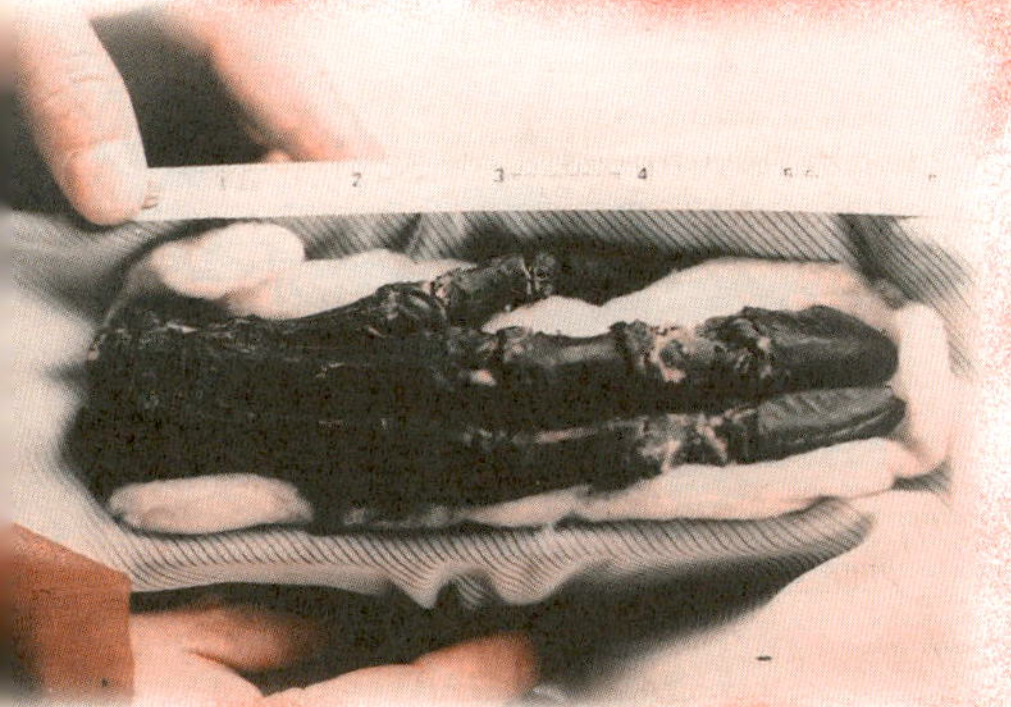

▲牛鬼《うしおに》の手《て》のミイラ。「牛《うし》や馬《うま》のものではないか」とも言《い》われているが、このミイラの指《ゆび》の本数《ほんすう》とは、数《かず》が合《あ》わない。

実《じつ》は、牛鬼《うしおに》に関《かん》しては、民俗学的《みんぞくがくてき》にも動《どう》物学的《ぶつがくてき》にもほとんど調査《ちょうさ》されておらず、今《こん》後《ご》に期待《きたい》するしかないのだという。しかし、調査《ちょうさ》の結果《けっか》によっては、牛鬼《うしおに》が存在《そんざい》したことが、証明《しょうめい》されるかもしれない。ぜひ調査《ちょうさ》してほしいものだ。

九州地方
福岡県

宮若市《みやわかし》

九州最恐《きゅうしゅうさいきょう》の村《むら》、犬鳴村伝説《いぬなきむらでんせつ》

数年前《すうねんまえ》から都市伝説《としでんせつ》マニアや心霊《しんれい》マニアの間《あいだ》で「最恐《さいきょう》」とささやかれている、有《ゆう》名《めい》な心霊《しんれい》スポットがある。宮若市《みやわかし》にある、「犬鳴村《いぬなきむら》」という集落《しゅうらく》だ。

村《むら》に入《はい》る道《みち》には「犬鳴《いぬなき》トンネル」があるそうで、このトンネルからして心霊《しんれい》スポットだと言《い》われている。そう、この〝犬鳴《いぬなき》〟一帯《いったい》が巨大《きょだい》なミステリーゾーンなのだ。この村《むら》にまつわる奇妙《きみょう》なうわさは、あとをたたない。

というのも、村《むら》の入《い》り口《ぐち》からして

『この先《さき》日本国憲法《にほんこくけんぽう》通用《つうよう》セズ』

という立《た》て看板《かんばん》があるそうで、そのため

「この村《むら》は、日本《にっぽん》の法律《ほうりつ》がまったく通用《つうよう》しない、無法地帯《むほうちたい》である」

「村《むら》に入《はい》ると、どの会社《かいしゃ》の携帯電話《けいたいでんわ》もまったく通《つう》じなくなる」

「江戸時代《えどじだい》よりも昔《むかし》に、その村《むら》の人々《ひとびと》はひどい仲間《なかま》はずれにあったため、外部《がいぶ》とは一《いっ》切交流《さいこうりゅう》をせず、完全《かんぜん》に自給自足《じきゅうじそく》で生活《せいかつ》している」

「興味本位《きょうみほんい》で村《むら》に入《はい》ったカップルが、村人《むらびと》たちに殺《ころ》された」

「戦前《せんぜん》から伝染病《でんせんびょう》の人《ひと》たちをかくりする施《し》設《せつ》があった。戦争《せんそう》に負《ま》けそうになると、国《くに》はこの施設《しせつ》を見捨《みす》て、地図《ちず》から名前《なまえ》を消《け》した。しかし、病《やまい》をわずらいながらも生《い》き残《のこ》った人々《ひとびと》が、今《いま》もそこでひっそりと、くらしている」

などなど、にわかには信《しん》じがたいものばかりだ。

「幽霊《ゆうれい》を見《み》た」

といううわさもあり、この〝伝説《でんせつ》〟を信《しん》じる、近《ちか》くに住《す》む人《ひと》たちは、犬鳴村《いぬなきむら》のあたりにはなるべく近《ちか》よろうとしないのだそうだ。

調《しら》べてみると、たしかに犬鳴村《いぬなきむら》という村《そん》落《らく》は、近年《きんねん》まで存在《そんざい》していた。しかし〝伝《でん》説《せつ》〟で言《い》われているような村《むら》ではなく、ふ

つうの集落《しゅうらく》だったという。

また、村《むら》が消《き》えたのも、市町村合併《しちょうそんがっぺい》と、犬鳴《いぬなき》ダムを作《つく》るときに、村《むら》の大部分《だいぶぶん》がダムの底《そこ》に沈《しず》んでしまったためで、大《おお》きな事件《じけん》や政府《せいふ》のいんぼうめいたものは存在《そんざい》しない。

とはいえ……旧犬鳴《きゅういぬなき》トンネルから数百《すう》メートル離《はな》れた所《ところ》で、実際《じっさい》にひどい事件《じけん》が発生《はっせい》している。

一九八八年《ねん》、当時《とうじ》一六～一九歳《さい》だった少年《しょうねん》五人《にん》が、当時《とうじ》二〇歳《さい》だった青年《せいねん》になぐるけるの暴行《ぼうこう》を加《くわ》えた。彼《かれ》らは顔見知《かおみし》りで、〝遊《あそ》びに行《い》くために車《くるま》を借《か》りようとしたが、断《ことわ》られた〟という理由《りゆう》での犯行《はんこう》だったという。

少年《しょうねん》たちは、青年《せいねん》を犬鳴峠《いぬなきとうげ》へ連《つ》れて行《い》くと、さらになぐり、ぐったりとした青年《せいねん》の**両手両足《りょうてりょうあし》をしばり、ガソリンをかけて、焼《や》き殺《ころ》してしまった**という。同《おな》じように、昔《むかし》、カップルが焼《や》き殺《ころ》されるという、ざんこくな事件《じけん》もあったようだ。

そう聞《き》くと、幽霊《ゆうれい》や謎《なぞ》の伝説《でんせつ》より、**実際《じっさい》に生《い》きている人間《にんげん》のほうが恐《おそ》ろしい**ような気《き》がするが……。

人《ひと》を吸《す》い込《こ》む海面《かいめん》

唐津市《からつし》

▲観光地《かんこうち》としても有名《ゆうめい》な、七ツ釜《がま》。エメラルドグリーンの色《いろ》をした美《うつく》しい海《うみ》に吸《す》い込《こ》まれるように飛《と》び込《こ》む人《ひと》も少《すく》なくないという。

玄界灘《げんかいなだ》につき出《で》た、土器崎《かわらけざき》の先《さき》っぽに「七ツ釜《がま》」という、玄界灘《げんかいなだ》の荒波《あらなみ》にけずられてできた玄武岩《げんぶがん》の洞《どう》くつがある。

まるで釜《かま》のような形《かたち》で、七つ並《なら》んでいることから「七ツ釜《がま》」と呼《よ》ばれるようになった。いずれも海《うみ》から二六メートルほど高《たか》さがあり、一番大《ばんおお》きい穴《あな》は、間口《まぐち》五メートル、奥行《おくゆ》きは一〇〇メートルもあるという。

さて、この七ツ釜《がま》の海《うみ》だが、エメラルドグリーンにかがやく、神秘的《しんぴてき》な青《あお》さでも有名《ゆうめい》だ。そのためか、吸《す》い込《こ》まれるようにして、この七ツ釜《がま》の崖《がけ》から身《み》を投《な》げる人《ひと》があとをたたない。

足《あし》を運《はこ》んでみると、そこは国立公園《こくりつこうえん》にも指定《してい》される観光《かんこう》スポットだ。迫力《はくりょく》ある景色《けしき》を楽《たの》しむ人《ひと》ばかりだが、崖《がけ》の先《さき》から海《うみ》をのぞくと足《あし》がすくむほどの高《たか》さである。しかし、透《す》き通《とお》った海《うみ》は、**ゾクッ**とするほど美《うつく》しい。

そう、ここでの自殺者《じさつしゃ》の特《とく》ちょうは、**海《うみ》に引《ひ》き込《こ》まれるようにして飛《と》び込《こ》んでしまうことだ**。つまり、それまで〝死《し》にたい〟などと思《おも》ったこともない人間《にんげん》が、ここに来《き》て**ふと魔《ま》がさしたかのように**海《うみ》に飛《と》び込《こ》んでしまう、というのである。

現場《げんば》にはここで死《し》んだ人《ひと》の霊《れい》をなぐさめるためのお地蔵《じぞう》さまも設置《せっち》されている。

そして、この周囲《しゅうい》には、はからずも命《いのち》を絶《た》ってしまった死者《ししゃ》の、成仏《じょうぶつ》できない幽霊《ゆうれい》がさまよっている姿《すがた》がしばしば目撃《もくげき》されている。とつ然《ぜん》の〝**死《し》**〟に自分《じぶん》でも納得《なっとく》できていないのだろう。特《とく》に飛《と》び降《お》りる人《ひと》が多《おお》いというポイントの真下《ました》には、むらがるようにして霊《れい》が集《あつ》まっているのが、霊能者《れいのうしゃ》には見《み》えるという。

美《うつく》しい場所《ばしょ》でうっとりと気《き》をとられていると、思《おも》いがけず霊《れい》に誘《さそ》われ、身《み》を投《な》げてしまう可能性《かのうせい》があるということだ。

くれぐれも用心《ようじん》を……。

佐賀藩化《さがはんば》け猫騒動《ねこそうどう》

佐賀市《さがし》

佐賀《さが》の怖《こわ》い話《はなし》を語《かた》るとき、絶対《ぜったい》にはずしてはいけないのが佐賀藩《さがはん》の「化《ば》け猫騒動《ねこそうどう》」だろう。

佐賀藩《さがはん》は代々《だいだい》、龍造寺家《りゅうぞうじけ》がおさめていたが、戦国時代《せんごくじだい》の一五八四年《ねん》（天正《てんしょう》一二年《ねん》）、「沖田畷《おきたなわて》の戦《たたか》い」で城主《じょうしゅ》だった隆信《たかのぶ》が死《し》んでしまった。

しかし、あとをついだ政家《まさいえ》は体《からだ》が弱《よわ》く、藩《はん》を仕切《しき》ることはむずかしかった。そこで、サポートしたのが、隆信《たかのぶ》の義理《ぎり》の弟《おとうと》の鍋島《なべしま》直茂《なおしげ》だ。

鍋島直茂《なべしまなおしげ》はとてもすぐれた家来《けらい》だった。

そのため、豊臣秀吉《とよとみひでよし》も徳川家康《とくがわいえやす》も、「龍造《りゅうぞう》寺家《じけ》」よりも家来《けらい》の「鍋島家《なべしまけ》」のほうに目《め》をかけていたようだ。

そんな様子《ようす》を見《み》ていた、龍造寺政家《りゅうぞうじまさいえ》の息子《むすこ》の高房《たかふさ》は、佐賀藩《さがはん》の城主《じょうしゅ》になったものの、「こんな立場《たちば》で生《い》きるのはつらい」

と、自殺《じさつ》してしまった。すると体《からだ》の弱《よわ》い政家《まさいえ》も、息子《むすこ》の死《し》にショックを受《う》け、すぐに亡《な》くなった。

こうして、龍造寺家《りゅうぞうじけ》をサポートし続《つづ》けてきた鍋島家《なべしまけ》が、いつの間《ま》にか城主《じょうしゅ》になってしまったのだ。

その後《ご》、龍造寺高房《りゅうぞうじたかふさ》のお墓《はか》は佐賀城下《さがじょうか》にある「泰長院《たいちょういん》」に建《た》てられた。しかし、くやしい思《おも》いを残《のこ》して自殺《じさつ》した高房《たかふさ》の霊《れい》は成仏《じょうぶつ》できなかったのか、白装束《しろしょうぞく》で馬《うま》に乗《の》った姿《すがた》で現《あらわ》れ、城下町《じょうかまち》を駆《か》け回《まわ》る姿《すがた》が見《み》られるようになったという。

ところで、高房《たかふさ》は猫《ねこ》を飼《か》っていた。そこで、こんな話《はなし》が作《つく》られている。そう、「化《ば》け猫騒動《ねこそうどう》」は、この「龍造寺家《りゅうぞうじけ》」と「鍋島家《なべしまけ》」のごたごたから生《う》まれた、物語《ものがたり》なのである。紹介《しょうかい》しよう。

それから時代《じだい》は流《なが》れ、鍋島光茂《なべしまみつしげ》が二代目《だいめ》の城主《じょうしゅ》になったときのことだ。光茂《みつしげ》は、母親《はははおや》のお政《まさ》とひっそりと暮《く》らしている龍造寺家《りゅうぞうじけ》の長男又七郎《ちょうなんまたしちろう》をお城《しろ》に呼《よ》んだ。

「一緒《いっしょ》に碁《ご》を打《う》たないか」

というわけだ。碁《ご》の達人《たつじん》だった又七郎《またしちろう》は、何《なん》のぎもんも持《も》たず、お城《しろ》に出《で》かけるのだが、そのまま、行方不明《ゆくえふめい》になってしまう。

又七郎《またしちろう》がなかなか帰《かえ》ってこないことに、お政《まさ》は大変心配《たいへんしんぱい》した。そこでかわいがっていた黒猫《くろねこ》のコマに
「又七郎《またしちろう》をさがしてほしい」

と、お願《ねが》いする。何日《なんにち》かして、コマは又《また》七郎《しちろう》の生首《なまくび》をくわえて戻《もど》ってきた。実《じつ》は、"碁《ご》を打《う》とう" というのは、又七郎《またしちろう》をさそい出《だ》すための口実《こうじつ》で、光茂《みつしげ》は最初《さいしょ》から又七《またしち》郎《ろう》を殺《ころ》すつもりでいたのだ。

又七郎《またしちろう》の首《くび》を抱《だ》きしめ、お政《まさ》は大変悲《たいへんかな》しみ、悔《くや》しがった。そして、お政《まさ》は自分《じぶん》ののどに小刀《こがたな》をつきさすと、

『コマよ、この血《ち》を吸《す》って、私《わたし》のうらみをはらしてほしい』

と言《い》い、死《し》んでしまった。

それからというもの、お城《しろ》には毎日《まいにち》のように死人《しにん》が出《で》るようになった。死体《したい》のほとんどはのどを食《く》いちぎられていた。

そしてついに光茂《みつしげ》までが、原因不明《げんいんふめい》の病《やまい》に倒《たお》れてしまう。そう、お城《しろ》に起《お》きた災《わざわ》いは、すべて黒猫《くろねこ》のコマが起《お》こしたことだっ

た。主人《しゅじん》の無念《むねん》の思《おも》いをはらすため、コマは化《ば》け猫《ねこ》になったのだ。

ところがその後《ご》、コマは正体《しょうたい》がバレてしまい殺《ころ》されてしまう。

ちなみにこの「化《ば》け猫騒動《ねこそうどう》」、とても広《ひろ》まり、少《すこ》しずつ名前《なまえ》や内容《ないよう》を変《か》えながら、歌舞伎《かぶき》で演《えん》じられたり、読《よ》み本《ほん》になったりした。そのため、又七郎《またしちろう》も又一郎《またいちろう》だったり、黒猫《くろねこ》も白猫《しろねこ》だったりする。

そして実《じつ》は、この猫《ねこ》のコマを供養《くよう》するためのほこらが今《いま》でも杵島郡白石町《きしまぐんしろいしちょう》の秀林寺《しゅうりんじ》にある。そして、毎日祈《まいにちいの》りがささげられているのだそうだ。

長崎市《ながさきし》

グラバー邸《てい》とフリーメイソン

日本《にっぽん》をガラリと変《か》えた「明治維新《めいじいしん》」。これは一部《ぶ》の武士《ぶし》たちが起《お》こしたことのように語《かた》られがちだが、実《じつ》は背後《はいご》で、外国人《がいこくじん》がサポートしていたという。

しかもそれが、今《いま》も〝世界《せかい》を裏《うら》であやつっている〟といううわさの組織《そしき》、**『フリーメイソン』**によるものだったというのだ。

ここでクローズアップされるのは坂本龍《さかもとりょう》馬《ま》だ。**〝龍馬《りょうま》はフリーメイソンのあやつり人形《にんぎょう》だった〟**という説《せつ》があるからだ。

事実《じじつ》、フリーメイソンの一員《いちいん》だったという、長崎《ながさき》に屋敷《やしき》をかまえていたトーマス・ブレーク・グラバー氏《し》のところを龍馬《りょうま》はひんぱんに訪《おとず》れている。

それを知《し》った上《うえ》でグラバー氏《し》を見《み》てみると、彼《かれ》は武器《ぶき》を売《う》る商人《しょうにん》で、薩摩《さつま》、長州《ちょうしゅう》、土佐《とさ》といった、幕府《ばくふ》を倒《たお》そうとする人《ひと》たちに、銃《じゅう》や弾薬《だんやく》などを売《う》りつけていた。さらに、将来《しょうらい》が有望《ゆうぼう》そうな若者《わかもの》たちに対《たい》して、海外留学《かいがいりゅうがく》の手引《てび》きまでしていたという。

こうして明治維新《めいじいしん》の中心的《ちゅうしんてき》な存在《そんざい》となる人《ひと》たちとかかわり、生《う》み出《だ》すことで、〝フリーメイソン〟の都合《つごう》のいいように、日本《にっぽん》を変《か》えていったのだ。

ここで、高知県《こうちけん》の足摺岬《あしずりみさき》に立《た》つジョン万次郎《まんじろう》の銅像《どうぞう》を見《み》てみると、左手《ひだりて》には、「コンパスと直角定規《ちょっかくじょうぎ》」がにぎられている。コンパスと直角定規《ちょっかくじょうぎ》は、フリーメイソンのシンボルマークだ。ジョン万次郎《まんじろう》は明治維新《めいじいしん》の立役者《たてやくしゃ》として知《し》られているが、彼《かれ》はアメリカでフリーメイソンに**スパイ**として教育《きょういく》されたという説《せつ》がある。

また、現在《げんざい》「グラバー園《えん》」として残《のこ》されている、グラバー邸《てい》の石柱《せきちゅう》にも、「コンパスと直角定規《ちょっかくじょうぎ》」がしっかりと刻《きざ》まれている。

もし、明治維新《めいじいしん》が〝フリーメイソン〟の意志《いし》でおこなわれていたとすると……。結果《けっか》はどうであれ、少《すこ》しうす気味《きみ》が悪《わる》くはないだろうか。

九州地方
長崎県

死体《したい》が出《で》ない自殺《じさつ》の名所《めいしょ》

佐世保市《させぼし》・西海市《さいかいし》

長崎《ながさき》・大村湾《おおむらわん》の入《い》り口《ぐち》にかかる「西海橋《さいかいばし》」は、車《くるま》がひっきりなしに通《とお》る国道《こくどう》二〇二号線《ごうせん》の一部《ぶ》だ。長《なが》さ三〇〇メートル以上《いじょう》もあるアーチ型《がた》の真《ま》っ赤《か》な橋《はし》で、海《うみ》からの高《たか》さは満潮時《まんちょうじ》でも、四三メートルもある。

橋《はし》から海《うみ》を見下《みお》ろすと、目《め》もくらむような高《たか》さに加《くわ》えて、うずを巻《ま》くようにして流《なが》れる海面《かいめん》に、思《おも》わず引《ひ》き込《こ》まれそうな感覚《かんかく》におそわれてしまう。

というのも、この橋《はし》の下《した》は「日本三大急潮《にほんさんだいきゅうちょう》」の一つといわれるほど潮《しお》の流《なが》れが早《はや》い。さらにこの潮《しお》が作《つく》り出《だ》すうずは、最大《さいだい》で直径《ちょっけい》一〇メートルにもなるのだそうだ。そのためか、この橋《はし》は県内《けんない》でも屈指《くっし》の自殺《じさつ》の名所《めいしょ》となってきた。

飛《と》び込《こ》むのは、自殺者《じさつしゃ》だけではない。殺人者《さつじんしゃ》が死体《したい》をかくすのには、ぴったりの場所《ばしょ》だろうし、戦後《せんご》の貧《まず》しい時代《じだい》は、この橋《はし》から、生《う》まれたばかりの赤《あか》ん坊《ぼう》を投《な》げ入《い》れた貧《まず》しい夫婦《ふうふ》も多《おお》かったという。橋《はし》から下《した》をのぞくと、赤《あか》ん坊《ぼう》の泣《な》き声《ごえ》が聞《き》こえることもあるのだそうだ。

そんなこともあり、霊感《れいかん》の強《つよ》い人《ひと》が橋《はし》から下《した》をのぞくと、海面《かいめん》に**たくさんの霊《れい》が群《む》れをなしている**のを見《み》ることもあるのだという。特《とく》に危険《きけん》なのは午前《ごぜん》二時《じ》から四時《じ》にかけてだ。うずをよくよく見《み》ていると人《ひと》の顔《かお》が出《で》てくるそうで、その顔《かお》と目《め》が合《あ》うと……思《おも》わず自分《じぶん》も飛《と》び込《こ》んでしまうのだという。

橋《はし》の下《した》の遊歩道《ゆうほどう》も危険《きけん》だ。海面《かいめん》から手《て》が伸《の》びてきて、引《ひ》き込《こ》まれることもあるという。幽霊《ゆうれい》を目撃《もくげき》したという人《ひと》も多《おお》い。

「びしょぬれの女性《じょせい》の幽霊《ゆうれい》を見《み》た」

「橋《はし》のたもとで親子連《おやこづ》れの霊《れい》を見《み》かけたが、そのまますうっと消《き》えた」

など、さまざまな話《はなし》が語《かた》られている。

九州地方
熊本県

和水町《なごみまち》
謎《なぞ》の古代遺跡《こだいいせき》トンカラリン

和水町《なごみまち》にはいつ、誰《だれ》が、何《なん》のために作《つく》ったのかわからない謎《なぞ》の古代遺跡《こだいいせき》「トンカラリン」がある。

トンカラリンの全長《ぜんちょう》は約《やく》四六五メートル。布石積《ぬのいしづ》みのトンネルと地面《じめん》の裂《さ》け目《め》を利用《りよう》した、大《おお》きさや形《かたち》がちがう、五種類《しゅるい》のトンネルからなる。

通路《つうろ》は、曲《ま》がりくねっていて、人一人《ひとひとり》がやっと通《とお》れるくらいの広《ひろ》さしかない。はいつくばってしかぬけられない通路《つうろ》もある。

この〝トンカラリン〟という呼《よ》び名《な》は、「小石《こいし》を穴《あな》に放《ほう》りこんだとき響《ひび》く音《おと》が、そう聞《き》こえるから」といわれるが、それも納得《なっとく》してしまうような遺跡《いせき》なのだ。

一九七四年《ねん》（昭和《しょうわ》四九年《ねん》）、遺跡《いせき》を調査《ちょうさ》した熊本県《くまもとけん》の教育委員会《きょういくいいんかい》や考古学者《こうこがくしゃ》は、この遺跡《いせき》が作《つく》られた目的《もくてき》として、「排水路説《はいすいろせつ》」、「水道説《すいどうせつ》」、「城《しろ》のぬけ穴説《あなせつ》」などの仮説《かせつ》をとなえた。しかし、丘《おか》の上《うえ》には川《かわ》や池《いけ》、湖《みずうみ》がなく、決定的《けっていてき》ではなかった。

そんな中《なか》、一九九四年《ねん》に、トンカラリンに近《ちか》い「前原長溝遺跡《まえばるながみぞいせき》」で一個《こ》、「松阪前方後円墳《まつさかぜんぽうこうえんふん》」から三個《こ》、頭《あたま》のとがった、奇妙《きみょう》な形《かたち》の頭《ず》がい骨《こつ》が見《み》つかった。

発掘《はっくつ》した別府大学《べっぷだいがく》の坂田邦洋助教授《さかたくにひろじょきょうじゅ》は、

「この変形《へんけい》した頭《ず》がい骨《こつ》は、この人物《じんぶつ》がまだ生《い》きているときに人工的《じんこうてき》に頭《あたま》の形《かたち》を変《か》えられたもの」

という考《かんが》えを明《あき》らかにした。さらに、

「頭《あたま》を変形《へんけい》させるのは、自分《じぶん》を特別《とくべつ》な存在《そんざい》として、神秘的《しんぴてき》に見《み》せようとしたのではないか」

と考《かんが》え、この四個《こ》の変形《へんけい》した頭《ず》がい骨《こつ》の持《も》ち主《ぬし》は、人間《にんげん》と神《かみ》さまを結《むす》ぶ〝シャーマンだったのではないか〟という新説《しんせつ》も唱《とな》えた。だとすると、この遺跡《いせき》ではどのような宗教儀式《しゅうきょうぎしき》がおこなわれていたのだろうか。気《き》になるところだ。

▲トンカラリンの入《い》り口《ぐち》。この形《かたち》の遺跡《いせき》は、全《ぜん》国的《こくてき》にもめずらしい。中《なか》には階段《かいだん》があり、大人《おとな》が歩《ある》いて通《とお》れるくらいの広《ひろ》さがある。

熊本《くまもと》最恐《さいきょう》の、赤橋《あかはし》

南阿蘇村《みなみあそむら》

国道《こくどう》五七号線《ごうせん》を熊本市《くまもとし》から阿蘇方面《あそほうめん》へぬけると、白川《しらかわ》にかかる通称《つうしょう》〝赤橋《あかはし》〟が見《み》える。なんのへんてつもない橋《はし》だが、夜間《やかん》、その朱色《しゅいろ》が、まわりの風景《ふうけい》にはそぐわない**不気味《ぶきみ》な色《いろ》**になるという。

不気味《ぶきみ》なのは色《いろ》だけではない。赤橋《あかはし》は**自殺《じさつ》の名所《めいしょ》**として知《し》られ、しばしば幽霊《ゆうれい》の目撃《もくげき》そう動《どう》が起《お》きているのだ。

もちろん、自殺防止対策《じさつぼうしたいさく》はされている。赤橋《あかはし》の下《した》にはネットがはられ、橋《はし》のたもとにはお地蔵《じぞう》さまがまつられている。このお地蔵《じぞう》さまは「ちょっと待《ま》て地蔵《じぞう》」と呼《よ》ばれているそうで、自殺《じさつ》をしようとする人《ひと》に、もう一度思《どおも》い直《なお》してもらおうと建《た》てられたのだそうだ。

しかし、そのかいもなく、ネットを乗《の》り越《こ》えて身《み》を投《な》げる人《ひと》があとをたたない。橋《はし》から川面《かわも》まで約《やく》九〇メートル。命《いのち》を失《うしな》うには十分《じゅうぶん》すぎる高《たか》さだ。

さて、赤橋《あかはし》のたもとに、こわれかけた一軒《けん》の家《いえ》がある。以前《いぜん》は喫茶店《きっさてん》だったらしいが、この建物《たてもの》に奇怪《きかい》な現象《げんしょう》が見《み》られるという。ボロボロの建物《たてもの》とはうらはらに、**窓《まど》ガラスだけはきれい**なのだ。

つまり、窓《まど》ガラスだけが常《つね》に磨《みが》かれているらしいのだ。わざわざ廃屋《はいおく》の窓《まど》ガラスをみがく人間《にんげん》がいるだろうか。

「幽霊《ゆうれい》が毎晩《まいばん》やってきている」

地元《じもと》では、〝赤橋《あかはし》で自殺《じさつ》した人間《にんげん》の霊《れい》がさまよい出《で》て、毎晩窓《まいばんまど》ガラスをみがきに来《く》る〟という説《せつ》がまことしやかにささやかれている。

また、橋《はし》の近《ちか》くに住《す》む人《ひと》たちは、電源《でんげん》を切《き》っていたはずのテレビやオーディオが、**突然音《とつぜんおと》を出《だ》す**ということをしばしば経験《けいけん》しているのだそうだ。

橋《はし》で幽霊《ゆうれい》を目撃《もくげき》するケースも多《おお》い。もし、何《なに》も見《み》なかったとしても、肝試《きもだめ》しに来《き》た人《ひと》は、帰《かえ》り道《みち》に不自然《ふしぜん》な交通事故《こうつうじこ》にあったり、その後《ご》しばらく発熱《はつねつ》や悪寒《おかん》、頭痛《ずつう》など風邪《かぜ》に似《に》た症状《しょうじょう》に悩《なや》まされたりすることもあるのだぞうだ。

また、橋《はし》の上《うえ》を車《くるま》で通《とお》りかかったときに、とつ然《ぜん》、前《まえ》の車《くるま》がとまって、中《なか》から出《で》てきた女性《じょせい》が**飛《と》び込《こ》む姿《すがた》を目撃《もくげき》した**人《ひと》もいるという。

九州地方
大分県

宇佐市《うさし》
『鬼《おに》のミイラ』の祟《たた》り

日本全国《にっぽんぜんこく》で鬼《おに》の伝説《でんせつ》が語《かた》られるように、鬼《おに》のミイラもまた、各地《かくち》に存在《そんざい》する。

なかでも有名《ゆうめい》なのは、宇佐市《うさし》の「十宝山《じっぽうざん》大乗院《だいじょういん》」にある「鬼《おに》のミイラ」だろう。

というのも、日本《にっぽん》で今《いま》も存在《そんざい》する〝鬼《おに》の全身《ぜんしん》ミイラ〟は、この大乗院《だいじょういん》のミイラだけだからだ。

ミイラを見《み》ると、座《すわ》った高《たか》さが一・四メートル。立《た》たせると約《やく》二・二メートルもあるそうで、とにかく巨大《きょだい》だ。頭《あたま》の大《おお》きさも約《やく》三〇センチあり、上部《じょうぶ》には五センチほどの長《なが》さの角《つの》が二本生《ほんは》えている。長《なが》い手足《てあし》の指《ゆび》がともに三本《ぼん》しかないという点《てん》も不気味《ぶきみ》だ。

このミイラは、もともとこの地方《ちほう》の名家《めいか》の宝《たから》ものだった。それが、何人《なんにん》かの手《て》を経《へ》て、一九二五年《ねん》（大正《たいしょう》一四年《ねん》）、大乗院《だいじょういん》の檀家《だんか》（お寺《てら》に所属《しょぞく》している人《ひと》）のところにやってきた。

▶鬼《おに》のミイラ。伝説《でんせつ》の〝鬼《おに》〟のものだとしても、人間《にんげん》の女性《じょせい》や動物《どうぶつ》の骨《ほね》の寄《よ》せ集《あつ》めだとしても、不気味《ぶきみ》だ。祟《たた》りのうわさがあるのも、納得《なっとく》させられる。

ところが、この檀家《だんか》の主《あるじ》が〝鬼《おに》のミイラ〟を買《か》い取《と》ると同時《どうじ》に、原因不明《げんいんふめい》の病《やまい》にかかり、たおれてしまった。

「鬼《おに》の祟《たた》りかもしれない」

と恐《おそ》ろしくなったこの家《いえ》の人《ひと》たちは、大《だい》乗院《じょういん》に、

「鬼《おに》のミイラを引《ひ》き取《と》って、供養《くよう》をしてほしい」

と、願《ねが》い出《で》た。そして大乗院《だいじょういん》に運《はこ》び込《こ》むと……不思議《ふしぎ》なことに、檀家《だんか》の主《あるじ》の病気《びょうき》がケロリと治《なお》ったのだという。

実《じつ》はこのミイラが、さまざまな人《ひと》のところを転々《てんてん》としていた理由《りゆう》は、「祟《たた》り」のせいだったのだ。
今《いま》でも勝手《かって》にこのミイラの写真《しゃしん》を撮《と》ったり、失礼《しつれい》な態度《たいど》をとったりすると、

「鬼《おに》に祟《たた》られる」

と言《い》われている。

さて、言《い》い伝《つた》えでは、この鬼《おに》のミイラは、かつてこの地《ち》の〝山人族《さんじんぞく》の神《かみ》〟として、あがめられた存在《そんざい》だと言《い》われているそうだ。

一方《いっぽう》で以前《いぜん》、九州大学《きゅうしゅうだいがく》がこのミイラを調《ちょう》査《さ》したところ、鹿《しか》や山羊《やぎ》などの動物《どうぶつ》の骨《ほね》以《い》外《がい》に、人間《にんげん》の女性《じょせい》のものと思《おも》われる骨《ほね》が使《つか》われていることが判明《はんめい》したという。
もし、このミイラが本当《ほんとう》に鬼《おに》のものだとしても、仮《かり》に人間《にんげん》のものだとしても、少《すこ》しうす気味《きみ》の悪《わる》い話《はなし》だ。

別大国道《べつだいこくどう》の手招《てまね》き地蔵《じぞう》

◆大分市《おおいたし》◆

一九六一年《ねん》（昭和《しょうわ》三六年《ねん》）一〇月《がつ》二六日《にち》、今《いま》はもう廃線《はいせん》になってしまった、大分《おおいた》交通《こうつう》の「別大線《べつだいせん》」で、路面電車《ろめんでんしゃ》に乗《の》っていた学校帰《がっこうがえ》りの児童《じどう》・生徒《せいと》ら三一人《にん》が死亡《しぼう》するという大事故《だいじこ》が起《お》きた。

この日《ひ》、このあたりには激《はげ》しい雨《あめ》が降《ふ》り注《そそ》いでいた。それでも、電車《でんしゃ》が運休《うんきゅう》するほどではなかった。

いつものように電車《でんしゃ》が仏崎《ほとけざき》を通《とお》りかかったそのときだ。なんと土砂《どしゃ》くずれが起《お》き、車両《しゃりょう》もろとも乗客《じょうきゃく》を生《い》き埋《う》めにしてしまったのだ。けんめいのそうさく活動《かつどう》がおこなわれたが、結局《けっきょく》、三六人《にん》が負傷《ふしょう》、三一人《にん》が命《いのち》を落《お》としてしまった。

この場所《ばしょ》には線路《せんろ》と並《なら》んで道路《どうろ》も走《はし》っていたのだが、この事件以来《じけんいらい》、なぜかこの道《どう》路《ろ》で、死亡事故《しぼうじこ》が多《おお》く起《お》こるようになったという。

道《みち》はカーブをしているものの、海岸沿《かいがんぞ》い

なため、見通《みとお》しは悪《わる》くない。それでも、
「なぜ事故《じこ》が起《お》きたか、わからない」
というくらい、不自然《ふしぜん》なかたちで、車同《くるまどう》
士《し》がしょうとつするのだという。
そのため、地元《じもと》の人《ひと》は〝魔《ま》のカーブ〟
と呼《よ》び、恐《おそ》れるようになった。ついに、
「ここで亡《な》くなった人《ひと》たちの霊《れい》が、事故《じこ》を
起《お》こしているのかもしれない」
といううわさが広《ひろ》がり、お地蔵《じぞう》さまが置《お》
かれるようになったのだという。
しかし、このお地蔵《じぞう》さま、もともとは手《て》
を上《うえ》に向《む》けていたのだが、片手《かたて》がじょじょ
に下《さ》がってきているのだそうだ。地元《じもと》では、
「多《おお》くの霊《れい》がとりついてしまったせいで、
手《て》が下《さ》がってしまった」
「お地蔵《じぞう》さまの手《て》は、ここを通《とお》る人《ひと》の
〝命《いのち》〟をまねいているにちがいない」
などと、うわさされている。ところで、
このお地蔵《じぞう》さまだが、絶対《ぜったい》に水《みず》をかけては
いけないのだそうだ。水《みず》をかけると必《かなら》ず事《じ》
故《こ》が起《お》こると恐《おそ》れられている。
ちなみにこの「仏崎《ほとけざき》」という地名《ちめい》だが、
〝仏《ほとけ》さま（死体《したい》）がよく流《なが》されてきたから〟
という不気味《ぶきみ》な理由《りゆう》からつけられたとも言《い》
われている。この名前《なまえ》からして、いわくが
ある気《き》がするのだが……。

九州地方
宮崎県

振《ふ》り向《む》かずの坂《さか》

都城市《みやこのじょうし》

宮崎県《みやざきけん》の小林市《こばやしし》、高原町《たかはるちょう》、都城市《みやこのじょうし》、そして鹿児島県《かごしまけん》の霧島市《きりしまし》が取《と》り囲《かこ》む高《たか》千穂峰《ちほのみね》は、日本《にっぽん》にはじめて神《かみ》さまが降《お》り立《た》った、神聖《しんせい》な場所《ばしょ》としても知《し》られている。

高千穂《たかちほ》には、霧島《きりしま》六社権現《しゃごんげん》と呼《よ》ばれる六つの神社《じんじゃ》があるのだが、その中《なか》の一つ、「東霧島神社《つまきりしまじんじゃ》」には鬼《おに》が一晩《ばん》で積《つ》みあげたと言《い》われる「鬼磐階段《おにいわかいだん》」という急《きゅう》な石段《いしだん》がある。

この石段《いしだん》は別名《べつめい》「振《ふ》り向《む》かずの坂《さか》」と呼《よ》ばれているのだという。

昔《むかし》、僧侶《そうりょ》がこの神社《じんじゃ》で、一心《いっしん》に呪文《じゅもん》を唱《とな》えながら修行《しゅぎょう》した場所《ばしょ》なのだそうで、

今《いま》でも

「願《ねが》いごとをとなえながら、振《ふ》り向《む》かずに登《のぼ》ると願《ねが》いが叶《かな》う」

と言《い》われている。しかし、ここにはこんな恐《おそ》ろしい言《い》い伝《つた》えもある。

「たとえ後《うし》ろから自分《じぶん》の名前《なまえ》を呼《よ》ばれたり、声《こえ》をかけられたりしても、決《けっ》して振《ふ》り返《かえ》ってはいけない。振《ふ》り向《む》くと**たましい**を吸《す》い取《と》られる」

死《し》にいたらないまでも、事故《じこ》や重病《じゅうびょう》、家族《かぞく》の不幸《ふこう》などのわざわいがふりかかってくるらしい。

ちなみにこの坂《さか》を登《のぼ》りきると、樹齢《じゅれい》四〇〇年《ねん》の杉《すぎ》の大木《たいぼく》がある。雷《かみなり》にでもうたれたのか、垂《た》れ下《さ》がった老木《ろうぼく》は不思議《ふしぎ》なことに龍《りゅう》の頭《あたま》そっくりに見《み》える。

神社自体《じんじゃじたい》も雨《あめ》の神《かみ》・龍《りゅう》が守《まも》っているとされ、不思議《ふしぎ》な霊気《れいき》がただよう場所《ばしょ》となっている。

ホテル・アイランド

宮崎市《みやざきし》

宮崎《みやざき》でも有数《ゆうすう》の心霊《しんれい》スポットとして、今《いま》でもうわさにあがるのが、青島《あおしま》にあったという『ホテル・アイランド』だ。

二〇〇五年《ねん》にとり壊《こわ》されてしまったが、それは、怪奇現象《かいきげんしょう》が起《お》きすぎたからだとも、ささやかれている。

もともと、このホテルは病院《びょういん》だったのだそうだ。しかも、当時《とうじ》は治《なお》す方法《ほうほう》がないと言《い》われていた結核《けっかく》の患者《かんじゃ》が〝死《し》ぬまで〟を過《す》ごす病院《びょういん》だった。

戦争《せんそう》が始《はじ》まると、陸軍《りくぐん》のための病院《びょういん》になったが、そこでも多《おお》くの人《ひと》が亡《な》くなったのだそうだ。

人々《ひとびと》の無念《むねん》の思《おも》いがしみこんだあとに建《た》てられたのだ。「何《なに》ごともない」というほうが、おかしいのかもしれない。

さて、ホテル・アイランドがあった当《とう》時《じ》、うわさになっていたのが〝幻《まぼろし》のらせん階段《かいだん》〟の存在《そんざい》だった。

階段《かいだん》などない場所《ばしょ》に、ときどき、らせん階段《かいだん》が「見《み》える」のだそうだ。そして、このらせん階段《かいだん》の下《した》には出口《でぐち》のない部屋《へや》があるという。この部屋《へや》に入《はい》ると……あの世《よ》に引《ひ》きずられるというのだ。

今《いま》はこのホテルは存在《そんざい》しない。それでも、霊能者《れいのうしゃ》など霊感《れいかん》の強《つよ》い人《ひと》は、決《けっ》して近《ちか》づこうとしないのだという。

霧島《きりしま》の七不思議《ふしぎ》

霧島市《きりしまし》

鹿児島県《かごしまけん》には〝パワースポット〟と呼《よ》ばれる場所《ばしょ》が多《おお》くあるが、もっとも不思議《ふしぎ》に満《み》ちているのは、霧島神宮《きりしまじんぐう》の周辺《しゅうへん》だろう。このあたりには「霧島《きりしま》七不思議《ふしぎ》」という伝説《でんせつ》があるのだ。

そのひとつが「御手洗川《みたらしがわ》」だ。霧島神宮《きりしまじんぐう》から西《にし》へ二五〇メートルほどと近場《ちかば》にある水場《みずば》で、五月《がつ》ごろから一〇月《がつ》ごろにかけてだけ、岩穴《いわあな》からいきおいよく、大量《たいりょう》の真水《まみず》がわき出《だ》すのだという。このシーズン以外《いがい》はほとんど枯《か》れているにもかかわらず、不思議《ふしぎ》なことにこのときは魚《さかな》も一緒《いっしょ》にわいてくる。

高天原《たかまがはら》の聖井《せいせい》・真名井《まない》の水《みず》が混《ま》ざっているとも伝《つた》えられ、地元《じもと》ではパワースポットとしても知《し》られる。

御手洗川《みたらしがわ》からさらに西《にし》に進《すす》むと、「両度《りょうど》川《がわ》」が見《み》えてくる。この川《かわ》は、御手洗川《みたらしがわ》よりもさらに流《なが》れる期間《きかん》が短《みじか》い。

毎年《まいとし》六月《がつ》ごろに流《なが》れ始《はじ》めたかと思《おも》うと、一〇日《か》もたつと**ピタリと流《なが》れが止《と》まってしまう。**かと思《おも》うと、数日後《すうじつご》また流《なが》れ出《だ》すのだが、八月《がつ》をすぎた頃《ころ》に再《ふたた》び枯《か》れてしまう。

流《なが》れる距離《きょり》は短《みじか》いものの、澄《す》んだ清《きよ》らかな水《みず》が大量《たいりょう》に滝《たき》のようになって霧島川《きりしまがわ》に流《なが》れ込《こ》む様子《ようす》はあっとうされる。時期《じき》が合《あ》えばぜひその目《め》で見《み》てほしい不思議《ふしぎ》なスポットだ。

霧島神宮《きりしまじんぐう》の社殿《しゃでん》にも、深夜《しんや》に社殿《しゃでん》の奥《おく》からかすかに「神楽《かぐら》」の音《おと》が聞《き》こえるという**「夜中《よなか》の神楽《かぐら》」**という不思議《ふしぎ》な話《はなし》が伝《つた》わっている。

現在《げんざい》の場所《ばしょ》に社殿《しゃでん》をうつしたとき、深夜《しんや》に社殿《しゃでん》の奥《おく》で神楽《かぐら》が高《たか》く鳴《な》りひびいたのだそうだ。今《いま》でも夜《よる》もふけると、その音《おと》がかすかに聞《き》こえるのだという。

トンネルに血《ち》だらけの兵《へい》士《し》が

指宿市《いぶすきし》

薩摩《さつま》半島《はんとう》の南《みなみ》の端《はし》にある開聞岳《かいもんだけ》は標高《ひょうこう》千メートルにも満《み》たない火山《かざん》だが、形《かたち》がいいことから「薩摩富士《さつまふじ》」と呼《よ》ばれている。そしてその下《した》に掘《ほ》られたトンネルは、車《くるま》一台《だい》が通《とお》れるスペースがあり、通行《つうこう》もできるのだそうだ。

さて、このトンネルの中《なか》ほど、天井《てんじょう》に通《つう》気口《きこう》のような穴《あな》があるあたりで、しばしば〝霊《れい》〟が目撃《もくげき》されている。

「車《くるま》でトンネルを通《とお》っていたとき、急《きゅう》に左《ひだり》側《がわ》へ引《ひ》っぱられる感《かん》じがして車《くるま》が止《と》まった。〝おかしいな〟と思《おも》い、車《くるま》から降《お》りて、車《くるま》が故障《こしょう》していないかチェックしていると、ふうっと冷《つめ》たい風《かぜ》が上《うえ》からおりてきた。

びっくりして天井《てんじょう》の通気口《つうきこう》のほうに目《め》を向《む》けると、通気口《つうきこう》のあたりで、**白目《しろめ》がちな大《おお》きな二つの目《め》が、こちらをじっとにらんでいた**」

この程度《ていど》はじょの口《くち》だ。中《なか》でも恐《おそ》ろしいのは、

「トンネルを車《くるま》で走《はし》っていると、前方《ぜんぽう》に血《ち》だらけの軍服《ぐんぷく》を着《き》た人間《にんげん》が歩《ある》いていた。息《いき》をひそめてゆっくりと追《お》い越《こ》し、後《うし》ろを振《ふ》り返《かえ》ってみたが、そこには誰《だれ》もいなかった」

という目撃談《もくげきだん》だ。実《じつ》は、このトンネルは、もともと太平洋戦争《たいへいようせんそう》のときに軍《ぐん》の兵器《へいき》や弾《だん》丸《がん》などの隠《かく》し場所《ばしょ》になっていたのではないかという説《せつ》がある。その跡地《あとち》を利用《りよう》してトンネルにしたというのだ。また、防空《ぼうくう》ごうとして使《つか》われていて、多《おお》くの人《ひと》が死《し》んだという話《はなし》もある。

九州地方
鹿児島県

トカラ列島《れっとう》
キャプテン・キッドの宝《たから》

世界中《せかいじゅう》に海賊伝説《かいぞくでんせつ》はたくさんあるが、もっとも有名《ゆうめい》なのはキャプテン・キッドにまつわる話《はなし》だろう。伝説《でんせつ》の人物《じんぶつ》かと思《おも》いきや、本名《ほんみょう》はウィリアム・キッドといい、もともとはスコットランドからアメリカに移《うつ》り住《す》んだ商人《しょうにん》だった。それが、海賊《かいぞく》を退治《たいじ》しているうちに自分《じぶん》が海賊《かいぞく》になってしまったのだそうだ。

彼《かれ》は世界中《せかいじゅう》の〝七つの海《うみ》〟をあらし回《まわ》ったというが、そのとき、念《ねん》のために世界中《せかいじゅう》のあちこちに財宝《ざいほう》をかくしたという。なんと日本《にっぽん》もその一つで、トカラ列島《れっとう》にあるその名《な》も『宝島《たからじま》』に財宝《ざいほう》を埋《う》めたと言《い》われている。

物語《ものがたり》のような話《はなし》だが、実際《じっさい》に一九三七年《ねん》（昭和《しょうわ》一二年《ねん》）二月《がつ》、アメリカの私立探偵《しりつたんてい》からなんと日本《にっぽん》の外務省《がいむしょう》あてに「日本《にっぽん》の宝島《たからじま》のあたりにキッドが宝物《たからもの》をかくした可能性《かのうせい》が高《たか》い。発掘《はっくつ》したいので、日《に》本政府《ほんせいふ》も協力《きょうりょく》してほしい」

という手紙《てがみ》が届《とど》いたのだそうだ。手紙《てがみ》の中《なか》にはキッドが残《のこ》したとされる地図《ちず》が入《はい》っていた。そこにはたしかに宝島《たからじま》らしき島《しま》が描《えが》かれていた。

この一大《だい》スクープを知《し》った新聞《しんぶん》は、このニュースを大々的《だいだいてき》に取《と》り上《あ》げた。財宝《ざいほう》は当《とう》時《じ》のお金《かね》で三億円《おくえん》の価値《かち》はあるとされ、日《にっ》本《ぽん》はもちろん海外《かいがい》からも多《おお》くの人《ひと》がこぞって宝島《たからじま》を訪《おとず》れ、宝探《たからさが》しにむちゅうになったようだ。

しかし、一九三九年《ねん》に第《だい》二次世界大戦《じせかいたいせん》の火《ひ》ぶたが切《き》られると、話《はなし》はうやむやになってしまった。

今《いま》でもテレビなどのメディアが、キャプテン・キッドの伝説《でんせつ》とともに、この宝島《たからじま》を取《と》り上《あ》げる。それでも宝《たから》は見《み》つからない。

「もうすでに、宝物《たからもの》は何者《なにもの》かに持《も》ち去《さ》られている」

といううわさもあるが……。〝まだどこかに眠《ねむ》っている〟という可能性《かのうせい》も、決《けっ》してゼロではない。

沖縄全土《おきなわぜんど》 怪奇生物《かいきせいぶつ》キジムナー

沖縄《おきなわ》には「キジムナー」と呼《よ》ばれる、怪奇生物《かいきせいぶつ》が住《す》んでいるという。妖怪《ようかい》や精霊《せいれい》と言《い》ったほうがいいのかもしれない。人間《にんげん》の小《ちい》さい子《こ》どものようだが、頭《あたま》がとても大《おお》きい。全身真《ぜんしんま》っ赤《か》で、髪《かみ》までも赤《あか》いのだそうだ。

キジムナーはガジュマルなどの大《おお》きな木《き》の上《うえ》に住《す》んでおり、川岸《かわぎし》や水辺《みずべ》によく現《あらわ》れる。魚《さかな》の目玉《めだま》が大好物《だいこうぶつ》で、もし、目玉《めだま》だけがない魚《さかな》の死体《したい》があれば、それはキジムナーが食《た》べたと言《い》われている。

また、大変《たいへん》なイタズラ好《ず》きで、

「夜《よる》、明《あ》かりを持《も》って歩《ある》いていると、それを持《も》って逃《に》げられた」

「暑《あつ》いので、夜《よる》、窓《まど》を開《あ》けて寝《ね》ていたらキジムナーがこっそり入《はい》ってきた」

といった話《はなし》もある。キジムナーは見《み》える人《ひと》と見《み》えない人《ひと》がいるそうで、

「部屋《へや》に誰《だれ》もいないのに、バタバタと走《はし》り回《まわ》る音《おと》が聞《き》こえる」

「夜《よる》、ガジュマルの木《き》のあたりでパッとつき、パッと消《き》える火《ひ》を見《み》た」

という場合《ばあい》は、ほとんどがキジムナーの仕業《しわざ》なのだという。一方《いっぽう》で、

「キジムナーが住《す》み着《つ》いた家《いえ》は、ものごとがトントン拍子《びょうし》にすすみ栄《さか》える」

とも言《い》われている。そういう意味《いみ》では、東北《とうほく》の妖怪《ようかい》「座敷《ざしき》わらし」に近《ちか》い存在《そんざい》なのかもしれない。

九州地方
沖縄県

霊気《れいき》に満《み》ちたユタの修行場《しゅぎょうば》

◆宜野湾市《ぎのわんし》・恩納村《おんなそん》◆

沖縄《おきなわ》には昔《むかし》から「ユタ」と呼《よ》ばれる、シャーマン（霊《れい》ばい師《し》）のような存在《そんざい》がいた。「大山貝塚《おおやまかいづか》」はユタたちが霊《れい》と交信《こうしん》する修行《しゅぎょう》の場《ば》となってきたことから、霊気《れいき》の強《つよ》い、精霊《せいれい》や神《かみ》さまが降《お》りる場所《ばしょ》「ウタキ」と呼《よ》ばれてきた。

しかし、あまりにも多《おお》くの霊《れい》が集《あつ》まってくるため、ユタの中《なか》には、修行中《しゅぎょうちゅう》に恐怖《きょうふ》に耐《た》えられず、気《き》がふれる人《ひと》もいるという。

恩納村《おんなそん》にあるホテルの近《ちか》くにも『SSS』と呼《よ》ばれるユタの修行場《しゅぎょうば》があるという。正確《せいかく》な場所《ばしょ》はわからないが「木《き》がうっそうとして、曲《ま》がりくねった道《みち》のような場所《ばしょ》。近《ちか》くにほこらがある」「赤《あか》い文字《もじ》でSSSと書《か》かれているガードレールの奥《おく》の集落《しゅうらく》」「国道《こくどう》から長《なが》い石段《いしだん》をずっと登《のぼ》った（あるいは降《お》りた）ところにある」など、さまざまなうわさが飛《と》び交《か》っている。二〇年前《ねんまえ》に仲間《なかま》四人《にん》で現場《げんば》を訪《おとず》れたという人《ひと》の証言《しょうげん》がある。

「SSSだという場所《ばしょ》に到着《とうちゃく》した私《わたし》たちは車道《しゃどう》で車《くるま》をとめました。二人《ふたり》はガードレールを越《こ》えてSSSに向《む》かって行《い》ったのですが、私《わたし》ともう一人《ひとり》は恐怖《きょうふ》のあまり進《すす》めなくなり、車内《しゃない》に残《のこ》っていました。

するとしばらくして車《くるま》が、外《そと》から誰《だれ》かがゆすっているようにぐらぐらゆれ始《はじ》めたんです。車《くるま》の外《そと》に出《で》て確認《かくにん》したのですが誰《だれ》もおらず、危険《きけん》を感《かん》じた私《わたし》たちは、屋外《おくがい》の二人《ふたり》を大声《おおごえ》で呼《よ》び戻《もど》しました。

彼《かれ》らが帰《かえ》ってくると、すぐその場《ば》を逃《に》げ出《だ》そうとしたのですが、エンジンがかかりません。べそをかきながらキーを回《まわ》し続《つづ》け、五分《ふん》ほどしてやっと発車《はっしゃ》。なんとか逃《に》げ帰《かえ》りました」

また、本物《ほんもの》のSSSに入《はい》るとその磁場《じば》の発《はっ》するエネルギーが光《ひかり》の柱《はしら》として見《み》えたり、敏感《びんかん》な霊能者《れいのうしゃ》はふわっと浮《う》き上《あ》がる感《かん》じや、おされるような感《かん》じがするとも言《い》われている。「SSS」という場所《ばしょ》が存在《そんざい》するのかは、謎《なぞ》のままだ。

新城島《あらぐすくじま》 沖縄《おきなわ》の人魚《にんぎょ》

沖縄《おきなわ》には、〝観光客《かんこうきゃく》は立《た》ち入《い》り禁止《きんし》〟のエリアや、〝外部《がいぶ》の人《ひと》は絶対《ぜったい》に見《み》てはいけない〟というお祭《まつ》りがある。新城島《あらぐすくじま》の「豊《ほう》年祭《ねんさい》」と呼《よ》ばれるお祭《まつ》りもそうだ。お祭《まつ》りの内容《ないよう》はまったくわからない。このお祭《まつ》りの期間《きかん》は、外部《がいぶ》の人間《にんげん》は、島《しま》の中《なか》にすら入《はい》れなかったからだ。

現在《げんざい》では島《しま》の人間《にんげん》の紹介《しょうかい》があれば、見学《けんがく》を許可《きょか》されることがあるそうだ。しかし、お祭《まつ》りの様子《ようす》を写真《しゃしん》やビデオに撮《と》ってはいけない。絵《え》に描《か》いても、文字《もじ》に残《のこ》しても、音声《おんせい》を録音《ろくおん》してもダメ。もし、それをやぶると、機器《きき》を壊《こわ》されたり、なぐるけるの暴《ぼう》行《こう》を受《う》けることもあるという。昔《むかし》、盗《ぬす》み撮《ど》りをしたカメラマンが殺《ころ》された、というぶっそうな話《はなし》まである。

ところで、新城島《あらぐすくじま》には『人魚神社《にんぎょじんじゃ》』と呼《よ》ばれる、土地《とち》の人間《にんげん》しか入《はい》ってはいけない場所《ばしょ》があるそうだ。豊年祭《ほうねんさい》はこの神社《じんじゃ》

のお祭《まつ》りなのだという。そのため、祭《まつ》りの内容《ないよう》をかくす理由《りゆう》は「人魚神社《にんぎょじんじゃ》」にあるのではないかといううわさがある。

昔《むかし》、この島《しま》のあたりでは、人魚《にんぎょ》のモデルになったジュゴンが、漁師《りょうし》の網《あみ》にかかることが多《おお》かったという。人魚《にんぎょ》の肉《にく》を食《た》べると〝不老不死《ふろうふし》〟になるという伝説《でんせつ》は、沖縄《おきなわ》でもよく知《し》られていた。そのため、ジュゴンの肉《にく》は、琉球王朝《りゅうきゅうおうちょう》へのみつぎものとして、よく利用《りよう》されていた。

このジュゴンの肉《にく》を、島民《とうみん》たちは祭《まつ》りのときに食《た》べているのではないか。だから秘密《ひみつ》にしているというのだ。

もちろん、これは仮説《かせつ》だ。本当《ほんとう》のことは島民《とうみん》しか知《し》らない。

運《うん》がよくなる！

あなたを守《まも》るおまじない

元気《げんき》が出《で》る「星《ほし》」のお守《まも》り

西洋《せいよう》では願《ねが》いをかなえてくれる「ダビデの星《ほし》」と言《い》われているお守《まも》り。白《しろ》い紙《かみ》に右《みぎ》のマークを１～６の順番《じゅんばん》で書《か》いて、大切《たいせつ》に持《も》ち歩《ある》いてね。悪《わる》い気《き》を払《はら》って、元気《げんき》が出《で》てくるはず。マークを手《て》のひらに指《ゆび》でなぞるだけでも、困難《こんなん》から逃《のが》れられると言《い》うよ。

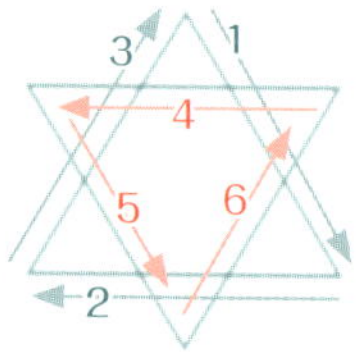

おこづかいもアップ！ 馬《うま》のひづめのかざり

欧米《おうべい》では、馬《うま》のひづめの形《かたち》には、悪《あく》運《うん》をさけ、豊《ゆた》かな実《みの》りや財力《ざいりょく》を得《え》る力《ちから》があると言《い》われているよ。馬《うま》のひづめのアクセサリーを身《み》につけたり、ハンカチやポーチなどに自分《じぶん》で刺《し》しゅうをしても効果《こうか》があるよ。簡単《かんたん》な形《かたち》なので、ぜひ試《ため》してみて。

ステキな恋《こい》に出会《であ》えるかも 四《よ》つ葉《ば》のクローバー

四《よ》つ葉《ば》のクローバーは、ヨーロッパで「幸《しあわ》せを呼《よ》ぶ」と言《い》われているよ。特《とく》に恋《こい》によく効《き》くマーク。本物《ほんもの》のクローバーが手《て》に入《はい》らなくても、白《しろ》い紙《かみ》に緑《みどり》のペンで描《か》いたものを持《も》ち歩《ある》いても効果《こうか》があるよ。

幸運《こううん》を呼《よ》ぶ呪文《じゅもん》「アブラカダブラ」

欧米《おうべい》に昔《むかし》から伝《つた》わる、悪運《あくうん》をさけて幸運《こううん》を呼《よ》ぶおまじない。白《しろ》い紙《かみ》に、右《みぎ》の通《とお》りに呪文《じゅもん》を書《か》いていつも持《も》ち歩《ある》いて。ピンチのときは、「アブラカダブラ！」と唱《とな》えるとさらに効果《こうか》があるよ。

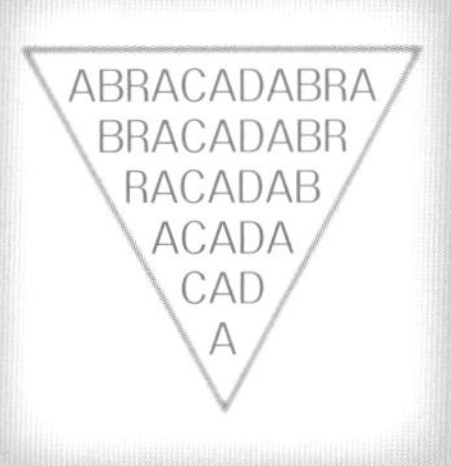

月《つき》のパワーで恋《こい》がかなう！

月《つき》は神秘的《しんぴてき》なパワーがあるよ。満月《まんげつ》の１週間前《しゅうかんまえ》に月《つき》を見《み》ながら、両肩《りょうかた》・胸《むね》・足元《あしもと》に、ひとつまみずつ塩《しお》をふりかけ、深呼吸《しんこきゅう》して、目《め》を閉《と》じて好《す》きな人《ひと》を思《おも》い浮《う》かべて。これを満月《まんげつ》の日《ひ》までくり返《かえ》すと、恋《こい》がかなうかも！

【著者　プロフィール】

並木伸一郎（なみき　しんいちろう）

1947 年、東京都生まれ。電電公社（現 NTT）勤務ののち、UMA を含む超常現象・怪異現象の研究に専念。現在、米国 MUFON 日本代表、国際隠棲動物学会日本通信員、日本宇宙現象研究会会長、日本フォーティアン協会会長を兼任する。新聞、雑誌、書籍と幅広く活躍。著書・訳書及び監修に、『UFO 入門』（大陸書房）、『プロジェクト・ルシファー』（徳間書店）、『オーパーツの謎』『未確認動物 UMA 大全』『NASA 秘録』『ムー認定　世界の超常生物ミステリー』（学研パブリッシング）、『大江戸怪奇事件ファイル』『ほんとうに怖い怪奇現象』（経済界）、『新世界驚愕ミステリー 99』（双葉社）、『UFO と宇宙人の謎』『未確認生物 UMA の謎』（ポプラ社）、『フリーメイソンとロスト・シンボル〈真実〉』、「史上最強の都市伝説」シリーズ、「真　封印怪談」シリーズ、『怪奇報道事件ファイル』『幻の巨大生物と未確認生物』（竹書房）など、多数。

ホンこわ！　47 都道府県　あなたの県の怖い話

■著者／並木伸一郎

■表紙イラスト／九十三

■マンガ／のはらあこ、六波あさげ

■本文イラスト／秋津、とーえ。、雨水、はとね、二階堂彩、はしこ、伊藤ロイ、白恵りえ、坂野りんこ、関口もなみ（順不同）

■編集協力／グループ・コロンブス

■マンガ・イラスト協力／株式会社サイドランチ

発行者　内田克幸

編　集　池田菜採

発行所　株式会社理論社

〒 101-0062　東京都千代田区神田駿河台 2-5

電話　営業 03-6264-8890　編集 03-6264-8891

URL　https://www.rironsha.com

2016 年 2 月初版

2019 年 6 月第 4 刷発行

ブックデザイン　VolumeZone

印刷・製本　図書印刷

ISBN978-4-652-20148-0 NDC387 四六判 19cm 295p

※本書は、『47 都道府県 あなたの県の怖い話』上・下巻（理論社刊）を再構成し、イラストやマンガ、コラムを新たに追加し、編集したものです。